두타초

이 책은 2017년도 정부(교육부)의 재원으로 한국고전번역원의 지원을 받아 수행된 '권역별거점연구소협동번역사업'의 결과물임.

This work was supported by Institute for the Translation of Korean Classics - Grant funded by the Korean Government.

한국고전번역원 한국문집번역총서 / 충남대학교 한자문화연구소

두타초 4

頭陀草

이하곤 지음
李夏坤

정만호 이재숙 오승준 옮김

일러두기

1. 이 책의 번역 대본은 한국고전번역원에서 간행한 한국문집총간 191집 소재《두타초(頭陀草)》로 하였다. 번역 대본의 원문 텍스트와 원문 이미지는 한국고전종합DB(http://db.itkc.or.kr)에서 확인할 수 있다.
2. 내용이 간단한 역주는 간주(間註)로, 긴 역주는 각주(脚註)로 처리하였다.
3. 한자는 필요한 경우 이해를 돕기 위하여 넣었으며, 운문(韻文)은 원문을 병기하였다.
4. 맞춤법과 띄어쓰기는 한글 맞춤법과 표준어 규정을 따랐다.
5. 이 책에서 사용한 부호는 다음과 같다.
   - ( ): 번역문과 음이 같은 한자를 묶는다.
   - 〔 〕: 번역문과 뜻은 같으나 음이 다른 한자를 묶는다.
   - " ": 대화 등의 인용문을 묶는다.
   - ' ': " " 안의 재인용 또는 강조 문구를 묶는다.
   - 「 」: ' ' 안의 재인용을 묶는다.
   - 『 』: 「 」 안의 재인용을 묶는다.
   - 《 》: 책명 및 각주의 전거(典據)를 묶는다.
   - 〈 〉: 책의 편명 및 운문·산문의 제목을 묶는다.

차례

두타초 제9책

시詩

남행집 상 南行集上

두타초 제10책

시詩

남행집 하 南行集下

두타초

제9책

詩시

밤에 벌레소리를 듣고 감회가 있어서

夜聞蟲聲有感

홀로 등불 앞에 앉아 〈구가〉[1] 읊조리는데	獨坐燈前諷九歌
깊은 밤 처마 끝에 은하수 거꾸로 걸렸네	夜深簷角倒星河
우리들이 스스로 가을 슬퍼하는 마음 있을 뿐	吾人自有悲秋意
벌레소리 때문에 한이 더 많아지는 것은 아니지	不爲蟲聲恨更多

1 구가(九歌) : 굴원(屈原)이 조정에서 쫓겨난 뒤에 지은 가곡이다.

유 판서[2]를 곡하다

哭兪判書

바로 나의 이모부이다.

평생 눈살을 찌푸리지 않았으니	眉角平生不解顰
그 면모에서 천진함을 볼 수 있었네	卽從面貌見天眞
바라보면 기심이 다 사라졌으니	相看便覺機心盡
공은 말세의 사람 아니라고 매번 감탄했지	每歎公非末俗人

다투고 빼앗는 마당에서 마음 담박하여	爭奪場中意澹如
조회에 참석하고 물러나 문 닫고 지냈네	朝參退後閉門居
공은 스스로 한미한 선비라고 여겼고	公能自視猶寒士
남들도 공이 판서임을 잊었네	人亦忘公是判書

남곡에서 삼 년 동안 함께 지냈기에	南谷三年鼎爨同
어려서부터 공을 알았지	已從髫歲卽知公
아득히 지난 일들 모두 묵은 자취 되었으니	悠悠往事渾陳迹
인간 세상의 애환은 한바탕 꿈과 같구나	人世悲歡一夢中

2 유 판서(兪判書) : 유명웅(兪命雄, 1653~1721)으로, 본관은 기계(杞溪), 자는 중영(仲英), 호는 만휴정(晩休亭), 시호는 온간(溫簡)이다. 형조·공조·예조 판서를 역임하였다. 이하곤의 외할아버지인 조현기(趙顯期)의 다섯째 딸과 혼인하였다. 《屛山集 卷10 右參贊兪公行狀》

지난날 사신으로 연경에 갔다가[3]	往者星槎北赴燕
귀국하여 내게 불경[4]을 선물하셨지	東歸貽我貝多編
지금도 정의 뿌리가 다 끊어지지 않아	秖今未斷情根盡
물결 한 번 밀려오면 눈물 한 줄기 흐르네	一度波來一泫然

쓸쓸히 어지러운 낙엽이 영연에 들어오는데	蕭蕭亂葉入靈幃
저물녘에 찬 강물 따라 조문하고 돌아오네	斜日寒江吊罷歸
취한 뒤에 양담은 한 없이 슬퍼하였으니	醉後羊曇無限慟
꽃나무 없어도 옷깃을 적시네[5]	不因花樹亦沾衣

3 지난날……갔다가 : 유명웅은 1717년(숙종43) 6월 23일 동지사(冬至使)에 임명되어 부사(副使) 남취명(南就明), 서장관 이중협(李重協)과 함께 11월에 청나라로 출발했다가 1718년 4월에 돌아왔다. 한(漢)나라 박망후(博望侯) 장건(張騫)이 무제(武帝)의 명을 받고 대하(大夏)에 사신으로 나가서 황하의 근원을 찾을 적에 뗏목을 타고 달포를 지나 은하수 위로 올라가 견우와 직녀를 만나고 왔다는 전설이 있는데, 여기에서 유래하여 성사(星槎)는 사신의 행렬을 의미하게 되었다. 《天中記 卷2》

4 불경(佛經) : 패다(貝多)는 범어(梵語) pattra의 음역인 패다라(貝多羅)의 준말이다. 불경을 서사(書寫)한 나무 잎사귀를 가리키며 패엽(貝葉)이라고도 한다. 일반적으로 불경의 대칭으로 사용된다.

5 취한……적시네 : 유명웅의 죽음을 애도하며 눈물을 흘린다는 말이다. 동진(東晉)의 양담(羊曇)은 자신을 무척 아끼던 외삼촌 사안(謝安)이 죽은 뒤에 매우 슬퍼서 사안의 무덤이 있는 서문(西門) 쪽으로는 다니지 않았다. 어느 날 술에 취하여 자신도 모르는 사이에 서문으로 가게 되었는데 주위 사람들이 여기가 서문이라고 알려주자, 양담은 "살아서는 화려한 집에 머물더니, 죽어서는 산언덕에 돌아갔네.〔生存華屋處, 零落歸山丘.〕"라는 삼국 시대 위(魏)나라 조식(曹植)의 시를 읊조리고 통곡하며 가버렸다. 《晉書 卷79 謝安列傳》 한편 온정균(溫庭筠)의 시에 "서주성 밖에 꽃나무 천 그루, 모두가 양담이 취한 뒤의 봄이네.〔西州城外花千樹, 盡是羊曇醉後春.〕"라고 하였다. 《萬首唐人絶句 卷44 經故翰林袁學士居》

눈 온 뒤에 일을 적다

雪後書事

구월 거센 바람에 우물가 버들 성글어져	九月風高井柳疏
국화와 짝해 초가에 누웠네	菊花相伴臥茆廬
고향 소식은 기러기 다 날아가 알 길 없는데	故園消息鴻飛盡
한미한 선비의 뜰에 눈이 처음 내리네	寒士門庭雪落初
성시에는 본디 속된 일 많은 법	城市元應多俗事
산림에서 남은 책이나 다 읽고 싶은데	山林只欲了殘書
인생살이 처자식에 묶인 신세라	人生枉被妻兒縛
한양에서 삼 년이나 셋방살이 하는구나	漢北三年此寓居

밤에 앉아서

夜坐

청동화로 끼고 앉아 작은 불씨 뒤적이는데	坐擁銅爐撥小紅
달빛이 종이병풍으로 들어오네	月光透入紙屏中
내일 아침 얼마나 추울지 알고 싶어	欲知明早寒深淺
창에 울리는 삭풍 소리 들어보네	試聽窓櫺響北風

밤에 당자외[6]의 시를 읽고

夜讀唐子畏詩

밤 깊어 등불은 실보다도 가는데	夜深燈火細於絲
황계[7]가 울 때까지 앉아 있으려 하네	坐到荒鷄欲唱時
이상하게도 책을 사랑하는 버릇 있어	自怪愛書成一癖
차가운 창에서도 육여의 시를 외고 있네	寒窓猶諷六如詩

6 당자외(唐子畏) : 명(明)나라 중기의 문인화가 당인(唐寅)으로, 자는 백호(伯虎)·자외, 호는 육여거사(六如居士)·도화암주(桃花菴主)·노국당생(魯國唐生)·도선선리(逃禪仙吏)이다. 벼슬에서 물러난 뒤 명산대천을 유람하다가 소주(蘇州)에 은거하며 시와 술을 벗 삼고 서화를 팔아 생활하였다.

7 황계(荒鷄) : 새벽이 되기 전에 우는 닭을 말한다. 그 울음소리가 좋지 않아 상서롭지 않은 일이 발생할 조짐으로 여겼다.《晉書 卷62 祖逖列傳》

강가에서 삼가 옥오 선생의 시[8]를 차운하다

江頭奉次玉吾先生韻

임인년(1722, 경종2)에 선생이 소장(疏狀)에서 두 명의 내시와 궁인이 관련된 일을 논했는데, 언관(言官)이 대비의 말씀을 거짓으로 속였다는 내용으로 죄안을 만들어 강진(康津)에 유배되었다.[9]

성 남쪽 안개 낀 나무에 이별하는 마음 암담하고	城南煙樹暗離魂
정월 봄 강에 흰 물결 일렁이네	正月春江雪浪翻
백 년 기다리면 정론 보리니[10]	且待百年看定論
오늘 깊은 원통함 탄식할 필요 없어라	不須今日歎深冤

붙임 송상기의 시

강가의 이별에 낙심하지 말아라	江頭離別莫消魂
벼슬길의 풍파 몇 번이나 뒤집혔던가	宦海風波幾覆翻

8 옥오(玉吾) 선생의 시 : 옥오는 이하곤의 장인 송상기(宋相琦, 1657~1723)로, 본관은 은진(恩津), 자는 옥여(玉汝), 호는 옥오재(玉吾齋)이다. 이하곤이 차운한 시는 《옥오재집(玉吾齋集)》 권4의 〈동작주중구호별이하곤서명빈민통수삼서(銅雀舟中口號別李夏坤徐命彬閔通洙三婿)〉이다.

9 임인년에……유배되었다 : 송상기는 1721년(경종1) 12월 병조 판서에 임명된 뒤에 환관 박상검(朴尚儉)의 변고가 일어나자 항소하여 조태구(趙泰耈)가 왕대비의 언문교서(諺文敎書)를 봉환(封還)하였다고 논핵하였는데, 이듬해 1월 왕대비의 말씀을 교무(矯誣)한 죄로 사헌부의 탄핵을 받고 강진(康津)에 유배되었다. 당시 송상기가 지은 소장은 《옥오재집》 권11의 〈사병조판서소(辭兵曹判書疏)〉이다.

10 백 년……보리니 : 세월이 지나면 자연스럽게 시비가 가려져서 올바른 평가가 내려질 것이라는 말이다.

두 글자의 죄명은 어찌 그리 심한가[11] 二字罪名何太甚
밝은 해만은 깊은 원통함 비추리라 只應天日照深冤

11 두……심한가 : 유배 가게 된 죄명이 너무 심하다는 말이다. 이자죄명(二字罪名)은 인원왕후(仁元王后)의 자지(慈旨)를 송상기가 교무(矯誣)했다는 죄명을 받았으므로 '교무' 두 글자를 말한다. 《경종실록》 1년 12월 27일 기사에 "사헌부에서 앞서의 계사를 거듭 아뢰고 송상기가 자지를 교무한 죄를 논하여 극변으로 멀리 귀양 보낼 것을 청하였으나 임금이 따르지 않았다.〔憲府申前啓, 又論宋相琦矯誣慈旨之罪, 請遠竄極邊, 上不從.〕"라는 기록이 있다.

과천까지 전송 나갔다가 돌아오는 길에서 입으로 짧은 율시를 읊어 삼가 옥오재[12] 선생께 부치다

送行至果川 歸途口占短律 奉寄玉吾先生

착잡한 심정으로 갈림길에서 헤어지니	錯莫臨岐別
떠나고 남는 이의 마음 창망하네	蒼茫去住情
노년에 멀리 유배 가시는데	衰年還遠謫
해 짧아 더욱 일정 빠듯하네	短日更嚴程
성환역[13]에 눈 녹았을 테고	雪盡成歡驛
위례성[14]에 하늘 높겠지	天長慰禮城
맑은 마음은 장기를 이기는 법	淸心勝瘴氣
선생께서 병들지 않으시겠지	應不病先生

12 옥오(玉吾) : 송상기(宋相琦, 1657~1723)로, 본관은 은진(恩津), 자는 옥여(玉汝), 호는 옥오재(玉吾齋)이다.

13 성환역(成歡驛) : 현재의 충청남도 천안시 서북구 성환읍에 있던 조선 시대의 역원이다.

14 위례성(慰禮城) : 위례성의 위치에 대해서는 다양한 견해가 제기되었으나 여기서는 《삼국유사(三國遺事)》를 저술한 고려 시대 일연(一然)의 견해를 따라 충청남도 천안시 직산면을 가리키는 것으로 보인다.

눈이 그친 뒤에 밤에 앉아 있다가

雪後夜坐

눈 내려 대지 온통 깨끗하고	地淨有新雪
구름 한 점 없이 하늘 비었네	天空無點雲
먼 성에는 별들이 어지러이 빛나고	遙城星錯落
높은 버들에는 달빛이 휘황하게 부서지네	高柳月繽紛
베 이불 덮으니 봄 날씨 찬 줄 알겠는데	布被知春冷
푸른 등불 켜고 한밤중까지 앉았노라	靑燈坐夜分
무릉도원은 어디인가	桃源何處是
사람들에게서 떠나고 싶은 마음 간절하네	深欲去人群

감회가 있어서

有感

사십육 년 살고 나니	閱過四十六年春
쓸쓸한 백발만 두건에 가득하네	白髮蕭蕭自滿巾
부침 겪으며 말속에 살아갈 것이 아니라	不用浮沈容末俗
뭉클한 마음으로 고상한 사람 사모해야지	只須感激慕高人
마음은 천지 사이에 끝내 서운함 없고	心於天地終無憾
흥취는 임천 향해 늦도록 참되어라	興向林泉晩更眞
이 늙은이 늘그막 보내는 곳 보시게나	看取此翁終老地
사담[15]은 본래 풍진 벗어났지	沙潭元是出風塵

감격(感激)은 항장(骯髒)으로도 쓴다.

15 사담(沙潭) : 현재의 충청북도 괴산군 청천면 사담리 일대로 이하곤 집안의 별업(別業)이 있던 곳이다.

이별의 소회를 추후 서술하여 열 수의 절구를 지어 삼가 옥오[16] 선생께 부치다
追敍別懷 賦十絶句 奉寄玉吾先生

시끄럽게 탄핵하지 않는 날 없더니	抨擊紛紛無日無
점점 어려워지는 세상일 견딜 수 없었네	不堪時事轉艱虞
어쩌다가 풍문을 잘못 말했을 뿐	偶然錯道風聞語
당시에 감히 교무한 것 아니라네[17]	非是當時敢矯誣

백발의 친구들 별처럼 흩어지니	白首朋知散若星
영해가 한 조정이 됨을 보겠네[18]	卽看嶺海一朝廷
평생 삼가며 깊은 곳에 은거하려 하셨는데	平生畏愼深居意
문득 강담에서 홀로 깨었음을 자랑하시리[19]	便向江潭詑獨醒

16 옥오(玉吾) : 송상기(宋相琦, 1657~1723)로, 본관은 은진(恩津), 자는 옥여(玉汝), 호는 옥오재(玉吾齋)이다.

17 어쩌다가……아니라네 : 송상기가 인원왕후(仁元王后)의 자지(慈旨)를 교무(矯誣)했다는 죄명(罪名)으로 유배 갔지만 이는 사실이 아니라는 말이다. 이에 관련된 내용은 《옥오재집(玉吾齋集)》 권11 〈사병조판서소(辭兵曹判書疏)〉에 자세하다.

18 백발의……보겠네 : 송상기를 비롯하여 당시 조정에 있던 많은 사람들이 바닷가로 유배를 갔으므로 그곳이 마치 조정과 같게 되었다는 말이다.

19 평생……자랑하시리 : 송상기가 평소 은거할 뜻이 있었으니 유배지에서 지조를 지키며 지낼 것이라는 말이다. 전국 시대 초나라 굴원(屈原)의 〈어부사(漁父辭)〉에 "온 세상이 모두 흐린데 나만 홀로 깨끗하고 뭇 사람이 모두 취했는데 나만 홀로 깨어 있다.〔擧世皆濁, 我獨淸, 衆人皆醉, 我獨醒.〕"라는 말이 있다. 《古文眞寶 後集 卷1》

쫓겨난 신하의 행장 절로 단출한데　　逐臣行李自蕭然
해 질 무렵 야윈 말 타고 과천에 도착했네　　斜日羸驂到果川
세상의 영광과 몰락 잠깐의 일이니　　人間榮落須臾事
당시 열 번이나 전형 맡았다고 누가 말하랴[20]　　誰道當年十掌銓

주막에 안개 짙어 밤 그윽한데　　店屋荒煙夜色幽
등불 앞에서 한숨 쉬며 이별의 시름 말했네　　燈前太息話離愁
강진이 하늘보다야 멀랴　　康津應不如天遠
내가 갈 날 따져보니 구월이겠네　　屈指吾行趁九秋

하마비 앞에서 헤어진 뒤　　下馬碑前手一分
귀로에 돌아보니 외로운 구름뿐　　歸途回首但孤雲
평소 강심장이라 자부했는데　　平生自信剛腸子
두 소매가 축축하게 반이나 눈물로 얼룩졌네　　雙袖龍鍾半淚痕

눈 그친 뒤 동풍이 유난히 차가운데　　雪後東風分外寒
모르겠다 언제쯤 천안에서 묵으실까　　不知何日宿天安
구름에 닿을 듯 높은 차령[21] 넘어간들　　縱教車嶺磨雲去
이 길이 어찌 험난한 세상길만 같으랴　　此路爭如世路難

20 세상의……말하랴 : 송상기가 전형(銓衡)의 자리에 여러 번 올랐던 인물이지만 이제는 유배객이 되었기에 한 말이다. 송상기는 이조 판서(吏曹判書)에 아홉 차례, 병조 판서(兵曹判書)에 한 차례 임명되었다.

21 차령(車嶺) : 충청남도 천안시와 공주시 사이에 있는 고개 이름이다.

부슬부슬 봄비 내릴 제 금강에 배 띄우면 蕭蕭春雨錦江舟
강가 푸른 단풍에 나그네 시름겨우리 江上青楓使客愁
한강과 남산이 꿈속처럼 느껴질 터 漢水終南如夢裏
이제 전주를 지나셨겠지 卽今應已過全州

여기서 강진까지 천 리 길이라 此去康津路一千
남북으로 아득히 바람과 안개에 막혔네 迢迢南北隔風煙
오늘 밤 밝은 달만은 어디나 같을 터 只應今夜同明月
문득 멀리 떨어져 서로 그리워하네 忽復相思已各天

대 울타리 두른 초가집 독한 안개 속에 있고 竹籬茆舍瘴煙間
어촌의 어부들 모두 거칠다네 蜑戶漁子儘亦頑
남쪽으로 한 자의 땅도 없는 줄 아노니 知是南邊無尺土
날씨 맑으면 오직 한라산 보이겠지 天晴惟見漢拏山

미호[22] 호숫가에 그윽한 거처 정했으니 渼湖湖上卜幽居
늙은 나무와 푸른 절벽이 그림처럼 아름답지 老樹蒼厓畫不如
앉아서 생각해보니 봄 강에 날 따뜻할 텐데 坐想春江應日暖
누가 지팡이 짚고 물고기 구경할까 何人倚杖更觀魚

미호(渼湖)는 선생의 별서(別墅)가 있는 곳이다.

22 미호(渼湖) : 지금의 대전광역시 대덕구 미호동으로 송상기와 그의 부친 송규렴이 학문을 연마하고 거주하였던 곳이다. 이곳에 미호서원 옛터가 남아 있다.

대보름에 일을 기록하다

上元書事

이날 많은 눈이 내렸다.

설날에는 흐리고 대보름에는 맑아야 하는데	元日欲陰上元陽
금년 대보름에는 눈이 펄펄 내리네	今年上元雨雪雱
더위 파는 아이들의 놀이 두고 보는데	賣熱任從癡子戱
다리 밟던 젊은 시절의 호기 이제 없구나[23]	踏橋無復少年狂
아침에 약밥 내니 비법 전해지고	朝供藥飯傳方秘
저녁에 연 날리니 높이 바람 탔구나	晩放風鳶引勢長
다소의 볏짚과 대나무 가지런히 세워 놓았으니	多少藁竿齊簇立
풍년 비는 옛 풍속 보며 고향 떠오르네	祈年舊俗憶吾鄕

23 더위……없구나 : 정월 대보름에 더위팔기와 다리밟기의 풍속이 있었다.

기러기 소리를 듣고 감회가 있어서
聞雁有感

자리에 누워 등불 앞에서 마음 쓸쓸한데	伏枕燈前意正孤
구름 속에서 서로 부르는 기러기 소리 들리네	忽聞雲際雁相呼
돌아올 때 강진을 지나왔으리니	來時應過康津路
나그네에게 부칠 소식 없는지 물어보았나[24]	爲問征人寄信無

24 돌아올……물어보았나 : 강진에서 이하곤의 장인 송상기(宋相琦, 1657~1723)가 유배생활을 하고 있었으므로 소식이 궁금했기에 한 말이다.

서상징 군이 약천[25]과 존소[26] 두 상국의 시를 여러 번 외우더니 매우 간절히 화답을 구하므로 서둘러 써서 주다

徐君祥徵累誦藥泉存所兩相國詩 索和甚勤 走艸以贈

약천과 존소 이미 돌아가셨는데	藥翁存老已山丘
문하에 종유한 지 수십 년이네	門下從遊幾十秋
남기신 글 참으로 볼만하다던데	見說遺篇眞可玩
다른 사람에게 구할 필요 없겠네[27]	不須更向別人求

25 약천(藥泉) : 남구만(南九萬, 1629~1711)으로, 본관은 의령(宜寧), 자는 운로(雲路), 호는 약천·미재(美齋), 시호는 문충(文忠)이다.《昆侖集 卷17 領議政藥泉南公墓誌銘》

26 존소(存所) : 최석정(崔錫鼎, 1646~1715)으로, 본관은 전주(全州), 자는 여화(汝和), 호는 존와(存窩)·존소자(存所子)·명곡(明谷), 시호는 문정(文貞)이다. 남구만의 문인이다.《昆侖集 卷19 先考議政府領議政府君行狀》

27 남기신……없겠네 : 남구만과 최석정의 글이 매우 좋은데, 서상징이 반복해서 읊어주었으므로 다른 사람에게 구해서 보지 않아도 되겠다는 말이다.

한가로이 지내며 감회를 서술하다

閑居述懷

손님 없어 아침 내내 사립문 닫았는데	無客終朝但掩扉
쌀쌀한 봄날 가랑비가 저녁까지 부슬부슬 내리네	春寒細雨晩霏微
맑은 시절에 시름과 고요함 달게 여기지만	淸時已自甘愁寂
말세에 누가 옳고 그름을 정하랴	末世誰能定是非
운소의 매화를 해 지나도록 보지 못했고	雲所梅花經歲別
금계의 버들은 사람 기다려[28] -원문 빠짐-	金溪柳色待人□
산림에 자취 감춤이 본디 내 분수인데	山林遁迹元吾分
일찌감치 옷 떨치고 떠나지 못해 아쉬워라[29]	祇悔從前未拂衣

28 운소(雲所)의……기다려 : 진천에 있는 자신의 집을 떠올린 것이다. 운소는 금계(金溪)와 짝을 이루는 것으로 보아 고유명사인 듯한데 어디인지 미상이다. 금계는 《두타초(頭陀草)》 책1에 〈침우담은 진천현 남쪽 10여 리 쯤에 있다.……금계와 석탄의 물이 대 아래에 합쳐져서 큰 못을 이루는데……〔沈牛潭在鎭川縣南十餘里……金溪石灘之水 合流滙于臺下 成巨潭……〕〉라고 하였으므로 이하곤의 고향에 있는 물 이름임을 알 수 있다.

29 일찌감치……아쉬워라 : 일찌감치 은거하지 못한 것을 후회한다는 말이다. 불의(拂衣)는 옷을 털고 떠나가는 것으로 고향으로 돌아가 은거함을 이른다. 당(唐)나라 두보(杜甫)의 시에 "벼슬아치의 정 창주가 먼 줄 새삼 느끼니, 나이 먹고서 옷 털고 일어나지 못함을 슬퍼하네.〔吏情更覺滄州遠, 老大徒傷未拂衣.〕"라고 하였다. 《杜少陵集 卷6 曲江對酒》

강진에서 온 편지를 받고 감회가 있어서[30]

得康津書有感

어수선한 세상사 서글픈데	世事紛紛只可哀
취한 듯한 이별의 시름 달래기 어렵네	離愁如醉撥難開
한밤중 꿈은 남쪽 구름 따라가는데	中宵夢與南雲逝
천 리 밖 편지가 북쪽 기러기 따라왔네	千里書隨北雁來
장기가 겨울부터 봄까지 방에 자욱하게 끼고	瘴氣冬春熏室黑
큰 파도가 밤낮으로 창을 때리고 돌아가리	鯨濤日夕打牕廻
알겠다 아마도 〈이소〉를 이어	知應更續離騷作
눈 속의 아리따운 매화 노래하시겠지	爲頌嬋娟雪裏梅

〈구장(九章)〉에 〈귤송(橘頌)〉이 있는데, 굴원(屈原)이 향초(香草)를 하나하나 열거해 놓았으나[31] 유독 매화만 빠져 있다.

30 강진(康津)에서……있어서 : 이하곤의 장인 송상기(宋相琦)가 1722년(경종2) 강진에 유배 되었으므로 송상기에게서 편지를 받은 것으로 보인다.

31 구장(九章)에……놓았으나 : 〈구장〉은 굴원(屈原)이 강남(江南)으로 쫓겨난 후 임금과 나라를 염려하여 지은 작품으로 〈석송(惜誦)〉·〈섭강(涉江)〉·〈애영(哀郢)〉·〈추사(抽思)〉·〈회사(懷沙)〉·〈사미인(思美人)〉·〈석왕일(惜往日)〉·〈귤송(橘頌)〉·〈비회풍(悲回風)〉 아홉 편으로 이루어졌다.

예경의 집에서 조촐하게 모여 조위숙[32] 하기, 군칙,[33] 조아중[34] 하망 과 함께 연구로 지어 금산 군수로 부임하는 군대를 전송하다

禮卿宅小集 同曺偉叔 夏奇 君則 曺雅仲 夏望 聯句 送君大使君之錦山

세간에 금산 군수(錦山郡守)를 좌선(坐仙)이라고 한다.

두 깃발[35] 앞세우고 봄날 멀리 금산으로 향하는데	雙旌遠向錦山春
남은 눈과 누런 진흙에 더없이 시름겹네 _재대	殘雪黃泥愁殺人
옛 친구들과의 이별 어찌 견디랴	判袂那堪離舊伴
고을살이는 편친 봉양하기 위함이네 _군칙	專城只爲養偏親
그동안의 글 더없이 멋졌는데	向來文字工無好
이제 신선으로 가니 절로 새롭겠네 _아중	此去神仙坐覺新
늘그막의 부임 나도 마음 있으니	暮境分麾吾有意
한 모퉁이 호숫가 산골에서 이웃되리 _위숙	一隅湖峽托爲隣

32 조위숙(曺偉叔) : 조하기(曺夏奇, 1660~1738)로, 본관은 창녕(昌寧), 자는 위숙, 호는 경안와(敬顔窩)이다. 《西堂私載 卷8 判決事曹公墓碣銘》

33 군칙(君則) : 홍중성(洪重聖, 1668~1735)으로, 본관은 풍산(豐山), 자는 군칙, 호는 운와(芸窩)이다. 김창흡(金昌翕)의 문인이다.

34 조아중(曺雅仲) : 조하망(曺夏望, 1682~1747)으로, 본관은 창녕, 자는 아중, 호는 서주(西州)이다. 《耳溪集 卷28 大司諫西州曺公墓碣銘》

35 두 깃발 : 쌍정(雙旌)은 지방관이 되어 부임하는 것을 말한다. 당(唐)나라 때에 절도사나 관찰사에게는 조정을 하직하는 날 쌍정과 쌍절(雙節)을 하사하였다. 《新唐書 卷49下 百官志》

탄식

歎息

등불 앞에 탄식하며 우두커니 앉아있나니	歎息燈前坐兀然
삼년 모자란 오십이네	五旬相去欠三年
꿈에 들어오는 시내와 산으로 끝내 가리니	溪山入夢終當去
봄 만난 경치 이미 어여쁘리	物色逢春已可憐
인생만사 이제는 백발이 되었으니	萬事于今成白首
여생을 푸른 하늘에 맡기려 하네	餘生只欲付蒼天
내게 남은 물건은 긴 쟁기이니	知吾長物長鑱在
다시 사담의 차조 심을 밭 가꿔야지[36]	重理沙潭種朮田

36 내게……가꿔야지 : 향리(鄕里)로 돌아가 농사를 지으며 살겠다는 말이다. 사담(沙潭)은 현재의 충청북도 괴산군 청천면 사담리 일대로 이하곤 집안의 별업(別業)이 있던 곳이다.

이른 봄날 회포를 쓰다

早春書懷

스스로 출처를 하늘에 물을 필요 없다고 믿노니	自信行藏不問天
유유자적 지내며 다시 새해 맞이했네	優游聊復迓新年
산골짜기 씻는 듯 이제 막 눈 녹고	山谷如洗初消雪
버들잎 돋아나려고 이미 안개 끼었네	柳意將舒已着煙
세상사에 늙어가는 감회 부쩍 많아지는데	世事偏增垂老感
풍광은 매번 이른 봄에 어여쁘구나	風光每向早春憐
임천으로 서둘러 돌아가야 하니	林泉歸去應須早
지금부터 지상의 신선 되려네[37]	準擬從今作地仙

37 지금부터……되려네 : 자연으로 돌아가 은거하겠다는 말이다. 지선(地仙)은 지상의 신선이라는 말이다. 진(晉)나라 갈홍(葛洪)의 《포박자(抱朴子)》 내편(內篇) 〈논선(論仙)〉에 "상사는 육신을 지닌 채 하늘 속으로 올라가니 천선이라 하고, 중사는 명산에서 유유자적하게 노니니 지선이라 하고, 하사는 죽은 뒤에 몸을 벗어버리니 시해선이라 한다.〔上士擧形昇虛, 謂之天仙, 中士遊於名山, 謂之地仙, 下士先死後蛻, 謂之尸解仙.〕"라고 하였다.

십이일에 회포를 쓰다

十二日書懷

이날 정시(庭試)가 있었는데 나는 금년부터 응시하지 않았다.

문 닫고 일 없어 날마다 편안히 자노니	閉門無事日高眠
문득 가슴속이 후련함을 느끼네	便覺胸中已浩然
한강 북쪽 모래 먼지 속에서 세월 보내며	漢北塵沙淹歲月
호서의 매화와 버들 풍경 보지 못하네	湖西梅柳隔風煙
감히 꼿꼿한 몸으로 세상을 가볍게 여겨	敢將傲骨輕當世
깊은 산에서 평생 누워 지내고자 하노니	欲向深山臥百年
다리 뻗을 초가집 있다면	使有團茅伸脚地
기운 토해 높은 하늘에 가득 채울 수 있으리	不妨吐氣塞高天

양산[38]에 가려고 저물녘에 한강으로 나오며 감회가 있어
往陽山 晩出漢江有感

봄 들판 바라보며 흥취 일어남 알겠으니	縱目春郊興自知
광릉에 한식날 풀 자라는 때로구나	廣陵寒食草生時
백사장 주위 버들 늘어진 마을 멀리 보이고	沙邊垂柳孤村遠
강가의 푸른 산을 필마 타고 천천히 가노라	江上青山匹馬遲
짙은 안개가 비를 재촉하는 듯하고	昏靄似將催雨意
거센 바람이 꽃가지를 마구 흔드네	急風多爲動花枝
고향 동산의 풍경을 부질없이 저버린 채	故園物色空相負
해마다 객지에서 시만 짓노라	客路年年只賦詩

38 양산(陽山) : 현재의 경기도 용인시와 안성시 사이에 있는 지명으로 이하곤의 어머니 묘소가 있다. 《두타초(頭陀草)》 책12 〈망아봉석광명(亡兒鳳錫壙銘)〉에 "같은 달 어느 날에 양지 신창리에 있는 어머니 묘소 곁에 묻어서 너의 혼백으로 하여금 의지할 바가 있게 한다.〔以同月某日, 瘗于陽智新倉里先夫人墓傍, 使汝魂魄, 有所依歸也.〕"라고 하였다.

신원[39]으로 가는 길에

新院途中

이월의 동풍 아직도 쌀쌀한데	二月東風尙覺凄
백사장 다리 주위에 풀들은 무성하네	沙橋草色綠萋萋
외로운 마을에 해 저물어 연기 피어나고	孤村落景煙初起
너른 들판 봄 그늘에서 새들 지저귀네	曠野春陰鳥自啼
한식 명절 다가와 부질없이 애달픈데	佳節空憐寒食近
늘그막에도 장한 마음 줄어들지 않았네	壯心不逐暮年低
돌아보니 점차 남산과 멀어지는데	回頭漸與終南遠
서쪽으로 돌아가는 구름 홀로 보내노라	獨送歸雲更向西

39 신원(新院) : 동일한 이름의 역원(驛院)이 여럿 있으나 이하곤의 여정을 감안할 때 여기서는 경기도 여주목(驪州牧) 북쪽 45리 지점에 있던 역원을 가리킨다. 《新增東國輿地勝覽 卷7 京畿道 驪州牧》

판교 객점에 묵으며 새벽 빗소리를 듣다

宿板橋店 聞曉雨

북쪽 이웃에 닭 울어 날 밝으려는데	北隣鷄號天欲曙
초가에 쓸쓸히 성긴 빗소리 울리네	茅屋蕭蕭疏雨鳴
마을 아낙이 새벽 불 지펴 밥 익어가고	村女曉炊飯初熟
나그네 외로이 앉았노라니 등불만 밝구나	行人孤坐燈自明
안개에 옷 젖을 것은 걱정 않지만	不愁宿霧侵客袂
어지러운 산에 아득한 길만 바라보노라	但見亂山迷去程
젊은 날 얼마던가 백발 자랐으니	少壯幾何生白髮
평생 고달픈 삶에 부질없이 마음 서글프네	百年役役空愴情

비가 내리는 가운데 일찍 출발하다

雨中早發

이 년 동안 분주히 다니며 서울 먼지 싫었는데	二年奔走厭京塵
늦게나마 맑은 강에 나오니 버드나무 봄빛이네	晩出淸江柳色春
객점의 새벽 등은 부질없이 꿈을 비추고	店屋曉燈空照夢
산성의 아침 비가 다시 사람을 시름겹게 하네	山城朝雨更愁人
먼 산은 안개에 덮여 하나도 보이지 않는데	遙峰隔霧渾無辨
노목에는 바람 불어 절로 정신 있구나	老木吟風自有神
슬프다 두타산이 눈앞에 있는 듯하니	惆悵頭陀如在眼
고향 동산의 도리는 몇 번이나 새로 피었는가	故園桃李幾番新

저물녘에 비가 더욱 거세져 진흙길이 매우 나빴다. 말 위에서 입으로 불러 회포를 쓰다

晩來雨益急 泥路甚惡 馬上口占書懷

봄 진창길을 종일 말 몰아서 가니	春泥盡日叱驂行
양산의 묘소를 해 지나 찾는 마음이네[40]	楸栢陽山隔歲情
먼 길에 동풍이 나그네를 속이는데	長路東風欺遠客
하늘에서 가랑비 내리며 청명 되었네	一天微雨作清明
아득한 전원으로 몸은 가려는데	田園杳杳身將去
막막한 세상사에 눈물 흐르는구나	世事茫茫涕自傾
물 마시고 글 지어도 즐거우니	飮水著書差足樂
덧없는 영화에 미련 없노라	更無餘念及浮榮

40 양산(陽山)의……마음이네 : 해가 바뀐 다음에 어머니 산소를 찾아간다는 말이다. 《두타초(頭陀草)》 권8에 〈조발양산(早發陽山)〉 등의 작품이 있으므로 1721년(경종1)에 이하곤이 양산에 왔었음을 알 수 있다. 추백(楸栢)은 무덤 주위에 심는 대표적인 나무이다. 양산에는 이하곤의 어머니 묘소가 있다. 50쪽 각주38 참조.

용인현을 지나며

過龍仁縣

양 소매 흔드는 저녁 바람 맑고	飄飄雙袂晩風晴
척후[41] 세워진 마을 앞에서 눈 밝아졌네	隻堠村前眼忽明
산골 마을에 연기 없으니 누구를 만나 밥 먹을까	山縣無煙逢孰食
모래밭에 비 지나자 밭갈이 하는구나	沙田過雨見春耕
문장이 이미 지금 세상과 맞지 않으니	文章已識妨今俗
낚시에 이내 삶 의탁해야지	漁釣惟應托此生
잠시 말안장 풀고 곤한 꿈 꾸려는데	暫欲卸鞍成倦夢
갑자기 또 낮닭이 울어대네	悤悤又聽午鷄鳴

41 척후(隻堠) : 후(堠)는 흙을 쌓아 돈대를 만들어서 이수(里數)를 표기한 것이다. 10리마다 쌍후(雙堠)를, 5리마다 척후를 두었다고 한다.

양지현[42] 앞에서 또 비를 만나다

陽智縣前 又逢雨

양지현 서쪽에 바람 거세고	陽智縣西風正急
좌잔령 위에 해 지려 하네	左棧嶺上日將斜
푸른 봉우리 십 리 지나자 평야 나타나	蒼峰十里還平野
버들 드리운 깊은 마을에 몇몇 인가 있구나	垂柳深村更幾家
하늘 어두워져 갑자기 저녁 비 몰아오는데	天黑忽然驅暮雨
봄 날씨 차가워 산꽃 피지 않았네	春寒猶未坼山花
사람들아 나의 행차 고되다 말하지 마라	傍人莫說吾行苦
얼굴에 가득했던 이전의 모래먼지 다 씻었노라	洗盡從前滿面沙

42 양지현(陽智縣) : 현재의 경기도 용인시에 있던 고을이다.

진계가 설복야에게 바친 시[43]를 차운하다

次秦系獻薛僕射韻

진계의 자주(自註)에 말하기를 "내가 섬산(剡山)에서 지낸 지 12년이 되었는데, 설공이 나를 추천하여 위솔부창조참군(衛率府倉曹參軍)으로 삼았으나 뜻하는 바가 아니었으므로 이 글을 올렸다."라고 하였다. 진계의 이 말은 지금 나의 마음과 같으므로 그 시를 차운하여 나의 뜻을 드러냈다.

치아 다 빠져 고기 씹을 수 없으니	落盡車牙厭饜肥
봄 맞아 고향 산의 고사리 더욱 생각나네	逢春長憶故山薇
미천한 이름을 누가 조정 명부에 올리랴	賤名誰遣通朝籍
야윈 몸으로 초의나 입어야지[44]	瘦骨唯堪着草衣
들판 사슴은 숲에서 아주 잘 자고	野鹿林中偏好睡
바다 갈매기는 새장 속에서도 날기를 잊지 않네	海鷗籠裏不忘飛
지금도 기영의 맑은 유풍 남아 있어	至今箕潁清風在
요 임금의 조정과 함께 빛남을 아노라[45]	更覺虞廷與有輝

43 진계(秦系)가……시 : 진계(720~810)는 당나라의 처사로 섬계(剡溪)에 은거하며 스스로 동해조객(東海釣客)이라고 불렀다. 770년에 유수 설겸훈(薛兼訓)이 우위솔부창조군(右衛率府倉曹軍)으로 삼았으나 사양하였다. 이하곤이 차운한 시는 진계가 설겸훈에게 관직을 사양하며 바친 〈헌설복야(獻薛僕射)〉이다. 《唐詩品彙 卷86》

44 야윈……입어야지 : 초야에서 야인(野人)으로 살겠다는 말이다. 초의(草衣)는 은자(隱者)가 입는 옷이다.

45 지금도……아노라 : 천하를 받지 않고 은거했던 허유(許由)의 고사를 이끌어 허유처럼 살아가겠다는 의지를 표현하였다. 요(堯) 임금 때 허유가 일찍이 기산(箕山) 아래 영수(穎水) 북쪽에 은거하였는데, 요 임금이 제위(帝位)를 맡기려 하자 이를 거절하고 더러운 말을 들었다면서 영수에 귀를 씻었다고 한다. 《高士傳 許由》

천하를 양보한 것은 요(堯) 임금의 일이다. 《상서》에서 〈요전(堯典)〉을 우서(虞書)에 두었으므로 마침내 이를 따라 우정(虞廷)이라고 하였다.

붙임 **진계의 시**

이제까지 어찌 부귀[46]를 생각했으랴	由來那堪議輕肥
머리 풀고 노래하며 고사리 캤노라	散髮行歌自采薇
포객은 들판의 흥을 잊지 못하는데	逋客未能忘野興
벽서가 문득 하의를 벗게 하니[47]	辟書翻遣脫荷衣
집에서는 아내가 실없이 웃고	家中匹婦空相笑
연못가 갈매기들 모두 날아가네	池上群鷗欲盡飛
바라건대 대현께서 소은을 허락하신다면	更乞大賢容小隱
우곡에 광휘 드날림을 더욱 보게 되리[48]	益看愚谷有光輝

46 부귀 : 경비(輕肥)는 가벼운 옷과 살진 고기라는 뜻으로 부귀를 의미한다. 공자께서 "공서적이 제나라에 갈 적에 살찐 말을 타고 가벼운 갖옷을 입었다.〔赤之適齊也, 乘肥馬衣輕裘.〕"라고 하셨다. 《論語 雍也》

47 포객(逋客)은……하니 : 진계 자신은 초야의 즐거움을 잊지 못하는데, 설겸훈이 불러 관리로 삼으려 한다는 말이다. 포객은 은거하다가 다시 벼슬에 나아가는 사람을 뜻한다. 남제(南齊)의 주옹(周顒)이 북산(北山)에 은거하다가 벼슬길에 나가자, 공치규(孔稚圭)가 그의 변절(變節)을 풍자한 〈북산이문(北山移文)〉에서 "청컨대 속사의 수레를 돌려라, 신령을 위하여 포객을 사절하노라.〔請廻俗士駕, 爲君謝逋客.〕" 한 데서 온 말이다. 벽서(辟書)는 사람을 불러내는 문서이다. 하의(荷衣)는 은자의 옷이다.

48 바라건대……되리 : 자신을 관직에 불러내지 말아서 초야에 은거할 수 있게 해달라는 말이다. 소은(小隱)은 산속에 숨어 지내는 은자를 뜻한다. 진(晉)나라 왕강거(王康琚)의 〈반초은시(反招隱詩)〉에 "작은 은자는 산림에 숨고, 큰 은자는 조시에 숨는다.〔小隱隱陵藪, 大隱隱朝市.〕"라고 하였다. 《文選 卷22》 우곡(愚谷)은 진계가 거주했던 곳을 가리키는 말로 보이는데 어디인지 미상이다.

한식날 병사에서 일을 기록하다

寒食日 丙舍書事

한 해 지나도록 양산[49]에 오지 못했으니	未到陽山已隔年
전원의 풍물 더욱 사랑스럽네	田園風物更堪憐
날 개자 시냇가 나무에 새들 지저귈 뿐	新晴澗樹惟啼鳥
한식날 인가에는 연기 피어나지 않네	寒食人家不起煙
잠에서 깨어 창 열고 먼 산 바라보다	睡罷開牕看遠岫
흥취 일어 지팡이 짚고 샘물 소리 듣노라	興來倚杖聽幽泉
초가집도 편안히 누워 지낼 만하니	茅齋亦足供高臥
벼랑의 꽃들 한껏 곱게 필 때까지 머물리라	留待崖花盡意姸

간(澗)은 야(野)로도 쓴다.

49 양산(陽山) : 현재의 경기도 용인시와 안성시 사이의 지명으로 이하곤의 어머니 묘소가 있는 곳이다. 50쪽 각주38 참조.

저녁 풍경을 바라보며 감회가 있어서

夕望有感

갠 뒤 시내와 들판에 저물녘 시야 트이는데	霽後川原晩望通
쓸쓸한 양쪽 귀밑머리에 또 봄바람 부는구나	蕭蕭雙鬢又春風
멀리 퍼진 마을 연기에 버들 점차 어두워지고	垂楊漸暗村煙遠
보리 싹 돋아나 들판 온통 푸르구나	宿麥初靑野色同
지금 조정에서는 임금의 명철함 생각하니	今日朝廷惟主聖
지난날 도적떼는 백성의 곤궁함에서 비롯됐지	異時盜賊自民窮
못난 선비 온통 왕실 걱정이라	迂儒百慮關王室
명릉 돌아보며 눈물 뿌리네[50]	回首明陵灑涕中

쇄체(灑涕)는 석조(夕照)로도 쓴다.

50 명릉(明陵)……뿌리네 : 1720년에 승하한 숙종(肅宗)을 떠올리며 눈물을 흘린다는 말이다. 명릉은 숙종의 능으로 경기도 고양시(高陽市)에 있다.

회포를 쓰다

書懷

세상 구제할 좋은 계책 없고	濟世無長策
전원으로 돌아갈 몸뚱이만 남았네	歸田有一身
산천을 지친 말 타고 다니며	山川隨倦馬
비바람 속에 좋은 시절 보내네	風雨送佳辰
꼿꼿한 몸 끝내 세속과 맞지 않으니	傲骨終妨俗
헛된 명성은 본디 사람 그르치네	浮名本誤人
금계에 봄물 불어나리니	金溪春水闊
새 버들가지 저버리지 말아야지[51]	莫負柳條新

51 금계(金溪)에……말아야지 : 버들잎이 돋아날 때 고향으로 돌아가겠다는 말이다. 금계는 이하곤이 거주했던 충청북도 진천에 있는 시내 이름이다. 44쪽 각주28 참조.

돌아오는 길에 내신창을 지나다

歸途過內新倉

홀로 봄 산길 가노라니	獨往春山路
그윽한 샘물 소리만 들리네	幽泉只自聞
나무꾼 노랫소리 빈 골짜기로 들어가고	樵歌入空谷
꿩 울음소리는 깊은 구름 속에 있구나	雉雊隔深雲
푸른 이내가 봉우리를 멋들어지게 만들고	青靄生峯色
외로운 꽃은 바위와 어우러져 무늬지네	孤花與石文
숲 속에 집 지을 만하니	中林堪結屋
이미 사람들과 멀어진 줄 아노라	已覺遠人群

금량[52]으로 가는 길에

金梁途中

홀로 외로운 연기 바라보며 가노라니　獨望孤煙去
푸른 산에 나그네 길 깊구나　靑山客路深
어젯밤 비에 풀은 부쩍 자랐고　草痕滋宿雨
봄 그늘에서 새소리 달라졌네　鳥語改春陰
흐르는 물은 머물 뜻 없는데　逝水無留意
돌아가는 구름은 피곤한 마음 있구나　歸雲有倦心
인생살이 무엇보다 자적이 중요하니　人生貴自適
마침내 산림에서 늙어가리라　終欲老山林

52 금량(金梁) : 현재의 경기도 용인시 처인구에 김량장동이 있는데, 이하곤의 여정으로 볼 때 이곳으로 추정되지만 정확하지는 않다. 용인에 금량역(金梁驛)이 있었다.

직곡촌을 지나며 말 위에서 우연히 읊다

過直谷村 馬上偶吟

비 그친 뒤 모래 시냇가에 풀빛 무성한데	雨後沙溪草色同
쓸쓸히 돌아가는 말 동풍을 거스르네	蕭蕭歸馬溯東風
나그네 시 읊조리는 너머로 하늘 높고	天長遊子吟詩外
시골 노인 소 모는 가운데 봄 저무네	春晚村翁叱犢中
세상만사 하늘이 본래 정했으니	萬事皇穹元有定
백년인생에 나의 도는 궁할 따름이네	百年吾道只須窮
고향 동산의 복숭아와 버들이 기다릴 터	故園桃柳應相待
전원으로 돌아갈 계획 헛되지 않게 해야지	莫使歸田計墮空

낙생역[53]으로 가는 길에 감회가 있어서

樂生驛途中有感

동풍이 몹시도 거칠고	東風太作惡
번갈아 흐렸다 맑았다 하네	雲日遞晴陰
먼 나무는 봄 들판에 뜨고	遠樹春浮野
외로운 연기는 저녁 숲에서 피어나네	孤煙夕出林
고기 잡고 나무하는 데 만년의 계획 있으니	漁樵存晩計
공훈 세우려던 장한 마음 저버렸네	勳業負雄心
천지 사이에 상가 있지만	天地商歌在
누가 돌에서 나오는 소리 알까[54]	誰知出石音

53 낙생역(樂生驛) : 경기도 광주목(廣州牧)의 남쪽 45리 지점에 있던 역이다. 현재의 경기도 성남시 판교 동쪽 근처이다. 《新增東國輿地勝覽 卷6 京畿 廣州牧 驛院》

54 천지……알까 : 자신이 가난한 생활 속에서도 맑은 절조를 지키겠다는 다짐이다. 상가(商歌)는 맑고 슬픈 노래로 상송(商頌)이라고도 한다. 《장자(莊子)》 〈양왕(讓王)〉에 "증자가 위나라에 살 때 옷은 다 떨어져 겉이 없고 얼굴은 부어 종기가 터졌으며 손발은 트고 갈라졌다. 사흘이나 밥을 짓지 못하고 십 년이나 옷을 만들어 입지 못해서 갓을 바로 쓰려고 하면 갓끈이 끊어지고 옷깃을 여미려 하면 팔꿈치가 나오고 짚신을 신으면 발뒤꿈치가 터졌다. 발을 끌면서 상송을 부르면 그 소리가 천지에 가득 차 마치 금석에서 나오는 것 같았다.〔曾子居衛, 縕袍无表, 顔色腫噲, 手足胼胝. 三日不擧火, 十年不製衣, 正冠而纓絶, 捉衿而肘見, 納屨而踵決. 曳縱而歌商頌, 聲滿天地, 若出金石.〕"라는 내용이 보인다.

말 위에서 태화산[55]을 바라보며 감회가 있어서

馬上望太華有感

세 봉우리가 하늘 밖 멀리 검푸른데 　三峯天外逈蒼蒼
그 기세 서쪽에서 와서 한양을 보호하네 　氣勢西來護漢陽
빼어난 경치는 멀리 송악[56]과 이어져 나란하고 　秀色遙連崧嶽竝
신령한 뿌리는 백두산에서 길게 뻗어왔네 　靈根直自白頭長
성책은 이미 단단한 금성탕지 되었으니 　儲胥已作金湯固
다급할 때 좋은 계책 될 줄을 알겠네 　緩急方知筭策良
비 내리고 구름 일으킴 다 너의 힘이니 　興雨出雲皆汝力
어진 재상 내어 우리 임금 도왔으면 　更鍾賢弼佐吾王

55 태화산(太華山) : 내용으로 볼 때 서울의 삼각산(三角山)을 가리키는 것으로 보인다. 《이계집(耳溪集)》 권23에 〈기우제문(祈雨祭文)〉이 있는데, 그 가운데 삼각산에 올린 제문의 내용에 “높고 높은 태화산, 우리나라를 지키네.〔岧嶢太華, 鎭我東維.〕”라고 하였다.

56 송악(崧嶽) : 개성(開城)의 송악산(松嶽山)을 지칭하는 것으로 보인다.

봄날 회은 남학명[57] 어른의 교외 집을 방문하다

春日過晦隱南丈 鶴鳴 郊居

남회은 어른은 약천(藥泉)[58] 상공(相公)의 아들이다. 별업(別業)은 동문(東門) 밖 박사인동(朴舍人洞)에 있다.

들판에 봄빛 물들고 초가집 고요하니 郊原春色靜茅茨
처사의 높은 뜻을 저절로 알겠구나 處士高情自可知
버들 늘어선 길에 속된 수레가 어찌 오가랴 逕柳何曾通俗駕
도성의 먼지 본래 맑은 연못에 이르지 않네 城塵元不到淸池
새들은 오궤[59]의 문장 논하는 곳 엿보고 鳥窺烏几談文地
꽃은 푸른 산에서 술잔 들 때 흔들리네 花動靑山把酒時
동쪽 봉우리 구름 반쪽을 나누어 주시려는가 肯割東峰雲一半
내가 이제 오이 가꾸는 것을 배우려네[60] 吾今欲學種瓜爲

57 남학명(南鶴鳴) : 1654~1722. 본관은 의령(宜寧), 자는 자문(子聞), 호는 회은(晦隱)이다. 《晦隱集 卷4 晦隱翁自序墓誌》

58 약천(藥泉) : 남구만(南九萬, 1629~1711)으로, 본관은 의령, 자는 운로(雲路), 호는 약천, 시호는 문충(文忠)이다. 《昆侖集 卷17 領議政藥泉南公墓誌銘》

59 오궤(烏几) : 검은 염소 가죽으로 장식한 궤안이다. 오피궤(烏皮几)라고도 하며 숨어 사는 이들이 애용하였다고 한다.

60 동쪽……배우려네 : 남학명이 별업 근처의 땅을 내어준다면 이하곤도 그곳에서 은거하고 싶다는 말이다. 송(宋)나라 장영(張詠)이 진도남(陳圖南)에게 화산(華山) 절반을 얻어 은거하고 싶어 하자 허락했다는 분산(分山)의 고사가 있다. 《詩話總龜 卷31 詩讖門》 동릉후(東陵侯)에 봉해진 진(秦)나라 소평(邵平)이 나라가 멸망하자 평민 신분이 되어 장안성(長安城)의 청문 밖에서 오이를 심어 가꾸며 은거하였는데, 오이 맛이 좋아 사람들이 동릉과(東陵瓜)라고 불렀다. 《史記 卷53 蕭相國世家》

3월 1일에 중형의 강가 집에 갔는데 윤중화[61] 형제와 이유화[62]도 와서 종일 담소를 나누었다

三月一日 往仲兄江舍 尹仲和兄弟李囿和亦來會 歡笑終日

이날 비가 조금 내렸다.

아담한 누각에서 멀리 들판 바라보니	小閣遙臨野
맑은 강이 다시 아득하네	澄江更渺然
저녁연기는 외로운 섬 너머에서 피어나고	暮煙孤島外
봄비는 어지러운 돛 앞에 내리네	春雨亂帆前
수레 타고 와서 긴 날 머무는데	命駕淹長日
이사 와서 누울 날 언제일까	移家臥幾年
남쪽 이웃에 공터 있으니	南隣有隙地
초가집 짓고 싶구나	吾欲縛茅椽

61 윤중화(尹仲和) : 윤순(尹淳, 1680~1741)으로, 본관은 해평(海平), 자는 중화, 호는 백하(白下)·학음(鶴陰)이다. 《白下集 附錄 行狀》

62 이유화(李囿和) : 이태원(李太元, 1673~1740)으로 추정된다. 그의 본관은 부평(富平), 자는 유화이다. 《명곡집(明谷集)》 권5 〈차유화운(次囿和韻)〉 아래에 "이태원의 자이다.〔李生太元字〕"라는 소주(小註)가 있고 《두타초(頭陀草)》 책10 〈이첨지만(李僉知挽)〉의 아래에도 "장령 이태원의 부친이다.〔掌令李太元大人〕"라는 소주가 있다.

밤에 앉아 있다가

夜坐

야윈 몸으로 등불 앞에 앉았는데　　瘦骨燈前坐
봄추위 다시 어떠한가　　春寒更若何
버들 사이로 먼 하늘 보이고　　柳間得天遠
베갯머리에서 많은 별들 보노라　　枕上見星多
머리 세었어도 높은 흥취 있어　　短髮猶高興
새 시를 길게 노래하네　　新詩且永歌
고향 동산에 꽃 피었을 텐데　　故園花正發
돌아갈 마음 어긋날까 걱정이네　　歸意恐蹉跎

삼연[63] 어른이 운명하실 때 지은 심 자 운에 맞춰 짓다 2수
次三淵丈臨絶心字韻 二首

천추의 뒤에 성현의 마음 엿보려고	千秋窺見聖賢心
홀로 경서를 꼼꼼히 살펴 읽으셨네	獨向遺經仔細尋
그 명성이 마땅히 세상에 남아서	應使聲名留宇宙
초목 따라 사라지지 않으리[64]	不隨草木永銷沈

천고의 문장을 마음으로 헤아려서	千古文章衡寸心
풍소의 종지를 홀로 찾아 아셨지[65]	風騷宗旨獨探尋
이제부터 우리나라에 시가 없으리니	從今左海無詩在
문단도 사라질까 두렵구나	只恐詞林亦陸沈

63 삼연(三淵) : 김창흡(金昌翕, 1653~1722)으로, 본관은 안동(安東), 자는 자익(子益), 호는 삼연이다. 《三淵集 拾遺 卷32 附錄 行狀》

64 초목……않으리 : 저본(底本)에는 沈이 魂으로 되어 있으나 필사의 오류로 보이므로 바로잡아 번역하였다.

65 풍소(風騷)의……아셨지 : 김창흡은 1673년 진사시에 합격하였으나 이후로 과거에 뜻을 두지 않고 시도(詩道)를 연구하는데 힘을 기울였다. 그리하여 《시경》과 《초사(楚辭)》, 《고악부(古樂府)》는 물론 성당(盛唐) 여러 문인들의 작품에 이르기까지 정밀하게 연구하여 일가(一家)를 이루었다는 평가를 받았다. 《三淵集 拾遺 卷32 附錄 行狀》

붙임 김창흡의 시[66]

평생의 숙원이 마음 찾는데 있어서	宿願平生在玩心
고명봉[67] 아래에서 자세히 연구하다가	高明峯下細硏尋
풍진 속에 동쪽 교외 밖에서 늙어 죽으니	風埃老死東郊外
청하 같던 기이한 뜻 길이 사라지리[68]	奇意靑霞永鬱沈

고명봉은 설악산(雪嶽山)에 있다.

66 김창흡의 시 : 《삼연집》 권16에 수록된 〈절필(絶筆)〉이라는 작품으로 1722년에 지었다.

67 고명봉(高明峯) : 설악산의 백연(百淵), 즉 백담(百潭) 주변에 있는 봉우리이다. 김창흡은 일찍이 이곳에 집을 짓고 왕래하였는데, 1705년에 은거를 결심하고 벽운정사(碧雲精舍)를 지었다가 1708년에 소실되자 조원봉(朝元峯) 아래로 옮겨 영시암(永矢菴)과 완심루(玩心樓)를 짓고 살았다. 《三淵集 拾遺 卷32 附錄 行狀》

68 청하(靑霞)……사라지리 : 남조 제(齊)나라 강엄(江淹)의 〈한부(恨賦)〉에 "푸른 노을의 기이한 뜻이 울창하였으나 긴 밤의 어두움으로 들어갔네.〔鬱靑霞之奇意, 入脩夜之不暘.〕"라고 한 말을 원용하였다. 이선(李善)은 "푸른 노을의 기이한 뜻은 의지가 높은 것이다.〔靑霞奇意, 志意高也.〕"라고 풀이하였다. 《文選註 卷16》

한가롭게 지내며 즉흥적으로 짓다

閒居卽事

가난한 집에 가득한 그윽한 풀 사랑스러우니	獨憐幽草滿貧家
사립문에 세속의 수레 끊어지게 했구나	已使柴門斷俗車
밝은 해는 정이 없어 머리가 세려 하는데	白日無情頭欲雪
동풍은 힘이 많아 나무마다 꽃 피웠네	東風多力樹皆花
시 완성하자 새소리 들으려 발 걷고	詩成聽鳥簾初捲
자고 일어나 구름 바라보니 모자가 절로 기우네	睡起看雲帽自斜
우습다 공명은 본래 바깥 물건이니	可笑功名元外物
술이나 즐기면서 살아가야지	但將樽酒作生涯

봄날 태화정[69]에 모여 술을 마셨다. 당시 자리에 있었던 사람은 구여림[70] 혁, 이자수[71] 희담, 최중윤 창연, 홍군칙,[72] 조영수 태기, 구회중,[73] 구성오[74] 명규, 홍도장,[75] 이자야[76]이다. 즉석에서 서둘러 써서 여러 사람들에게 보여 주다

春日會飮太華亭 時在座者具汝臨 爀 李子壽 喜耼 崔仲潤 昌演 洪君則趙英叟 泰耆 具晦仲具性五 命奎 洪道長李子野 卽席走草示諸君

버들은 춤추는 듯 새는 노래하는 듯　　柳如曼舞鳥如歌
삼월의 풍광 다시 어떠한가　　三月風光更若何
두견화 아래 취함을 마다하지 마라　　莫惜杜鵑花下醉
봄빛 볼 날도 많지 않구나　　卽看春色亦無多

69 태화정(太華亭) : 《임하필기(林下筆記)》 권31 〈순일편(旬一篇)〉에 "고(故) 정승 충무(忠武) 구인후(具仁垕)가 하사 받은 집이 이문(里門) 안에 있는데 으리으리한 집이라고 일컫는다. 그곳에 태화정이 있으니 곧 연당(蓮堂)이다. 이곳이 장안의 중심이어서 돌로 표지를 세웠다. 뒤에 여러 번 주인이 바뀌었다."라고 하였다.

70 구여림(具汝臨) : 구혁(具爀, 1670~1728)으로, 본관은 능성(綾城), 자는 여림이다. 《艮齋集 卷10 漢城府判官具君墓碣銘》

71 이자수(李子壽) : 이희담(李喜耼)으로, 본관은 덕수(德水), 자는 자수이다.

72 홍군칙(洪君則) : 홍중성(洪重聖, 1668~1735)으로, 본관은 풍산(豐山), 자는 군칙, 호는 운와(芸窩)이다. 김창흡(金昌翕)의 문인이다.

73 구회중(具晦仲) : 회중은 구희(具熺)의 자인데, 인적사항은 미상이다.

74 구성오(具性五) : 구명규(具命奎, 1693~?)로, 본관은 능성, 자는 성오이다.

75 홍도장(洪道長) : 홍세태(洪世泰, 1653~1725)로, 본관은 남양(南陽), 자는 도장, 호는 창랑(滄浪)·유하(柳下)이다. 《浣巖集 卷4 滄浪洪公墓誌銘》

76 이자야(李子野) : 이신(李莘)으로, 본관은 성주(星州), 자는 자야이다.

2

열흘 동안 문 닫고 노래하지 않았으니	閉戶經旬廢嘯歌
요즈음 봄빛이 어떠한지 알지 못했는데	不知春色近如何
오늘 아침 우연히 그대의 정원에 들렀더니	今朝偶向君園過
도성 거리에 꽃들이 많기도 하구나	九陌煙花已許多

봄에 경치를 바라보며

春望

상쾌한 기운 내 집에 가득한데	爽氣吾軒得
서쪽 산에 눈이 문득 열리네	西山眼忽開
안개와 구름이 저절로 성궐 이루고	煙雲自城闕
꽃과 나무가 누대마다 무성하다	花木盡樓臺
이미 산으로 돌아갈 계획 정했는데	已決還山策
누가 세상 구제할 인재인가	誰爲濟世才
봄 풍광은 진실로 저버리지 않았으니	春光眞不負
깊은 술잔 싫어하지 말라	莫更厭深杯

즉흥시

卽事

높은 꽃들 여기저기 피어	高花開漠漠
눈에 들어오는 서쪽 성까지 온통 꽃이네	一望盡西城
집집마다 버들 드리웠고	垂柳千門色
각양각색으로 새들 우는구나	啼禽百種聲
돌아갈 생각 해와 함께 길어지고	歸懷兼日永
늙은이 눈은 봄에 밝아지네	老眼爲春明
나부껴 떨어지기는 본래 쉬운 법	飄落元容易
애오라지 세상 영화와 비기노라	聊持比世榮

백발

白髮

백발이 이미 이와 같으니	白髮已如此
꽃을 보고도 시름겨워 하노라	看花亦自愁
즐겁게 노닐던 곳 가만히 떠올리지만	默思行樂地
젊은 날의 유람 다시 할 수 없네	非復少年遊
고요한 봉우리 그늘에서 무릎 끌어안고	抱膝峰陰靜
그윽한 버들 그늘에서 시를 쓰노라	題詩柳色幽
남은 삶 알 수 있으니	餘生從可卜
다른 사람에게 구하지 않으리	不肯向人求

유(柳)는 태(苔)로도 쓴다.

멀리 바라보다

遠目

꽃 따라 멀리 바라보니	遠目隨花發
봄 성에 나무 길게 뻗었네	春城出樹長
비록 높은 곳에서 바라보는 것은 아니지만	縱非高處望
늙은이 마음 아프구나	翻覺老懷傷
세월에 부질없이 머리 세어	歲月空霜鬢
풍광 바라보며 또 술 마시네	風煙且酒觴
평소 뜻이 작지 않았건만	平生志不小
고개 돌리니 모두 아득하네	回首一茫茫

한가롭게 지내며 소회를 쓰다

閒居書懷

근심스레 주렴 내리나니	悄悄簾初下
쓸쓸히 나그네 돌아간 뒤라네	寥寥客始歸
꾀꼬리 울음 속에 책을 가까이 하고	鶯啼近書帙
버들 빛이 사립문 가렸네	柳色掩柴扉
세상은 이미 어려움 심한데	世已艱危劇
사람은 지금 출처를 어겼네	人今出處違
고개 돌려 고향 동산 떠올리나니	故園回首地
아마도 살구꽃 날리겠지	應亦杏花飛

새벽에 일어나서

晨起

문 열고 맑은 새벽에 앉았더니	開戶淸晨坐
이웃 동산에 꽃들이 만발했네	隣園滿樹花
봄빛이 골목에 완연하니	春光偏在巷
집 나서지 않아도 그윽이 감상할 수 있구나	幽賞不離家
우거진 버들에 문은 도리어 외지고	深柳門還僻
빈 뜰에 마음은 다시 멀리 가는구나	空庭意更遐
누가 말했나 성시에 누워서도	誰云臥城市
오히려 안개와 노을 넉넉하다고	猶自足煙霞

도장[77]이 시 한 수를 보내왔기에 화운하여 답하다
道長寄一詩 和韻答之

살구꽃 복사꽃 무수히 피고	杏花桃花無數開
여기저기 누대마다 봄놀이하는 사람들이네	幾箇游人幾處臺
봄 돌아갈 날 머지않음을 아노니	已識春歸元不日
술 들고 천 번 감상함을 마다하랴	肯辭携酒賞千回
간다면 그대와 회포 풀겠지만	去卽與君懷抱開
시름 깊어 누대에 오를 마음 없구나	深愁無意强登臺
내년에도 꽃은 흐드러지게 피리니	亦知明歲花應爛
봄빛 잡지 못함을 아쉬워 마시길	休惜春光莫挽回

붙임 홍세태의 시

구씨의 동산[78]에 꽃이 만발하고	具氏園中花滿開
동풍과 밝은 해가 누대에 아양 떨 텐데	東風白日媚樓臺
그대에게 묻노니 말술 가지고 찾는다 해도	問君斗酒能相就
봄빛을 어찌 잡을 수 있으랴	春色何由挽却回

77 도장(道長) : 홍세태(洪世泰, 1653~1725)로, 본관은 남양(南陽), 자는 도장, 호는 창랑(滄浪)·유하(柳下)이다. 《浣巖集 卷4 滄浪洪公墓誌銘》

78 구씨(具氏)의 동산 : 앞에 〈봄날 태화정에 모여 술을 마셨다……〔春日會飮太華亭……〕〉라는 시에 홍세태도 함께 참석했던 것으로 보아 태화정(太華亭)을 가리키는 것으로 보인다.

정자 송익장[79] 만사

宋正字 翼長 挽

큰 도량과 통달한 재주 둘 다 지닌 사람	偉度通才兩有之
명문가에서 또 이처럼 훌륭한 자손 나왔네	名門又出此佳兒
등불 밝히고 늦게까지 공부하며 쓸개 맛보았고	焚膏夜課勤嘗膽
가을 과거에서 너끈히 합격했지	得雋秋闈易摘髭
천리마가 막 탄탄대로 달리려는데	天驥雲亨方展步
예장이 벼락 맞아 문득 가지 꺾였네[80]	豫章雷擊忽摧枝
이태 동안 세 번 곡하여 애 끊어지니	二年三哭猿腸斷
위로하려 해도 무슨 말이 있겠는가[81]	欲慰阿翁奈乏辭

79 송익장(宋翼長) : 1693~? 본관은 여산(礪山), 자는 운거(雲擧)이다.

80 천리마가……꺾였네 : 송익장이 관직에 진출하여 능력을 펼치려는데 운명하고 말았다는 말이다. 예장(豫章)은 녹나무의 일종으로 동량이 될 인재를 가리킨다.

81 이태……있겠는가 : 송익장의 아버지 송성명(宋成明, 1674~1740)이 2년 사이에 세 차례 상사를 당했기에 무슨 말로 위로해야 할지 모르겠다는 말인데, 송익장 이외에 또 누가 죽었는지는 자세하지 않다. 원장단(猿腸斷)은 원숭이의 창자가 끊어진다는 말로 자식을 잃은 부모의 슬픔을 말한다. 동진(東晉) 때 환온(桓溫)이 촉(蜀) 땅을 정벌하기 위해 배로 삼협(三峽)을 지날 때 부하가 원숭이 새끼 한 마리를 붙잡아서 100여 리를 싣고 갔는데, 그 어미 원숭이가 배에 뛰어올라 곧바로 죽으므로 배를 갈라 보니 창자가 모두 끊어져 있었다는 고사가 전한다.《世說新語 黜免》

늦봄에 감회를 쓰다

春晩書感

처마 서쪽 실버들 그림자 아른대고	簷西絲柳影徘徊
버들 아래 두 사립문 한낮에야 열었네	柳下雙扉午始開
골짝의 새들 자주 우는데 나그네들 흩어지고	谷鳥頻啼客初散
숲 꽃 떨어지려는데 바람이 산들 불어오네	林花欲落風微來
집에 붉은 먼지 가득해 신선 멀어지고	紅塵室宅神仙遠
시서 즐기지만 늙은이 병 재촉하네	靑眼詩書老疾催
안타깝다 백년 인생 숙원 어긋났으니	歎息百年違宿志
여생 의지할 것은 깊은 술잔 뿐이라네	餘生何託只深杯

미(微)는 우(又)로도 쓴다.

밤에 앉아 있다가

夜坐

저 멀리 성 위에 소나무 푸른데	松色城頭送遠蒼
봄날 밤기운 가을처럼 서늘하네	春天夜氣忽秋涼
별빛이 집에 드리워 서리처럼 희고	星光垂屋如霜白
버들 그림자 마당 가로질러 달빛에 길어지네	柳影橫庭得月長
신선 부럽지 않으니 숲에 누우면 곧 신선이고	不羨神仙林臥是
혼사에 얽매이지 말아야 하니 산 유람 방해되네[82]	休牽昏嫁嶽遊妨
동산의 꽃들 쉽게 피고 지는데	園花開落還容易
늙어가며 내 마음은 홀로 바쁘지 않네	老去吾心獨不忙

휴견(休牽)은 차포(且抛)로도 쓴다.

82 혼사(婚事)에……방해되네 : 한(漢)나라의 고사(高士) 상장(向長)이 자녀들을 모두 결혼시킨 뒤에 집안일을 완전히 정리하고 마음 내키는대로 떠돌아다니며 오악(五嶽)을 유람하다가 삶을 마쳤다는 고사가 전한다. 《高士傳》《後漢書 卷83 逸民列傳 向長》 여기서는 이 고사를 인용하여 자녀의 혼사 때문에 서울에 올라와 있는 자신의 신세를 한탄한 것이다.

한가롭게 지내며 소회를 읊다

閒居詠懷

세속 사람들과 기꺼이 왕래하랴	肯與俗人屑往還
잠두봉[83] 마주하고 사립문 안에 누웠노라	蠶峯相對臥柴關
갠 뒤에 새들 여기저기서 지저귀고	鳥於晴後多新語
봄 깊어지자 산색도 멋지게 변하네	山亦春深有好顔
이 잡으면서 세상일 말하기를 잊었는데	捫虱已忘談世務
꽃구경하느라 나의 한가함 잃을까 두렵네	看花猶恐失吾閒
이곳이 희황에게 가까운 줄 아노니[84]	此中知去羲皇近
다만 맑은 바람 맞으며 낮잠 자는 사이에 있네	只在淸風午睡間

설(屑)은 번(煩)으로도 쓴다.

83 잠두봉(蠶頭峯) : 잠봉(蠶峯)은 서울특별시 마포구 합정동 일대의 한강변에 있는 잠두봉을 가리킨다. 봉우리가 누에의 머리를 닮았다고 하여 잠두봉이라 하였다.

84 이곳이……아노니 : 자신이 사는 곳이 태곳적처럼 한가하다는 말이다. 희황(羲皇)은 복희씨(伏羲氏)를 말한다.

아중[85]과 군경[86]이 들렀기에 연구를 짓는데 래 자를 얻었다

雅仲君敬見過 聯句得來字

이날 비가 조금 내렸다.

늦봄 남산에 가랑비 내리는데	春晩南山細雨來
오늘 사립문을 그대들 위해 열었네 _재대	柴門今日爲君開
티끌 속에 자취 감춘 건 우리 뿐	塵中倦迹惟吾輩
세상 밖 높은 정이 이 술잔에 있구나 _아중	世外高情有此杯
취해 쓴 글에서 애오라지 의기 보겠고	醉墨聊將看意氣
담소하며 때로 농담도 주고받네 _군경	笑談時復雜誹詼
어찌하면 혼사 다 마치고	何當了却婚姻債
함께 명산에 들어가 돌아오지 않을까[87] _재대	共入名山永不迴

85 아중(雅仲) : 조하망(曺夏望, 1682～1747)으로, 본관은 창녕(昌寧), 자는 아중, 호는 서주(西州)이다. 《耳溪集 卷28 大司諫西州曺公墓碣銘》

86 군경(君敬) : 이일제(李日躋, 1683～1757)로, 본관은 완산(完山), 자는 군경, 호는 화강(華岡)이다. 1708년(숙종34) 이하곤과 함께 진사시에 합격하였다.

87 어찌하면……않을까 : 자녀들의 혼사를 마친 다음 오악(五嶽)을 유람하며 삶을 마쳤던 한(漢)나라 상장(向長)의 고사를 인용하여 산중에 은거하고 싶은 마음을 읊은 것이다. 84쪽 각주82 참조.

다시 앞의 운자를 사용하다

又疊前韻

오늘 아침 반갑게도 그대들이 봄 따라 왔는데	今朝喜汝逐春來
담장 모퉁이 복사꽃이 활짝 피려 하네	墻角桃花欲盡開
이미 새 소리가 멋진 손님 맞이했는데	已遣啼禽迎好客
어디서 왔나 가랑비가 깊은 술잔 비추네	何來細雨暎深杯
꼿꼿한 사람 속세에 어울리기 어려운 줄 아노니	卽知傲骨難於俗
고상한 말 그만두고 농담이나 나누세	無用高談且可詼
술동이 앞에서 취해야 하니	但向樽前須一醉
말 타고 달빛 속에 간들 어떠하리	不妨騎馬月中過

다시 연구로 짓다[88]

又聯句

그대에게 술 있어 내가 왔을 뿐 君能有酒我能來

복사꽃 피고 말고는 묻지 않노라 _군경 不問桃花開未開

한바탕 웃으며 반갑게 악수하고 一笑欣然聊把手

천 편의 시 읊으며 자주 술 부르네 _아중 千篇聊爾數呼杯

봄날 멋진 모임에서 자주 비녀장 던지고[89] 春來好會頻投轄

취해서 시 지으며 농담도 주고받네 _재대 醉後新詩亦帶詼

세상사 본래 뜻대로 되지 않는 법 世事從來如意少

그대들 어찌 서둘러 돌아가야 하겠는가 _재창 諸君何必更催迴

88 다시 연구(聯句)로 짓다 : 이 시에서 재대는 이하곤, 아중(雅仲)은 조하망(曹夏望, 1682~1747), 군경(君敬)은 이일제(李日躋, 1683~1757)이다. 창(昌)은 누구인지 자세하지 않으나 이하곤의 막내아우 이명곤(李明坤)의 자가 재창(載昌)이므로 그를 가리키는 듯하다.

89 비녀장 던지고 : 투할(投轄)은 비녀장을 던진다는 뜻으로 손님을 만류하여 가지 못하게 함을 의미한다. 한(漢)나라 진준(陳遵)이 술을 몹시 좋아하여 빈객들을 초청하여 술을 마실 때마다 대문을 걸어 잠그고 손님이 타고 온 수레의 바퀴에서 비녀장을 뽑아 우물에 던져서 빈객이 돌아가지 못하게 했다는 고사가 전한다. 《漢書 卷92 游俠傳 陳遵》

또 앞의 운자를 사용하다

又用前韻

봄은 가려는데 그대들 왔기에　春卽將歸爾卽來
남산 마주하고 술동이 열었네　南山相對一樽開
백년세월에 흰머리만 느는 줄 아노니　百年已覺供霜鬢
세상만사 술잔 드는 것이 제일이네　萬事無如把酒杯
내 글 보고 다들 성내는데　看我文章皆怒罵
그대들 담소의 반은 농담이라 좋구나　喜君談笑半嘲詼
덧없는 인생살이 한 번 웃기도 참 어려우니　浮生一笑眞難事
삼경 전에는 돌려보내지 않으리　不到三更不放迴

지팡이와 안석

杖几

비록 성곽에서 기거하지만	杖几雖城郭
푸른 산은 절로 집에 가득하네	靑山自滿家
누대에 갠 풍경 들어오고	樓臺延霽色
계절은 복사꽃 필 때 되었네	節序及桃花
혼사를 언제 마칠까	婚嫁何時了
무릉도원 가는 길 멀구나[90]	桃源此路賒
구름만 바라봐도 그윽한 흥취 있으니	看雲亦幽興
복건이야 삐뚤어지든 말든 상관 않노라	一任幅巾斜

90 혼사(婚事)를……멀구나 : 자녀들의 혼사를 마친 다음 오악(五嶽)을 유람하며 삶을 마쳤던 한(漢)나라 상장(向長)의 고사를 인용하여 은거하고 싶은 마음을 읊은 것이다. 84쪽 각주82 참조. 도원(桃源)은 도잠(陶潛)의 〈도화원기(桃花源記)〉에 등장하는 이상향인 무릉도원을 가리킨다.

늦봄에 감회가 있어서

春晩有感

치렁치렁 세 그루 버들이 대문 앞에 있는데	垂垂三柳板門前
정오에 산새들 잠을 깨우려 하네	日午山禽欲喚眠
사람과 숲의 꽃 함께 늙었고	人與林花俱老矣
비와 세상사 모두 아득하네	雨將世事共茫然
지금 만촉에 조용한 곳 없으니	于今蠻觸無平地
예부터 재앙과 복은 하늘 소관 아니었지[91]	從古災祥不管天
넘어지는 것을 붙들어 세움은 나의 일 아니니	早識扶顚非我力
돌아가 맑은 샘물이나 마실 밖에	只須歸去飮淸泉

91 지금……아니었지 : 조정이 당쟁으로 시끄러워 정사(政事)가 잘못되기 때문에 가뭄과 흉년이 반복되는 것이지 하늘이 하는 일이 아니라고 읊은 것이다. 만촉(蠻觸)은 사소한 일로 서로 분쟁을 일으키며 명리를 다투는 것을 말한다. 달팽이의 왼쪽 뿔에는 촉(觸)이라는 나라가 있고 오른쪽 뿔에는 만(蠻)이라는 나라가 있는데, 이 두 나라의 영토(領土) 싸움으로 죽은 시체(屍體)가 백만(百萬)이나 되었다는 우화(寓話)에서 유래하였다. 《莊子 則陽》

3월 29일에 감회가 있어서

三月小晦日有感

꽃 드날려 이미 봄 시름 보냈는데	花飛已是送春愁
봄이 재빨리 돌아가니 급히 머리 돌리네	春去悤悤劇轉頭
풀이 연기처럼 자욱하니 나비 머물고	草曖如煙停蛺蜨
흐리고 비는 오지 않아 하루살이 윙윙대네	天陰不雨鬧蜉蝣
오두막에 본래 시대 걱정하는 선비 있지만	衡門元有憂時士
관리[92]들은 어찌 나라 위해 도모할 줄 알겠는가	肉食焉知爲國謀
경기에 밀과 보리 농사 지금 어떠한가	京畿兩麥今何似
작년에도 삼남에 흉년 들었었지	前歲三南亦失秋

92 관리 : 육식(肉食)은 후한 녹봉을 받는 벼슬아치를 낮춰 부르는 말이다. 《춘추좌씨전》 장공(莊公) 10년 기사에 "고기 먹는 자들이 잘 알아서 할 텐데, 또 무엇 때문에 끼어드는가.〔肉食者謀之, 又何間焉.〕"라고 마을 사람이 조귀(曹劌)에게 묻자, 조귀가 "고기 먹는 높은 분들은 식견이 낮아서 멀리 꾀하지 못하기 때문이다.〔肉食者鄙, 未能遠謀.〕"라고 했다는 내용이 보인다.

권천경이 들러서 절구 한 수를 보여 주므로 서둘러 그 시를 차운하다

權天卿見過示一絶 走次其韻

나는 금계[93]로 가고	我向金溪去
그대도 화음으로 돌아가네	君亦入華陰
아마도 다른 날 밤 달빛이	只應他夜月
두 고을의 마음 함께 비추겠지	同照兩鄉心

93 금계(金溪) : 이하곤이 거주했던 진천에 있는 물 이름이다. 44쪽 각주28 참조.

한강을 건너며

渡漢江

남산이 문득 뒤쪽에 있으니	終南忽在背
돌아가는 홍취 강물과 함께 길구나	歸興與江長
먼 나무가 마포를 가리고	遠木收麻浦
푸른 산은 계양을 가리키네	青山指桂陽
배는 삐걱대며 급히 건너는데	舟喧爭渡急
북 두드리며 굿하느라 바쁘구나	鼓擊賽神忙
노에 의지해 중류 떠가니	倚楫中流去
씩씩한 마음 절로 드날리네	雄心只自揚

월천으로 가는 길에

月川途中

이 길이 먼 줄을 잘 아는데	極知玆路永
사월에 해도 지려 하네	四月日將沈
자갈밭 가는 두 마리 소 건장하고	墾石牛雙健
자욱한 안개 버들에 유독 깊구나	迷煙柳獨深
산천에 말 타고 왔는데	山川來馬足
계절이 꾀꼬리 소리 보내주네	時序送鸎音
흰머리로 지나는데	髮白經過際
한가함은 예나 지금이나 같구나	悠悠自古今

말 위에서 우연히 읊다

馬上偶吟

판교에서 아침 먹고	朝飯板橋日
북쪽 고개의 구름 길게 읊조리네	長吟北峙雲
버들 그늘에 외로운 송아지 누웠고	柳陰孤犢臥
초가에서 닭 울음소리 들리네	茅屋遠鷄聞
들판에는 누런 보리 익어가고	野色黃牟熟
산에는 붉은 아지랑이 자욱하네	山容紫靄紛
이내 몸 너무도 어리석으니	吾生迂怪甚
목석이랑 어울려 살아야지	木石欲同群

양산[94]에서 묵으며 감회가 있어서
宿陽山有感

양산에 올 때마다	每到陽山日
참으로 두 사람 만나는 것 같은데	眞如拜二人
소리도 듣지 못하고 얼굴도 볼 수 없이	音顔嗟莫及
석물만 엄숙하게 늘어서 있네	像設儼還陳
무덤가 나무에는 바람 거센데	宰木風猶急
외로운 봉분에는 풀이 새로 돋았구나	孤墳艸自新
마산이 멀리 바라보이니	馬山遙在眼
고개 돌려 다시 눈물로 수건 적시네	回首更沾巾

마산(馬山)은 죽은 누이[95]가 묻힌 곳이다.

94 양산(陽山) : 현재의 경기도 용인시와 안성시 부근으로 이하곤의 어머니 묘소가 있다. 이하곤의 어머니는 그가 19세이던 1695년에 별세하였고 아들 이봉석(李鳳錫, 1702~1704)은 1704년에 운명하였다.《頭陀草 冊12 亡兒鳳錫壙銘》

95 죽은 누이 : 최수범(崔守範)에게 시집간 여동생을 말하는 것으로 보인다.《嘉梧藁略 冊16 戶曹判書李公墓碣銘》

가뭄을 걱정하며

憫旱

올해도 가뭄 극심하여	旱氣今年甚
경기도 백성들 간절히 비 바라네	畿民望雨偏
풀 말라 붉은 언덕 많은데	草枯多赤岸
보리 죽어 누런 밭 적구나	麥損少黃田
지금은 살아갈 방도 없어	棲息今無地
안위를 모두 하늘에 맡겼네	安危一任天
서풍은 본래 모진데	西風元自惡
오후 되자 문득 써늘하네	午後輒凄然

죽산 가는 길에

竹山途中

남쪽에 푸른 산 많은데	南國青山衆
두타산은 오히려 아득하네	頭陀尙杳然
소 잠든 곳에 풀 푸르고	艸碧牛眠地
새 우는 하늘에 구름 짙네	雲陰鳥語天
남은 인생 배불리 먹어야 하니	殘年宜飽飯
전원으로 돌아감이 최상책이지	上策只歸田
벌써 설레는구나 운정[96]에서	預喜雲亭內
오늘 밤 편안히 자겠지	今宵始穩眠

96 운정(雲亭) : 《두타초(頭陀草)》 책4 〈초평이십오영(草坪二十五詠)〉에 열운정(悅雲亭)이 있는 것으로 보아 운정은 이하곤의 고향에 있던 이 정자를 가리키는 것으로 보인다.

책을 살펴보며
檢書

가난한 집이라 다섯 수레의 책 뿐	家貧只有五車書
그 밖에는 아무것도 없어라	此外都無一物餘
평생 책을 떠나지 않았으니	生死不離黃卷裏
전생에 좀벌레였나 보다[97]	前身應是食仙魚

97 전생에 좀벌레였나 보다 : 자신이 평생 책을 좋아하므로 전생에 책을 갉아먹던 좀벌레였을 것이라는 해학적 표현이다. 식선어(食仙魚)는 선(仙) 자를 먹는 물고기라는 말로 여기서는 좀벌레를 의미한다. 하풍(何諷)이라는 사람이 고서 한 권을 사서 읽다가 책 속에서 직경이 4촌쯤 되는 끝이 없이 말려 있는 머리털 하나를 발견하고 이를 힘써 끊었는데, 양쪽 끝에서 물방울이 한 되 남짓 나왔고 이것을 태우자 머리카락을 태우는 냄새가 났다. 하풍이 방사(方士)에게 이 이야기를 하자 방사가 말하기를 "좀이 신선이라는 글자를 세 번 먹으면 변해서 이 물건이 되는데 그 이름은 맥망이라고 한다.〔蠹魚三食神仙字, 則化爲此物, 名曰脈望.〕" 하였다. 《太平廣記 卷42 何諷》

두타산을 바라보며 감회가 있어서

望頭陀山有感

너 두타산과 헤어진 지 이미 해 넘어	別汝頭陀已隔年
돌아와 마주하니 문득 기쁘구나	歸來相對便欣然
거문고와 책은 이내 기운 빌려 윤나고	琴書氣借蒼嵐潤
꽃과 약초는 떨기마다 비취빛 도드라지네	花藥叢分翠色偏
우뚝 속세 벗어났으니 자부할 만한데	偃蹇出塵應自負
고고한 모습 나와 비슷해 다시 가엾어라	孤高似我更相憐
여생을 나는 여기에서 마치리니	餘生已分終於是
산신령과 다시 인연 맺어야지	要與山靈再結緣

한가롭게 지내며 즉흥적으로 짓다

閑居卽事

돌아와 청산 마주하니 지난해와 같은데 　歸對青山似往年
백발이 이미 헝클어져 가엾구나 　獨憐秋鬢已蕭然
낮 길다고 우는 새가 어찌 게으름 피우랴 　日長啼鳥何曾懶
봄 다했어도 남은 꽃 어여쁘네 　春盡餘花亦自姸
구름만 바라볼 뿐 다른 일 전혀 없고 　只却看雲無一事
물을 마시며 모든 인연 끊어야지 　也將飮水了諸緣
솔 그늘 가득하고 사립문 고요하니 　松陰滿地柴門靜
숲 아래 취해 누워 한낮까지 자노라 　醉臥林根到午眠

여름밤에 조제박[98] 태만 이 들러 함께 묵으니 좋았다
夏夜喜趙濟博 泰萬 見過同宿

산골 사립문 늙은 버들 그늘에 말 멈추고	歇馬山扉老柳陰
만나서 한바탕 웃을 제 저녁매미 우는구나	相逢一笑暮蟬吟
매이지 않은 뜬 구름은 그대의 자취와 같고	浮雲不繫似君跡
절로 떠오르는 밝은 달은 내 마음 아는구나	明月自來知我心
이슬 기운에 삼복더위 사라지려 하고	露氣欲消三伏熱
종소리가 오경의 깊은 밤에 문득 들려오네	鐘聲忽到五更深
티끌 세상에 알아주는 이 적음을 한하지 말라	塵間莫恨知音少
평상에 마주앉아 고금의 일 이야기하네	對坐平床話古今

98 조제박(趙濟博) : 조태만(趙泰萬, 1672~1727)으로, 본관은 양주(楊州), 자는 제박, 호는 고박재(古朴齋)이다.《鼓山集 卷20 古朴齋趙公傳》

안군필[99] 시상 어른을 곡하다

哭安君弼 時相 丈

안씨 어른은 벼슬이 정언(正言)에 이르렀으나 이산(理山)으로 좌천되었다가 임소에서 운명하였다.

내 머리가 겨우 귓가에 늘어졌을 때	我髮髮髮纔垂耳
이미 마을 북쪽의 안 진사를 알았네[100]	已識巷北安進士
거듭 혼사 맺어 정의 돈독하니	重以婚媾情好敦
옛날에는 주진 지금은 안이 있다네[101]	古有朱陳今安李
애환에 웃고 울기를 사십 년 동안 함께했는데	悲歡笑涕四十年
지난 일 아득하여 꿈속 같구나	往事茫茫如夢裏

99 안군필(安君弼) : 안시상(安時相, 1657~1722)으로, 본관은 순흥(順興), 자는 군필이다. 안시상은 1709년 4월 20일에 정언(正言)에 임명되었다. 그 후 영해 부사(寧海府使), 장령(掌令), 당진 군수(唐津郡守) 등을 역임하였고 1719년 이산 군수(理山郡守)에 임명되었다.《承政院日記 肅宗 45年 8月 6日》

100 내……알았네 : 이하곤이 어려서부터 안시상을 알았다는 말이다. 안시상은 1687년 생원시에 합격하였는데 당시 이하곤은 11세였다.

101 거듭……있다네 : 이하곤과 안시상의 집안이 사돈 관계로 정의가 돈독했다는 말인데, 구체적인 혼사 내력은 알 수 없다. 주진(朱陳)은 중국의 서주(徐州) 고풍현(古豐縣)에 있던 마을이다. 이 마을에는 주씨(朱氏)와 진씨(陳氏) 두 성(姓)이 서로 혼인하면서 화목하게 살았다고 한다. 백거이(白居易)의 〈주진촌(朱陳村)〉에 "서주 고풍현에 마을이 있으니 주진이라 한다.……그 마을에는 주씨와 진씨 두 성만이 살고 있어 대대로 서로 혼인하고 살아간다.〔徐州古豐縣, 有村曰朱陳.……一村唯兩姓, 世世有婚姻.〕"라고 하였다.《白氏長慶集 卷10 感傷》 안이(安李)는 안시상의 안씨와 이하곤의 이씨를 의미한다.

2

공의 집 마당에 있는 늙은 소나무	公家庭前老蒼松
굽은 가지 사방으로 드리워 맑은 바람 일었지	虯枝四垂生淸風
하루에 소나무 아래를 백 바퀴 돌았는데	一日松下走百回
공도 소나무 동쪽에서 두건 젖혀 쓰고 계셨지	公亦岸幘松樹東
소나무는 지금까지 몇 번이나 주인 바뀌었나	松樹于今幾易主
소나무 볼 때마다 공을 뵙는 듯하네	我每見松如見公

3

말세의 풍속 혼탁하여 참을 잃었는데	末俗澆漓喪其眞
오직 공은 지금 사람이 아니셨네	惟公獨非今世人
가슴속에 본디 경계를 두지 않아	胸中本不設畦畛
진정으로 대하니 친소의 구분 없었네	傾腸倒肝無疎親
남들은 공이 너무 솔직하다 싫어했지만	人或嫌公太坦夷
나는 온화하고 어진 공을 공경했네	我獨敬公溫且仁

4

을과에 급제하여 크게 이름을 떨치니[102]	乙科及第大闡名
치각관을 쓰고 조정에서 드날렸네[103]	冠以豸角揚王庭

102 을과(乙科)에……떨치니 : 안시상은 1705년(숙종31) 알성시(謁聖試)에서 을과에 합격하였다.

103 치각관(豸角冠)을……드날렸네 : 안시상이 1709년 사헌부 지평, 1716년 사헌부 장령 등을 역임하였기에 한 말이다. 해치(獬豸)는 뿔이 하나인 짐승인데, 성질이 충직하여 옳고 그름을 잘 분변할 뿐만 아니라 사람들이 서로 싸우는 것을 보면 그중에 사악하

늙어서도 기운 당당해 말씀이 강직했으며　老氣不低言侃侃
사악함 꺾고 바름 붙들어 곧은 명성 날렸네　摧邪扶正颺直聲
세상은 굽음을 좋아하고 곧음 싫어하니　世喜如鉤惡如絃
공의 삶 어찌 잘못되지 않을 수 있었으랴[104]　奈何公不誤生平

5

장독 가득하고 무더운 영해에 삼 년 누웠다가[105]　寧海瘴炎臥三年
돌아오니 수염과 머리카락 온통 세었네　歸來須髮盡皤然
집에서 나물죽 먹어도 엿처럼 달게 여겼는데　在家菜粥甘如飴
누가 또 서쪽 변방으로 몰아냈는가[106]　有誰驅迫又西邊
오열하는 강물 소리에 창자 끊어지고　塞流嗚咽腸已摧
가파른 변방 산을 뚫어지게 바라보았으리　塞山巉峭眼欲穿

고 부정한 자를 뿔로 받아버린다고 한다. 이 때문에 어사 등 법을 집행하는 관원들은 반드시 해치의 모양으로 장식한 관을 썼는데, 이를 해치관(獬豸冠) 또는 치관(豸冠)이라고 하였다.

104 세상은……있었으랴 : 시속(時俗)에 맞지 않아 안시상이 좌천된 일을 읊은 것인데, 그의 행적을 고증할 수 없어서 자세한 내용은 알 수 없다. 구(鉤)는 갈고리로 굽은 것을 말하고 현(絃)은 활시위로 곧은 것을 말한다.

105 장독(瘴毒)……누웠다가 : 1712년에 안시상이 영해 부사(寧海府使)에 임명되었던 일을 말한 것이다. 《承政院日記 肅宗 38年 6月 7日》 영해는 지금의 경상북도 영덕군(盈德郡)의 옛 이름이다.

106 누가……몰아냈는가 : 안시상이 이산 군수(理山郡守)에 임명된 사실을 말한다. 이산은 현재의 평안북도 초산군 지역이다.

6

이산은 말처럼 작고 황량한 곳인데　理山如斗地荒絶
설한령[107]이 서쪽에 우뚝 솟아 있지　雪寒之嶺西突兀
뜬 구름이 사방 막아 천지 어두우니　浮雲四塞天地黑
고향 보지 못해 마음이 답답했겠지　故國不見心怫鬱
언제쯤 이 나쁜 기운 다 쓸어내고　何時掃此陰氛盡
푸른 하늘에 나온 밝은 태양 유쾌하게 볼까[108]　快覩青天出白日

7

많은 인재가 함께 진출하는 것도 한때이니[109]　茅茹彙征亦一時
왕께서 그대가 세자를 보필하라 하셨네[110]　王曰汝來侍虎闈
집안사람이 술 빚어 잘 익었고　家人釀酒酒正熟
손꼽아 날 헤아리며 공이 돌아오기를 기다렸는데　屈指計日候公歸

107 설한령(雪寒嶺) : 자강도 용림군과 함경남도 장진군 경계에 있는 고개이다. 고개가 높고 영마루에 눈이 오랫동안 쌓여 있으며 추위가 심해 이런 이름이 붙여졌다고 한다.

108 언제쯤……볼까 : 조정에 간신들이 사라지고 밝은 세상이 도래하기를 희망한 내용이다.

109 많은……한때이니 : 조정에 도가 행해지면 현자(賢者)들이 동류(同類)를 이끌고 함께 나와 임금의 정사를 돕는 것을 비유한 말이다. 《주역》 〈태괘(泰卦) 초구(初九)〉에 "띠풀의 엉켜있는 뿌리를 뽑는 것과 같으니, 동류들과 함께 하면 감이 길하리라.〔拔茅茹, 以其彙, 征, 吉.〕"라고 하였다. 주희(朱熹)는 이를 "어진 이를 이끌고 동류와 함께 나아가는 의미이다.〔謂其引賢類進也〕"라고 풀이하였다. 《朱子五經語類 卷5 易五》

110 왕께서……하셨네 : 안시상이 1722년 세자시강원 필선(世子侍講院弼善)에 임명된 사실을 말한다. 《承政院日記 景宗 2年 2月 18日》 호위(虎闈)는 보통 성균관(成均館)을 뜻하지만 여기서는 세자시강원을 가리킨다.

아 사람의 일은 알 수 없으니 嗚呼人事不可料
내가 이 말 듣고 부질없이 탄식했네 我聞此言空歔欷

8

삼월 한양에는 봄풀 푸른데 三月漢陽春艸綠
변방에서는 아직도 흰 눈꽃 볼 수 있지 塞門猶見雪花白
쓸쓸히 붉은 명정이 이때 돌아오니 蕭蕭丹旐此時還
남은 백성들 다투어 상여에 곡하네 遺民爭向靈車哭
묘향산 높이 솟고 대동강은 길게 흐르니 妙香山高浿水長
혼이 돌아오지 못할까 걱정이네 只恐魂歸歸不得

9

혼이여 도성 안으로 들어오셨는가 魂兮來入脩門否
서쪽 귀신은 벗할 수 없지 西方之鬼不可友
자녀와 친척들의 곡소리 마루에 가득하고 兒女親戚哭滿堂
게다가 술항아리에 새로 빚은 술 있구나 況有甕頭新釀酒
내가 한 마디 말로 공의 영령 위로하려 하니 我欲一語慰公靈
예순여섯도 장수 못한 건 아니라네 六十六歲非不壽

10

도성 서쪽 마을은 고향 아니지만 城西村巷非故隣
쓸쓸한 온갖 일들 이미 묵은 자취 되었네 萬事蕭條迹已陳
당시 마을 아이도 백발 되어 當時里童亦白頭
공을 곡하니 어찌 슬프지 않으랴 哭公焉得不酸辛

월롱이 어떤 산인지 모르지만　　不知月籠何如山
그곳에 선한 사람 장사하네[111]　　乃得其間葬善人

111 월롱(月籠)이……장사하네 : 월롱은 경기도 파주시 월롱면에 위치한 산이다. 안시상의 장지가 이곳이었기에 한 말이다.

안군필[112] 어른을 곡하다

哭安君弼丈

홍산(鴻山) 형주(兄主)[113]를 대신하여 짓다.

우정언의 소임 저버리지 않았으니	不負官名右正言
밝은 시대의 불우함을 어찌 말하랴[114]	明時落拓更何論
장기 짙은 무더운 바닷가 천리 너머에서 와서	瘴煙千里來炎海
눈 내리는 변방에 삼 년이나 누워 있었네[115]	雨雪三年臥塞門
조령 나무에 몇 번이나 조회하는 꿈 헤매고	嶺樹幾迷朝闕夢
관산이 고향으로 돌아오는 혼 막았으리	關山應碍返鄕魂
동풍 불고 가녀린 풀 자란 백사장 다리에서	東風細艸沙橋路
고향으로 가는 명정 홀로 바라보네	獨見銘旌入故園

인척의 정의로 나를 아우처럼 대했는데	姻婭情親弟畜予
게다가 반평생 한 마을에서 살았네	半生況復住同閭
바둑 두면서 농담 많이 나누었고	調諧多出爭棋際

112 안군필(安君弼) : 안시상(安時相, 1657~1722)으로, 본관은 순흥(順興), 자는 군필이다. 104쪽 각주99 참조.

113 홍산(鴻山) 형주(兄主) : 충청도 홍산현(鴻山縣)에 사는 이하곤의 일가붙이로 보이지만 누구인지 알 수 없다.

114 우정언(右正言)의……말하랴 : 안시상이 정언으로 있으면서 맡은 소임을 다하였으므로 그 뒤에 좌천되는 등 불우함을 겪은 것은 따질 것이 없다는 말이다.

115 장기(瘴氣)……있었네 : 안시상이 경상도 영해 부사(寧海府使)와 평안도 이산 군수(理山郡守)에 부임했던 사실을 말한 것이다.

술 마시며 의기 더욱 호방했네	意氣偏豪把盞餘
헤어진 얼굴 부질없이 꿈에 보여 한스러웠는데	只恨別顏空入夢
사람 일이 문득 옷깃 적실 줄 어찌 알았으랴	何知人事忽沾裾
마포 강 가는 길에 공의 집 있어	麻江去路高門是
예전에는 공이 돌아올까 날마다 나귀 멈췄었네	向擬公歸日駐驢

초가을에 한가로이 지내며

新秋閒居

당시 가뭄이 심했다.

이사한 지 겨우 한 달	移家纔一月
잠자리에 누우니 문득 갈바람 부는구나	伏枕忽秋風
올해 가뭄 잦았는데	旱魃今年數
찜통더위 언제나 끝날까	炎蒸幾日終
성 위의 구름 속으로 돌아가는 새 아득하고	城雲歸鳥杳
문 앞 버들마다 저물녘 매미 울어대네	門柳暮蟬同
남산 경치 마주한 채	相對南山色
쓸쓸히 문 닫고 있노라	寥寥閉戶中

추우탄

秋雨歎

서풍이 늙은 버들에 날마다 시원하게 불더니	西風老柳日泠泠
가을비 쓸쓸히 내려 창문에 울리네	秋雨蕭瑟鳴牕櫺
외진 골목에 한 달 동안 오는 손님 없어	窮巷一月無客來
문에는 참새 깃들고 뜰에는 잡초 우거졌네	雀棲于門草塞庭
밤에 벌레들 함께 울어대니	夜與寒蟲共喞喞
자리에 누워 잠들지 못하고 푸른 등불 반짝이네	伏枕不眠燈青熒
오 년 동안 부질없이 한양의 먼지 마셔	五載空喫漢陽塵
양쪽 귀밑머리만 성성하게 세었네	羸得雙鬢髮星星
낙영산에 흰 구름 많을 터	落影山中多白雲
돌아가 소나무 뿌리에서 복령 캐련다[116]	歸去松根採茯苓

116 낙영산(落影山)에……캐련다 : 이하곤이 고향으로 돌아가 은거하고 싶다는 말이다. 낙영산은 이하곤의 고향인 충청북도 괴산군 청천면에 있다. 복령(茯苓)은 고목이 된 소나무 아래에서 나는 버섯류이다. 복령을 캔다는 것은 세상을 떠나 은거함을 뜻한다. 원(元)나라 부약금(傅若金)의 〈제화송(題畫松)〉에 "상산사호가 유씨를 편안케 한 뒤로 세모에 누가 복령을 캐는고.〔自從四皓安劉後, 歲暮何人采茯苓.〕" 하였다.

능주 목사 신유익[117]을 전송하다

送愼綾州 惟益

남쪽 지방에 흉년 들어 임금께서 걱정하여　　南土飢荒聖主顰
죽부를 사헌부 관원에게 주시니[118]　　竹符還與豸冠臣
예전에는 대각에서 언관을 필요로 했고　　異時臺閣須言事
오늘은 조정에서 목민관을 중히 여기네　　今日朝廷重牧民
호남 지방에 생기가 나게 할 뿐　　但使湖山生氣色
어찌 공문 처리에 정신 허비하랴[119]　　肯將朱墨費精神
그대가 거문고 가지고 가니　　知君携得孤琴去
흥겹게 백 리의 봄을 연주하겠지　　彈出陶然百里春

117 신유익(愼惟益) : 1671～? 본관은 거창(居昌), 자는 여수(汝受)이다. 윤증(尹拯)의 문하에서 수학하였다. 1722년에 능주 목사(綾州牧使)에 임명되었다. 《承政院日記 景宗 2年 7月 29日》

118 죽부(竹符)를……주시니 : 신유익이 사헌부 장령(司憲府掌令)을 맡고 있다가 능주 목사에 임명되었다는 말이다. 죽부는 한(漢)나라 때 지방관이 차던 신부(信符)로 대나무로 만들어서 오른쪽은 서울에 두고 왼쪽은 수령으로 나가는 사람에게 주었다. 치관(豸冠)은 해치관(獬豸冠)의 준말로 법을 집행하던 관원들이 쓰는 관이다. 105쪽 각주103 참조. 신유익은 1722년 3월에 사헌부 장령에 임명되었다. 《承政院日記 景宗 2年 3月 26日》

119 호남……허비하랴 : 신유익이 능주 목사로 부임하여 선정(善政)을 베풀어서 가뭄에 시달리던 백성들을 소생시킬 것이고 복잡한 송사(訟事)가 발생하지 않도록 할 것이라는 말이다. 주묵(朱墨)은 옛날에 관청의 문서를 작성할 때 붉은색과 검은색 두 종류의 먹을 사용한 데서 유래하여 지방 관청의 사무를 집행하는 것을 말한다.

새벽 창가에서 감회가 있어서

曉牕有感

새벽 창가에서 꿈 깨니 달이 휘영청 밝은데	曉牕夢罷月如霜
홀로 누워 돌아갈 생각에 지루하기만 하네	獨臥思歸漏正長
문득 북극에서 오는 기러기 소리 들리는데	忽聽雁聲來北極
되레 벌레소리 남쪽 고향 같아 근심스럽네	還愁蟲語似南鄉
구름 산이 바라보이니 끝내 떠나야지	雲山滿眼終須去
벼슬살이 관심 없는데 무엇 때문에 바쁘랴	軒冕非心爲底忙
우습다 빈 부엌에 밥 짓는 연기 끊겼지만	堪笑空廚煙火絶
옛 시내에 한없이 벼꽃 향기롭겠지	舊溪無限稻花香

운정[120]을 떠올리며

憶雲亭

한 굽이 맑은 시내가 정자 아래 흐르고	一曲淸溪亭下流
두타산 경치가 동쪽 누각에 가득 들어오며	頭陀山色滿東樓
푸른 소나무가 절로 서각을 가리고	蒼松只自藏書閣
밝은 달이 낚싯배를 밝게 비추지	明月偏能照釣舟
등불 아래 부질없이 오늘 밤 꿈을 꾸니	燈火空成今夜夢
벌레 소리에 타향의 시름 끝이 없구나	蟲聲不盡異鄕愁
가을날 어느 곳을 자주 돌아보나	秋來何處頻回首
영사[121]의 단풍 숲이 십 리나 그윽하겠지	靈寺霜林十里幽

120 운정(雲亭) : 《두타초(頭陀草)》 책4 〈초평이십오영(草坪二十五詠)〉에 열운정(悅雲亭)이 있으므로 이하곤의 고향에 있던 이 정자를 가리키는 것으로 보인다.

121 영사(靈寺) : 《두타초》 책4 〈초평이십오영〉에 등장하는 영수암(靈水菴)을 가리키는 것으로 보인다.

한가로이 지내며 일을 쓰다
閑居寫事

문 열면 곧장 남산이 펼쳐지니　開戶南山已卽臨
성곽 떠나지 않아도 산림이네　不離城郭便山林
자리 엿보는 외로운 새와 원래 친하고　孤禽窺座元相狎
문에 드리운 늙은 버들 절로 우거지네　老柳垂門只自深
세상 경시하며 백발 싫어하지 않았고　輕世未曾嫌白髮
글을 지으며 다시 웅심을 견디노라　著書聊復耐雄心
내 집 고작 칠 척의 몸 들어갈 뿐이니　但容七尺吾廬是
사담[122]의 단풍 계수나무 숲 꿈꾸지 않노라　夢懶沙潭楓桂陰

결구(結句)는 또 앞 시의 뜻을 뒤집은 것이다.

122 사담(沙潭) : 현재의 충청북도 괴산군 청천면 사담리 일대로 이하곤 집안의 별업(別業)이 있던 곳이다.

한강 북쪽에서

漢北

한강 북쪽 검은 먼지에 흰옷 물드는데[123]	漢北緇塵化素衣
솔과 계수 무성한 두타산에는 사립문 닫혔네	陀山松桂閉柴扉
오래 머물러 발길은 돌아감을 진정 잊은 듯하고	久淹迹似眞忘返
멀리 바라볼 뿐 마음은 돌아가지 못할 줄 아노라	遠望心知不當歸
외진 골목에 홀로 누운 이를 누가 가여워할까	窮巷誰憐人獨臥
석양에 부질없이 남쪽 가는 기러기 보내노라	夕陽空送雁南飛
전날 밤 꿈 희미하게 기억나니	依俙記得前宵夢
청량한 가을 물이 낚시터를 감싸고 있었지	秋水泠泠遶釣磯

123 한강……물드는데 : 도성에서 지내는 삶을 읊은 것이다. 참고로 진(晉)나라 육기(陸機)의 시에 "도성에는 먼지 많아 흰옷이 새까맣게 물들었네.〔京洛多風塵, 素衣化爲緇.〕"라는 내용이 있다. 《文選 卷24 爲顧彦先贈婦》

정곡[124]의 조촐한 모임에서 운자를 정해 서둘러 지어 윤백수[125]에게 이별 선물로 주다

貞谷小集 限韻走草 贈別尹伯修

태백산 이남에 푸른 산이 몇이던가	太白以南幾碧岑
신라의 옛 자취 여기서 찾을 수 있다네	新羅往迹此中尋
서리 칼로 춤추었던 황창의 정신 본받고[126]	霜刀尙法黃昌舞
바다 잠재우던 옥피리 소리 전해오네[127]	玉笛能傳息海音

124 정곡(貞谷) : 정동(貞洞)을 말하는 것으로 보인다. 한성부(漢城府) 서부(西部) 황화방(皇華坊)에 있었던 동(洞)의 이름으로 현재의 서울시 중구 정동에 해당한다.

125 윤백수(尹伯修) : 윤유(尹游, 1674～1737)로, 본관은 해평(海平), 자는 백수, 호는 만하(晩夏)이다. 《승정원일기》 경종 2년 9월 21일 기사에 윤유를 경상좌도 경시관(慶尙左道京試官)으로 임명한 기록이 보인다.

126 서리……본받고 : 이익(李瀷)의 《해동악부(海東樂府)》에 "신라 시대에 황창(黃昌)이라는 자가 있었다. 나이는 열대여섯 살쯤이고 칼춤을 잘 추었다. 왕을 알현하고 아뢰기를 '신이 왕을 위해 백제의 왕을 찔러 죽여 왕의 원수를 갚겠습니다.' 하니 왕이 허락하였다. 그리하여 백제의 큰 거리에 가서 춤을 추었는데, 도성 사람들이 담장처럼 둘러 모여 구경하였다. 백제의 왕이 그 소문을 듣고 궁중으로 불러 춤을 추게 하고 관람하니 황창이 그 자리에서 왕을 찔러 죽이고 드디어 주변 사람들에게 살해당하였다." 라는 기록이 보인다.

127 바다……전해오네 : 만파식적(萬波息笛)에 대한 고사를 읊은 것이다. 이익의 《해동악부》에 "만파식적은 신문왕(神文王) 때에 동해(東海)에 작은 산 하나가 감은사(感恩寺) 쪽으로 흘러와서 파도를 따라 왔다 갔다 하였다. 왕이 신기하게 여겨 배를 타고 바다로 나가 그 산에 들어가 보니 산 위에 대나무 한 그루가 있었다. 왕이 명하여 피리를 만들게 하였다. 이 피리를 불면 적군이 물러가고 질병이 나았으며, 가물 때에는 비가 오고 장마 때에는 날이 개었으며, 바람도 잔잔해지고 파도도 잠잠해졌다. 그것을

조령에서 시 지을 때 단풍 숲에 해 지고	鳥嶺題詩紅樹晚
용추[128]에 말 세우면 푸른 벼랑에 그늘지겠지	龍湫駐馬翠厓陰
만났다가 또 중년에 이별하니	相看又是中年別
서쪽 창에서 촛불 심지 자르며 짧은 시 짓노라	剪燭西牕更短吟

만파식적이라 일컫고 대대로 전하면서 보배로 삼았다. 효소왕(孝昭王) 때에 이르러 만만파파식적(萬萬波波息笛)이라고 호칭을 추가하였다."라는 기록이 있다.

128 용추(龍湫) : 문경새재에 있는 작은 폭포 이름이다.

길가의 석불을 보고 감회가 있어

見路傍石佛有感

낯설지 않은 석불이	石佛非生面
옛 길 앞에서 사람 맞이하네	迎人古道前
황폐한 절에 부질없이 세월 흘러	荒祠空歲月
높은 탑만 풍연 속에 남았구나	危塔只風煙
낙엽은 받침대에 떨어지고	落葉承趺座
깃든 새는 머리 꼭대기에서 자네	巢禽宿髻顚
네가 만일 머리를 끄덕일 수 있다면	爾頭如可點
나는 선에 대해 말해보고 싶구나	吾意欲談禪

아침 일찍 판교를 출발하다

早發板橋

문 나서는데 별 지지 않았고	出門星未落
나귀 등에서 닭 울음소리 듣노라	驢背聽鷄鳴
요란한 절구소리 서리 내린 시냇가에 급하고	亂杵霜溪急
외로운 등불이 초가집에 밝구나	孤燈草屋明
꿈에서도 아득히 북쪽 바라보는데	夢迷猶北望
몸은 멀리 남쪽으로 가네	身遠獨南征
하늘에 쓸쓸히 기러기 날아가니	天際蕭蕭雁
먼저 금성을 지나가겠지[129]	先應過錦城

129 기러기……지나가겠지 : 금성(錦城)은 나주(羅州)의 옛 이름이다. 이하곤은 뒤에 강진(康津) 적소에 있는 장인 송상기(宋相琦)를 찾아갔으므로 기러기가 먼저 나주를 지나갈 것이라고 읊은 것이다. 이하곤은 11월 6일 나주에 들렀다.《頭陀草 冊17 南遊錄》

금량촌[130]을 지나며

過金梁村

나그네 길에서 가을 다했는데	客路秋初盡
산촌에 날 저물지 않았네	山村日未斜
거센 바람에 자주 낙엽 떨어지고	高風頻落木
어지러운 바위틈에 국화 피었네	亂石或寒花
세상살이 원래 일이 많아	應世元多故
덧없는 인생 여기저기 머무는 곳이 집이네	浮生幾處家
사담[131]에 초가집 있건만	沙潭有茅屋
오 년 동안 그곳 풍광 저버렸네	五載負煙霞

130 금량촌(金梁村) : 현재의 경기도 용인시 처인구에 김량장동이 있는데, 이하곤의 여정으로 볼 때 이곳으로 추정된다. 용인에 금량역(金梁驛)이 있었다.

131 사담(沙潭) : 현재의 충청북도 괴산군 청천면 사담리 일대로 이하곤 집안의 별업(別業)이 있던 곳이다.

새로 돌아와서

新歸

한 여름에 집 떠나	仲夏別吾廬
초겨울에 비로소 돌아왔더니	首冬始言歸
늙은 종 서넛이	老奴三四人
사립문에서 기다리네	相與候荊扉
문에 들어가 새로 자란 대나무 보니	入門見新竹
푸른빛이 내 옷을 비추네	綠色暎我衣
마당의 나무는 이미 누렇게 떨어지고	庭樹已黃落
물 맑아 바위 바닥 돌이 보이네	水淸見石磯
떠난 지 얼마던가	別來復幾何
풍경이 이미 옛 모습 아님을 아노라	物色覺已非
이웃들 내가 왔다는 소식 듣고	隣里聞我至
함께 와서 그리웠던 마음 위로하고	共來慰渴飢
담소 나누며 회포 풀고	談笑抒懷抱
술잔도 자주 기울이네	壺觴亦屢揮
밤 깊도록 돌아가지 않은 채	夜深猶不還
앉아서 시내의 달빛 보노라	坐見溪月輝

달밤에 감회가 있어서

月夜有感

달 나오고 냇물 소리 길게 이어지는데　月出溪聲長
소나무 그림자가 그윽한 문에 가득하네　松影滿幽戶
설레어 잠들지 못해　欣然不能寢
일어나 정원을 거니네　起來步庭宇
사담 차가워져 고기들 숨었고　沙寒蟄游鱗
숲 깊어 새들 깃들었으니　林深栖宿羽
마치 그 몸을 감춘 듯　有似藏其身
스스로 그물을 멀리하는구나　自能遠網罟
길흉의 향방 알 수 없는데　吉凶昧所趨
세상 사람들은 더욱 어리석네　世人更魯莽
부귀 추구는 위태로운 기미를 밟게 되니　富貴履危機
끝내 죽임 당하게 된다네[132]　菹醢終自取
옛날 방덕공은　昔者龐德公
조용히 집에 누워　蕭然臥環堵
자손들에게 편안함을 남겨주었으니　以逸遺子孫
맑은 풍모 마침내 천고에 전해지네[133]　淸風竟千古

132 죽임 당하게 된다네 : 저해(菹醢)는 사람의 육신을 난도질하여 육장(肉醬)을 담는 혹형(酷刑)을 가리키는 말로 보통 죽임을 당하는 뜻으로 쓰인다.

133 옛날……전해지네 : 부귀를 포기하고 은거한 방덕공(龐德公)의 삶을 칭송한 말이다. 방덕공은 후한(後漢) 양양(襄陽) 사람으로 현산(峴山) 남쪽에서 농사짓고 살면

서 성시(城市)를 가까이하지 않았다. 형주 자사(荊州刺史) 유표(劉表)가 초빙하자, 가솔을 모두 거느리고 녹문산(鹿門山)에 들어가 다시는 세상에 나오지 않았다. 유표가 찾아가서 "선생은 벼슬을 받지 않으니 무엇으로 자손에게 남겨 주겠소."라고 하니 "남들은 모두 위태로움을 주는데 나만은 편안함을 주겠습니다."라고 하였다. 《後漢書 卷83 逸民列傳 龐公》

즉흥적으로 감회를 쓰다
即事書感

서산 아래 콩 심고	種豆西山下
동쪽 시냇가에 벼 심었네	種稻東溪邊
소인은 외물을 부러워하지 않고	小人不外慕
오직 먹을 것을 하늘로 여기니[134]	惟食以爲天
힘들게 남쪽 밭 가꾸어	辛勤力南畝
풍년 바란다네	所願在豐年
봄 가뭄 이미 대단했는데	春旱旣太甚
가을장마도 심해	秋霖又浩然
가을곡식 끝내 영글지 않았으니	西成竟不實
어떻게 한 해를 보낼까	何以卒歲前
슬프다 동쪽 마을 사람	哀哀東里子
밭 가운데서 이삭 줍는데	拾穗在中田
날 저물어도 광주리 채우지 못하고	日暮不盈筐
슬피 노래하며 눈물 절로 흐르네	悲歌涕自漣
고을 수령은 날마다 세금 독촉하고	縣官日索租
교활한 아전은 날마다 뇌물 요구하네	奸吏日索錢

134 먹을……여기니 : 《사기(史記)》 권97 〈역생열전(酈生列傳)〉에 "왕은 백성을 하늘로 삼고 백성은 먹을거리를 하늘로 삼는다.〔王者以民人爲天, 而民人以食爲天.〕"라고 하였다.

밝은 조정은 전쟁터로 변해　明廷化戰場
만촉에 방패와 창 난무하여[135]　蠻觸用干鋋
백성들 염려할 겨를 없으니　不暇念蒼生
어찌 구렁에 쓰러지는 줄 알겠는가　寧知溝壑顚
가난한 선비 다만 무릎 끌어안고[136]　貧士但抱膝
온갖 걱정에 부질없이 마음 애태우네　百慮空自煎
서글피 천 년 전의 일 바라보니　悵望千載上
와룡[137]은 어찌 그리 현명했는가　臥龍何其賢

135 밝은……난무하여 : 조정에 당쟁이 심한 상황을 읊은 것이다. 만촉(蠻觸)은 사소한 이익 다툼을 비유할 때 자주 사용되는 말이다. 91쪽 각주91 참조.

136 가난한……끌어안고 : 나라를 걱정하는 자신의 울적한 심사를 제갈량(諸葛亮)의 고사를 인용하여 읊은 것이다. 포슬(抱膝)은 무릎을 끌어안는다는 말인데, 제갈량이 출사(出仕)하기 전 남양(南陽)에서 몸소 농사지을 때 〈양보음(梁甫吟)〉을 지어 매일 새벽과 저녁이면 무릎을 감싸 안은 채 길게 불렀다는 고사가 전한다. 《三國志 卷35 諸葛亮傳》

137 와룡(臥龍) : 누워 있는 용이라는 뜻으로 제갈량을 가리킨다.

율봉[138]으로 가는 길에

栗峰道中

호서의 시월 날씨 쌀쌀하고	十月湖西氣候哀
아득한 저녁 하늘에 기러기 날아 돌아오네	暮天漠漠雁飛迴
고향 소식은 구름과 함께 아득하고	故園書息雲俱遠
남행길 산천에 눈 내리려 하네	南路山川雪欲來
떠도는 발길 지금은 말 가는대로 맡기니	浪迹卽今唯信馬
나그네 시름 어디에서 다시 누대에 오를까	羈愁何處更登臺
채찍 휘두르며 천리 길 가볍게 여기니	揮鞭已自輕千里
장춘동의 만 그루 매화 감상하리	要賞長春萬樹梅

장춘동(長春洞)은 대둔산(大芚山)에 있다.

138 율봉(栗峯) : 충청북도 청주시에 율봉역(栗峯驛)이 있었으므로 이곳을 가리키는 것으로 보인다. 《新增東國輿地勝覽 卷15 忠淸道 淸州牧 驛院》

공북루[139]가 무너진 지 이미 오래되어 오직 깨진 주춧돌 서너 개만 있었다. 해 질 녘 시든 풀숲에 섰노라니 옛 일을 돌아보는 감회를 견딜 수 없었다

拱北樓頹廢已久 獨有敗礎數四 立於斜陽衰草中 令人不勝俛仰之感

옛날 고려의 왕이 이 누대에 머물렀으니	昔日麗王駐此樓
신하들이 벽에 쓴 시 지금도 남아 있네[140]	侍臣題壁至今留
푸르른 산천은 천고토록 변함없는데	山川鬱鬱還千古
쓸쓸한 초목은 다시 가을 맞이했네	草木蕭蕭又一秋
성패에 때가 있으니 어찌 한하랴만	成毁有時那用恨
올라볼 곳 없으니 절로 시름겹네	登臨無地自生愁
저자와 조정 본래 쉬 변하는 법	市朝變換元容易
만월대 황폐해지고 언덕만 남았네[141]	滿月臺荒只一丘

139 공북루(拱北樓) : 《신증동국여지승람(新增東國輿地勝覽)》 권13 〈충청도(忠清道) 청주목(淸州牧)〉에 "공북루는 고을 북쪽 3리에 있다." 하였는데 현재는 없다.

140 옛날……있네 : 1361년(공민왕10) 홍건적의 침입으로 공민왕(恭愍王)이 복주(福州)로 몽진했다가 환도하는 길에 청주에 머물며 공북루에 오른 적이 있었다. 공민왕은 공북루에서 일재(一齋) 권한공(權漢功)이 예전에 지은 오언절구를 보고 즉시 원송수(元松壽), 이색(李穡), 성사달(成士達)에게 명하여 차운시를 지어 바치게 했다. 이에 홍언박(洪彦博), 이암(李嵒), 황석기(黃石奇) 및 여러 대부와 유사(儒士)들이 모두 화답하여 바친 일이 있었다. 《淡菴逸集 卷1 伏次拱北樓應製詩韻 幷序)》

141 저자와……남았네 : 고려 왕조가 멸망한 것을 떠올리며 세상 변화의 무상함을 읊은 것이다. 만월대(滿月臺)는 개성의 송악산 남쪽 구릉지에 있던 고려의 궁궐 이름인데, 홍건적의 침입으로 소실되어 폐허가 되었다.

청주에서

清州

오 년 만에 다시 청주에 오니	五年今復到淸州
책과 검 일찍이 이 땅에 남아 있네[142]	書劍曾從此地留
기이한 자취 여전히 압각수에 남았고[143]	異蹟尙存鴨脚樹
맑은 유람 망선루[144]에 많구나	淸遊多在望仙樓

142 책과……있네 : 청주(淸州)에 선비들의 학문과 의기가 남아 있다는 말이다. 책과 검은 옛날 선비들의 일상 소지품으로 곧 학문과 의기를 뜻한다. 당나라 고적(高適)의 시에 "동산에 한번 은거하여 흘려보낸 삼십 년 봄, 책과 검이 풍진 속에 늙어 갈 줄 알았으랴.〔一臥東山三十春, 豈知書劍老風塵.〕"라는 구절이 있다.《高常詩集 卷5 人日寄杜二拾遺》

143 기이한……남았고 : 압각수(鴨脚樹)는 은행나무를 뜻하는데 청주 객관(客館)의 은행나무 고사를 말한 것이다. 고려 공양왕 초에 파평군(坡平君) 윤이(尹彝)와 중랑장(中郎將) 이초(李初)가 명나라의 힘을 빌려 시중(侍中) 이성계를 제거하려고 명나라에 들어가 "이성계가 공양왕을 세웠으나 종실(宗室)이 아니고 그의 인친(姻親)이며, 또 명나라를 치려고 하여 이에 반대한 이색(李穡)·우현보(禹玄寶) 등이 화를 당하였습니다."라고 무고한 일이 있었다. 이 사실이 당시 명에 갔던 순안군(順安君) 왕방(王昉), 동지밀직사(同知密直事) 조반(趙胖) 등에게 알려져 1390년(공양왕2)에 크게 옥사(獄事)가 일어났다. 그래서 이색·우현보 등 수십 명이 순군옥(巡軍獄)·청주옥(淸州獄)에 갇힌 이른바 이초의 옥사가 일어났다. 이 당시 갑자기 천둥이 치고 비가 쏟아져 앞에 냇물이 넘쳐 성의 남문을 무너뜨리고 곧바로 북문까지 뻗쳤는데, 성안의 물 깊이가 한 길이나 넘어 관사(官舍)가 물에 잠기고 백성들의 집은 거의 없어졌다. 객관 문 앞에 은행나무 수십 그루가 있었는데, 옥관(獄官)들이 정신없이 이 나무에 올라가 죽음을 모면하였다. 왕이 수재로 교서를 내려 죄수를 모두 풀어 주도록 한 일이 있다.《新增東國輿地勝覽 卷15 忠淸道 淸州牧》

집집마다 다듬이 소리 가을바람에 급하고　　高砧萬戶寒風急
한밤에 뿔피리 소리 조각달에 구슬프네　　畫角三更片月愁
예부터 이곳 지형 무력을 쓸 만하다 했는데[145]　　自昔地形稱用武
겹 관문으로 요새 만들었으니 좋은 계책이네　　重關設險亦良籌

144 망선루(望仙樓) : 원래 청주목 객관(客館)의 동쪽에 있었는데, 옛 이름은 취경루(聚景樓)이다. 오래되어 퇴락했던 망루는 1461년(세조7)에 목사 이백상(李伯常)이 새로 중수하고 한명회(韓明澮)가 누각의 편액을 고쳐 망선루라고 하였다.《新增東國輿地勝覽 卷15 忠淸道 淸州牧》

145 예부터……했는데 : 청주가 군사적 요충지로서 적합한 지형을 갖추고 있다는 말이다. 송시열(宋時烈)의 글에 "청주는 삼남 지방의 큰 도회지이다. 유사시에는 그 지역의 형세가 반드시 쟁탈해야 하는 곳이다. 그러므로 만력 임진년에 왜구들 가운데 상주와 금산에서 온 자들은 모두 이곳에 모여 성을 점거하고 개미처럼 진을 쳐서 서쪽으로 한양으로 향하고 내포 지역을 공격하려고 계획하였다. 다행히 문열공 조중봉이 의병을 이끌고 물리쳐서 왜적들로 하여금 마음 놓고 한양으로 향하지 못하게 하였으니 이 고을의 형승을 알 수 있다.〔淸州三南之一大都會也. 有事則其地方形勢, 爲必爭之處. 故當萬曆壬辰, 倭賊之自尙州錦山來者, 皆會於此, 據城蟻屯, 以爲西向京師旁軼內浦之計. 幸賴重峯趙文烈公, 以義旅鏖戰逐北之, 使賊不能專意於西. 此州形勝, 從可知矣.〕" 하였으므로 청주목의 군사적 중요도를 짐작할 수 있다.《宋子大全 卷145 淸州統軍樓記》

최근의 소식을 듣고 감회가 있어서[146] 2수

得近報有感 二首

예법은 천추토록 절로 마땅함 있으니	禮典千秋自有宜
공사[147]라는 한 마디 말 의심할 것 없건만	孔思一語更無疑
당시 양성의 침묵 한스러우니	當時只恨陽城默
끝내 밝은 조정에 이런 기이한 일 생겼구나	終辦明廷此段奇
한 통의 짧은 소장 가을 서리처럼 늠름하여	一封短疏凜秋霜
천 년토록 우리나라에 대방[148] 세웠네	千載吾東樹大防
맑은 명성 있어 사로[149]를 이었으니	能有淸名繼沙老
선왕 뵐 때 홀로 부끄러운 낯빛 없으리라	獨無愧色拜寧王

146 최근의……있어서 : 이 시는 1722년(경종2)에 지어졌는데, 예(禮)와 관련된 어떤 사건을 말하였으나 구체적으로 파악할 수 없으므로 자구(字句)대로 풀이하였다.

147 공사(孔思) : 주정공사(周情孔思), 즉 주공(周公)의 뜻과 공자(孔子)의 사상이란 말로 성현의 고상한 정조(情操)를 뜻한다.

148 대방(大防) : 흘러넘치지 못하도록 막아주는 큰 제방(堤防)이라는 뜻으로 사회를 유지하는 예법(禮法)을 일컫는다.

149 사로(沙老) : 예법에 대해 말하고 있는 것으로 보아 사계(沙溪) 김장생(金長生)을 가리키는 것으로 보인다.

박민웅[150] 군이 내가 왔다는 소식을 듣고 고을 관아로 찾아오니 객지의 무료함이 조금 위로되었으므로 이 시를 써서 보여 주다

朴君敏雄聞余至 見訪於州衙 稍慰客中無聊 書此以示

종일 높은 누각에서 비파소리 듣고	盡日高樓聽瑟歌
게다가 반가운 친구가 들러주었네[151]	況逢青眼故人過
소싯적 기생과 어울리던 흥취 없지 않지만	非無少日紅裙興
지금 백발 되었으니 어찌하랴	其奈今來白髮何
성곽 주위에 많은 나무들이 떠오르는 듯	繞郭欲浮千樹出
난간에서 멀리 날아가는 기러기 전송하네	憑欄忽送遠鴻多
가슴속의 응어리 모름지기 풀어야 하니	胸中磈磊須澆得
손에 든 술잔 꾸짖지 마시게	到手今杯且莫呵

150 박민웅(朴敏雄) : 1674~1732. 본관은 순천(順天), 자는 사호(士豪), 호는 서호산인(西湖山人)이다. 장신(將臣) 장붕익(張鵬翼)과 이봉상(李鳳祥)의 천거를 받았으며 이인좌 등이 반란을 일으키자 반적(叛賊)의 토벌에 나서 신천영(申天永) 등 20여 인의 목을 베어 조정에 올려보냈다. 해미 현감(海美縣監), 창성 부사(昌城府使) 등을 지냈다.

151 반가운 친구가 들러주었네 : 박민웅이 찾아온 것에 대한 기쁨을 말한 것이다. 청안(青眼)은 삼국 시대 위(魏)나라 완적(阮籍)이 속된 사람을 만나면 백안(白眼)으로 대하고 의기투합하는 사람을 만나면 청안으로 대했다는 고사에서 유래하였다.《世說新語 簡傲》

청주 목사 정현보[152] 혁선 가 밤에 조촐한 술자리를 마련하여 기생의 재예를 구경하였다. 자리에서 감회를 서술하여 일백사십 자를 얻었다

淸州使君鄭顯甫 爀先 夜設小酌觀妓 席上述感 得一百四十字

상당[153]은 진실로 큰 고을이며	上黨信雄府
천혜의 요새로 영남과 호남에 접하니	天險控嶺湖
나라에서 중진을 두어	國家置重鎭
방어하는 데 불의의 사태에 대비하네	關防備不虞
성가퀴 우람하게 드높고	粉堞鬱嵯峨
그 가운데 수많은 병사 배치했네	中藏萬甲夫
깃발이 저물녘에 여기저기 펄럭이고	旌旆晩逶迤
높은 망루에서 큰길 굽어보네	危譙俯長衢
화려한 집들이 좌우에 즐비하고	華屋夾左右
온갖 재화가 밤낮으로 유통되네	萬貨日夜趨
화려한 옷차림 동남쪽에서 가장 고운데	綺羅艶東南
북 치고 피리 부는구나	擊鼓吹笙竽
도회지 번화하여	都會盛繁華
예부터 아름답다 일컬었지	自昔稱勝區

152 정현보(鄭顯甫) : 정혁선(鄭赫先, 1666~1733)으로, 본관은 동래(東萊), 자는 현보이다. 《승정원일기》 경종 2년 3월 13일 기사에 정혁선을 청주 목사(淸州牧使)로 임명한 기록이 보인다.

153 상당(上黨) : 충청북도 청주(淸州)의 옛 이름이다.

어진 목민관 정 목사가 良牧得鄭侯
술자리 마련해 나를 즐겁게 하네 置酒佐我娛
깊은 밤 좋은 잔치 베푸니 夜深張高宴
달 떠올라 금 술잔 비추네 月出照金壺
멋진 손님들 빙 둘러앉았고 佳賓匝四座
미인이 청아한 노래 부르네 美人發淸謳
주인의 후의에 실로 부끄럽지만 實愧主意厚
객지의 외로운 마음 위로되네 庶免客懷孤
백성들은 흉년에 고통 겪어 黎元困荒歲
오두막에서 원망하는 외침 들리니 白屋聞冤呼
청컨대 목사께서는 은혜로운 정사 베풀어 請君垂仁惠
세금 징수할 때 형벌 너그럽게 하시길 徵稅寬刑誅
이런 생각에 젓가락 놓고 싶어지니 感此欲投筯
진수성찬은 바라는 바가 아니라오 綺食非所須

지경[154]씨가 옥오[155] 선생께서 유자후[156]의 운에 맞춰 지은 시를 보여 주니 마음이 매우 서글펐다. 화운하여 보여 주다

持卿氏投示玉吾先生次柳子厚韻 意甚愴然 和韻示之

청아한 시 읽고 나자 마음 서글프니	淸詩讀罷意悽然
누가 선생을 먼 바닷가로 보냈는가[157]	誰遣先生絶海邊
장독 가득한 만 리 먼 곳으로 가셔서	瘴癘窟中行萬里
광랑암 아래 오래도록 계시네[158]	桄榔菴下臥長年
남국에 구름이 해 가릴까 근심할 뿐	但愁南國雲遮日
서강의 물결 하늘까지 일렁임을 상관않네[159]	一任西江浪拍天

154 지경(持卿) : 송상유(宋相維, 1668~1740)로, 본관은 은진(恩津), 자는 지경이다. 송상기(宋相琦)의 아우이다.

155 옥오(玉吾) : 송상기(1657~1723)로, 본관은 은진, 자는 옥여(玉汝), 호는 옥오재(玉吾齋)이다. 이하곤의 장인이다.

156 유자후(柳子厚) : 당(唐)나라 문인인 유종원(柳宗元, 773~819)으로, 자후는 그의 자이다.

157 누가……보냈는가 : 송상기는 인원왕후(仁元王后)의 말씀을 교무(矯誣)했다는 죄로 사헌부의 탄핵을 받아 1722년(경종2)에 강진으로 유배되었다.

158 광랑암(桄榔菴)……계시네 : 송상기가 남쪽의 적소(謫所)에서 지내고 있다는 말이다. 광랑(桄榔)은 야자나무를 말하는데, 송(宋)나라의 소식(蘇軾)이 중국 해남도(海南島)에서 유배 생활을 할 적에 야자나무에 대해 읊은 시를 여러 편 남겼다. 여기서는 송상기의 적소를 가리키는 말로 사용되었다.

159 남국(南國)에……상관않네 : 날씨가 좋지 않아 송상기가 풍토병을 앓을까 염려될 뿐 조정의 극심한 당쟁에는 관심이 없다는 의미로 보인다. 서강(西江)은 한강을 세 구간으로 나누어 부르는 이름 가운데 하나로 남산 남쪽 일대 노량(鷺梁)까지를 한강,

터럭이 예전보다 더 좋아지셨을 터 鬚髮應知還勝昔

안개 낀 귤림 한가한 집에서 《주역》 주석하시리[160] 閑門註易橘林煙

그곳에서 서쪽 마포(麻浦)까지를 용산강(龍山江), 다시 서쪽으로 양화도(楊花渡) 일대를 서강이라 한다.

160 터럭이……주석하시리 : 송상기가 유배지에서 학문에 힘쓰면서 수염과 머리털이 예전보다 더 나아졌을 것이라는 말이다. 이천(伊川) 정이(程頤)가 일찍이 부주(涪州)에 유배되었다가 풀려 돌아왔는데, 기모와 용색(容色)과 수염과 머리털이 모두 평소보다 좋아졌으므로 문인(門人)이 이유를 묻자, 대답하기를 "이것은 학문의 힘이다. 대체로 학자들은 환난과 빈천에 대처하는 것을 배워야 하고 부귀영달 같은 것은 군이 배울 것이 없다.〔學之力也. 大凡學者, 學處患難貧賤, 若富貴榮達, 卽不須學也.〕"라고 했던 고사가 전한다. 《二程外書 卷12》《心經 正心章》 한편 송상기는 강진에 유배되었을 때 실제로 《주역》을 빌려 읽었다. 《玉吾齋集 卷17 南遷錄上》

제월당[161]에서의 감회. 주인 성장[162]에게 보여 주다

霽月堂感懷 示主人聖章

달이 계족산에 떠올라	月出鷄足山
제월당 비추네	照此霽月堂
당 위의 노선생께서	堂上老先生
선유하신 지 오래되어[163]	仙游歲月長
음성과 용모 이미 아련한데	聲容已杳邈
성명만 부질없이 아름답네	姓名空芬芳
벼슬을 헌 신짝처럼 버리고	軒冕棄如屣
초야로 기꺼이 물러나	丘壑甘退藏
삼십 년 동안 편안히 누워	高臥三十載
만촉의 전쟁터를 웃으며 넘기셨네[164]	笑閱蠻觸場
유가의 청정한 물러남	劉家淸淨退
고금에 족히 견줄 수 있네[165]	今古足相方

161 제월당(霽月堂) : 이하곤의 처조부(妻祖父) 송규렴(宋奎濂, 1630~1709)이 강학하던 별당이다. 그의 호를 따서 제월당이라 하였다.

162 성장(聖章) : 송필환(宋必煥, 1683~?)으로, 본관은 은진(恩津), 자는 성장이다. 송규렴의 손자이며 이하곤의 처남이다.

163 당(堂)……오래되어 : 제월당의 주인인 송규렴이 세상을 떠난 지 오래되었다는 말이다. 선유(仙游)는 신선의 노닒이라는 의미인데 여기서는 죽음을 의미한다.

164 벼슬을……넘기셨네 : 송규렴이 초야로 물러나 지내며 당쟁으로 인한 화를 당하지 않았다는 말이다. 만촉(蠻觸)은 사소한 명리(名利) 다툼을 비유하는 말이다. 91쪽 각주91 참조.

손수 솔과 대 심어	手自種松竹
지금 울창하게 푸르니	至今鬱靑蒼
마치 맑은 지조를 보는 것 같은데	髣髴見淸操
지난날 돌이켜보니 모두 아득하네	俛仰一茫茫
미수 굽이에서 제향 모시니	俎豆美水曲
영원히 밝은 빛 드리우리[166]	千載垂耿光

165 유가(劉家)의……있네 : 송규렴이 초야로 은퇴한 것을 유환(劉渙)의 은거에 비유한 것이다. 유환은 남조 송(南朝宋) 지강(枝江) 사람으로 자는 응지(凝之)이다. 노래자(老萊子)와 엄광(嚴光)을 사모하여 영화(榮華)를 버리고 처자와 함께 형산(衡山)에 은거하며 약초를 캐 먹고 살았다.《宋書 卷93 隱逸列傳》 주희(朱熹)의 〈서간청정퇴암(西澗淸淨退菴)〉의 소주(小註)에 "서현 서쪽 3리에 있다. 유응지가 옛날에 은거하며 정자를 짓고 황 태사의 시어를 취해 명명하였다.〔在棲賢西三里, 劉凝之舊隱作亭, 取黃太史詩語名之.〕"라고 하였다.《晦菴集 卷7》

166 미수(美水)……드리우리 : 미수는 현재의 대전광역시 대덕구 미호동 앞에 흐르는 물 이름이다. 이곳에 1717년(숙종43)에 미호서원(美湖書院)을 건립하고 송규렴을 제향하였으므로 송규렴의 유풍이 영원히 후대에 전해질 것이라는 말이다.

구봉산[167]으로 가는 길에

九峯途中

구봉산 정상에 저무는 해 희미하고	九峯山頭西日微
삭풍이 쓸쓸히 옷자락에 부는구나	北風蕭蕭吹我衣
어지러운 바위 울퉁불퉁한 사이로 냇물 세차고	亂石磊砢溪水急
추운 날씨에 골짜기 깊어 나그네도 드물구나	天寒峽深行侶稀
나는 어쩌다가 세밑에 길을 나섰나	我行胡爲當歲暮
날마다 기러기와 함께 남쪽으로 날아가네	日與鴻雁共南飛
백 년 인생을 길에서 늙어가니	人生百年老征役
세상만사 고향으로 돌아감이 제일이네	世間萬事不如歸

167 구봉산(九峯山) : 현재의 대전광역시 서구 괴곡동에 있는 산이다. 9개의 봉우리가 이어져 있다고 하여 구봉산이라 한다.

개태사[168] 옛 터를 지나며 감회가 있어서

過開泰寺舊址有感

고려 때 창건한 개태사	開泰前朝寺
황량한 누대에 석양만 비추네	荒臺只夕暉
청산은 천고의 뜻 간직했고	靑山千古意
노목들 사이로 몇몇 민가 있구나	老木幾人扉
돌부처는 흥폐의 역사 알 텐데	石佛知廢興
이끼 낀 솥에는 시비 있으나[169]	苔鬵有是非
삼한을 통일하였으니	三韓歸統一
왕건 또한 신령한 위엄 있구나	王建亦神威

세상에 전하기를 고려 태조가 견훤(甄萱)을 치려고 하였는데 전주(全州)의 지형(地形)이 북과 같았으므로 귀두(龜頭)[170]에 해당하는 곳에 개태사를 창건하여 그것을 누르게 했다고 한다. 절에 있던 매우 큰 쇠솥이 연산향교(連山鄕校) 앞에 있는데 가뭄 때 옮기면 곧바로 우레가 치고 비가 내렸다.

168 개태사(開泰寺) : 충청남도 논산시 연산면 천호리의 천호산(天護山)에 있는 사찰이다. 고려 태조 왕건(王建)이 일찍이 황산(黃山) 아래에서 후백제(後百濟)를 정벌하여 항복받고 삼국(三國)을 통일한 다음, 그것을 하늘의 도움이라 하여 황산을 천호산으로 개명(改名)하고 절을 창건하여 개태사라 하였다. 뒤에 이 절에도 태조의 진영을 봉안하였다.

169 이끼……있으나 : 원주(原註)에 있는 바와 같이 개태사에는 지름 3m, 높이 1m, 둘레 9.4m의 큰 솥이 있는데, 가뭄 때에 이 솥을 끌어다가 다른 곳으로 옮기면 비가 내린다는 전설이 있기 때문에 진위(眞僞)를 둘러싼 말들이 있다고 읊은 것이다.

170 귀두(龜頭) : 북 가운데 귀두고(龜頭鼓)라 하여 북의 틀에 거북의 머리를 조각한 북이 있기 때문에 이렇게 말한 것이다.

병으로 연산에 머물며 회포를 쓰다

病滯連山書懷

당시 김덕조(金德操)의 집에 머물렀다.

사람은 친애하는 이에게 이끌리기 마련	人生牽親愛
먼 길 달려감을 마다하지 않아	不辭騁長路
바람서리 차가운 세모에	歲暮風霜寒
수없이 산 넘고 물 건넜네	山川跋涉屢
머리의 종창이 문득 심해지고	腦瘡忽肆毒
안질도 매우 괴롭구나	眼眚亦頗苦
이미 타향에 머물지만	留滯旣異鄕
어진 주인에게 의탁했네	庇賴有賢主
침과 뜸으로 치료하며 고통 견디니	針灸耐苦辛
동복은 안절부절 근심하네	僮僕懷憂懼
갈 길이 아직도 먼데	前途尙不邇
어떻게 달리고 또 달릴까	何以任馳騖
장부는 마땅히 스스로 힘써야 하는 법	丈夫當自强
어찌 엎어지고 넘어짐을 두려워하랴	豈足畏顚仆
잘못 없는 병 절로 치료될 터[171]	無妄行自瘳
밥 잘 먹고 삼가며 보호해야지	健飯更愼護

171 잘못……터 : 병이 완쾌되기를 희망한 말이다. 《주역》 〈무망괘(无妄卦) 구오(九五)〉에 "구오는 잘못이 없는 병이니 약을 쓰지 않아도 기쁜 일이 있으리라.〔九五, 无妄之疾, 勿藥有喜.〕"라고 하였다.

내일은 지팡이 짚고	明當倚筇枝
월출산 걸어보리라	月出試展步

밤에 앉아 있다가 돌아갈 생각을 하다
夜坐懷歸

자리에 누워 병든 신세 걱정하니 伏枕愁吾病
타향에서 그 마음 어떠하리 他鄉意若何
황량한 마을에 북과 나팔 소리 들리는데 荒村聞鼓角
노목이 은하수 가렸네 老木隱星河
고향에서는 소식 끊겼건만 故國音書斷
찬 하늘에 기러기 많구나 寒天鴻雁多
새 시로 시름 달래려고 新詩元遣悶
등불 아래 한 번 길게 읊조리네 燈下一長哦

집 생각

思家

집 떠난 지 어느덧 한 달인데	離家已三旬
편지 한 통 받지 못했네	未得一封書
길은 멀고 산천으로 가로막혀	路遠間山川
인편과 소식이 본래 드물지	便信本來疏
가족들이 내 여행길 염려할 텐데	家人念我行
이처럼 눈 내리는 때를 만났네	値此雪落初
나도 식구들 걱정에	我亦念居者
서글피 바라보며 집 떠올리네	悵望懷舊閭
어여쁜 딸아이 눈에 선하고	嬌女宛在目
어린 아들은 또 어찌 지내는지	稚子復何如
사람이 사슴과 돼지 아니니	人生非鹿豕
어찌하면 늘 함께 지낼수 있을까	焉得長聚居
남쪽 땅 아득히 끝이 없어	南紀渺無極
날마다 수레로 달려가네	日日馳我車
산과 물이 거듭 얽혔고	山澤鬱蟠紆
민가의 연기가 마을에 뿌옇구나	人煙靄里墟
쓸쓸한 풍경 처량한데	蕭條風物凄
드넓게 하늘 비어 있네	曠莽天宇虛
가을에서 겨울로 넘어가는 때에	節序秋冬交
옛 신라와 백제 땅 지나가네	壯迹羅濟餘

고금의 일 돌아보며 감회가 있어	俛仰感今昔
나그네의 회포 풀리네	庶以客懷攄

머물면서

淹留

오늘 머물게 되었으니	淹留今日事
시름겨운 타향의 사람이네	愁緖異鄕人
병든 뒤에 근력 떨어지고	病後筋力減
객지에서 동복과 친해졌네	客中僮僕親
먼지바람에 북쪽 나무 희미하고	風塵迷北樹
눈보라에 서쪽 나루 어둡구나	雨雪暗西津
열흘 넘도록 집안 소식 듣지 못했나니	經旬家信闊
가족들 모두 멀리 서울에 있지	百口隔京塵

연산을 출발하여 도중에 짓다

發連山途中有作

산골 마을에 울리는 아침 뿔피리 소리 들으며	山縣嗚嗚早角聞
마을 어귀에서 손 흔들어 사람들과 이별하네	村前揮手別諸君
푸른 산 통해 다시 호남 가는 길로 들어섰는데	青山又入湖南路
먼 숲은 금강 북쪽의 구름과 이어졌네	遠樹還連錦北雲
신라와 여기서 싸운 일 이전부터 알았지만	舊識新羅爭此地
계백의 외로운 무덤 있다고 부질없이 전하네[172]	空傳階伯有孤墳
천고 흥망의 일 아득하기만 하니	悠悠千古興亡事
웃으며 찬 하늘 날아가는 기러기 떼 가리키네	笑指寒空過雁群

172 신라(新羅)와……전하네 : 계백(階伯) 장군이 나당(羅唐) 연합군과 황산벌에서 싸운 일이 있으므로 그곳을 지나며 감회를 읊은 것이다.《三國史記 卷47 列傳7 階伯》 계백 장군의 묘는 현재 충남 논산시 부적면 신풍리에 있다.

말 위에서 입으로 부르다

馬上口號

삭풍 부는 시월 하늘에 기러기 외로이 나는데　　北風十月雁孤飛
말 위에서 아득히 석양 보내네　　馬上悠悠送落暉
들판 넓어도 푸른 산 끊어지지 않고　　野闊青山元不斷
추운 날 하얀 물이 에웠구나　　天寒白水更相圍
객지에서 앓아누워 늘 눕기를 즐기고　　客中臥病長耽臥
꿈에서는 집에 가도 돌아가지 못하네　　夢裏歸家未當歸
천 리 머나먼 남쪽 길 이제 절반 지났으니　　千里南程今已半
고향 소식 드물어도 이상할 것 없네　　鄉書莫怪寄來稀

황화정[173]을 지나며 감회가 있어서

過皇華亭有感

길 북쪽 빈 정자에 석양 기울고	途北空亭落日斜
큰 빗돌에 붉은 글씨로 황화라 새겼네	穹碑硃字刻皇華
지금 사람들 조천하던 길 가리키는데	今人指點朝天路
뗏목으로 은하수 올라가던 옛일 아득하네[174]	古事蒼茫上漢槎
좌해의 풍광 계주의 숲과 통하는데	左海風煙通薊樹
중원 천지는 오랑캐 피리소리 속으로 들어갔네[175]	中原天地入胡笳

173 황화정(皇華亭) : 현재의 충청남도 논산시 연무읍 고내리에 있던 정자이다. 조선 시대에는 전라도 여산군(礪山郡)에 속하는 지역이었으며 군의 북쪽 11리 지점에 있었다. 신구(新舊) 관찰사들이 교대하는 장소로 활용되었다고 한다.《新增東國輿地勝覽 卷34 全羅道 礪山郡》

174 지금……아득하네 : 황화정의 황화(皇華)는 천자의 명을 받들고 가는 사신 행차를 전송하는 내용으로 된《시경》〈황황자화(皇皇者華)〉에서 유래하여 중국의 사신(使臣)을 가리키는 말로 사용된다. 조천(朝天)은 천자를 조회한다는 말로 조선에서는 명(明)나라에 사신 가는 것을 의미한다. 상한사(上漢槎)는 은하수에 올라가는 뗏목이라는 말로 사신을 의미한다. 한(漢)나라 때 박망후(博望侯)에 봉해진 장건(張騫)이 한 무제의 명을 받고 대하(大夏)에 사신으로 가서 황하의 근원을 찾다가 뗏목을 타고 은하수 위로 올라가 견우와 직녀를 만나고 왔다는 전설에서 유래하였다.《天中記 卷2》여기서는 명나라가 망하고 청(淸)나라가 들어섰기 때문에 이렇게 읊은 것이다.

175 좌해(左海)의……들어갔네 : 중원(中原)이 청나라 차지가 되었기에 한 말이다. 좌해는 우리나라를 가리킨다. 계수(薊樹)는 북경 팔경(北京八景) 가운데 하나인 계문의 안개 덮인 숲〔薊門煙樹〕을 말한다. 호가(胡笳)는 중국의 북방 민족이 불던 피리인데 여기서는 청나라를 의미하는 말로 사용되었다.

이미 예악을 볼 곳 없는 줄 아노니 已知禮樂觀無地
수레와 글이 본래 한 집이라고 말하지 말라[176] 莫道車書本一家

본(本)은 자(自)로도 쓴다.

176 이미……말라 : 청나라 차지가 된 중원에는 이미 예악(禮樂)의 본질이 사라졌으므로 제도와 문물이 조선과 같다고 말하지 말라는 것이다. 《중용장구》 제28장에 "지금 천하가 수레는 수레바퀴의 치수가 같으며 글은 문자가 같다.〔今天下, 車同軌書同文.〕"라고 한 것을 응용하였다.

여산에서

礪山

이 고을에서는 호산춘(壺山春)[177]이라는 이름난 술이 생산된다.

여산은 본래 호남 땅　礪山自是湖南地
고을이 백제에서 유래했지　城邑曾從百濟來
평평한 강경 들판 바다까지 펼쳐지고　江景野平臨海盡
우뚝한 읍청정 반공에 솟았네　挹淸亭逈半天開
푸른 대나무가 천 이랑에 이어졌고　脩篁交翠連千畝
불그스름한 명주를 백 잔 마셔 취하네　名酒微紅醉百杯
대로에 있어 다시 훌륭한 관리 필요하니　孔道更須剸劇手
많은 관리들 날마다 길 재촉하네[178]　紛紛冠蓋日相催

177 호산춘(壺山春) : 전라북도 여산 지방에서 생산되는 술인데, 호산은 여산의 다른 이름이다. 송흠(宋欽, 1459~1547)이 여산 군수가 되었을 때 손님을 대접하기 위해 빚은 술이라고 한다.《燃藜室記述 卷9 中宗朝故事本末》

178 대로(大路)에……재촉하네 : 여산은 교통의 요지로 많은 관리들이 오가므로 뛰어난 능력을 가진 지방관이 다스려야 한다는 말이다.

삼례역[179]에서
參禮驛

오래된 역에 주민 적고	古驛居人少
쓸쓸한 울타리에 푸른 대만 울창하네	寒籬綠竹稠
민요에는 백제의 유풍 남았고	風謠餘百濟
들판은 전주로 들어가네	野色入全州
하늘 넓어 먼 산 곧게 뻗었고	天闊遙山直
서리 맑아 나무마다 시름하네	霜淸萬木愁
남방이라 겨울에도 따뜻하니	南方冬亦暖
담비갖옷 그립지 않구나	不復戀貂裘

179 삼례역(參禮驛) : 전라도 전주부(全州府) 북쪽 35리 지점에 있던 역원으로 현재의 전라북도 완주군 삼례읍 지역이다.

전주에서
全州

완산의 특이한 기운 옛날에 왕을 일으켰으니	完山異氣昔興王
범이 웅크리고 용이 서려 지세 뛰어나네	虎踞龍盤地勢長
예부터 구리와 소금이 산과 바다에 넘쳐나고	從古銅鹽擅山海
지금은 울타리 되어 관방을 튼튼하게 하네	卽今藩翰壯關防
숲 깊어 마을에는 대나무 많고	林深村落多生竹
땅 기름져 시냇가 밭마다 생강 심었구나	土沃溪田盡種薑
남쪽 고을의 풍토 특이함을 실감하며	頓覺南州風壤異
공신루[180]에서 석양에 기대노라	拱辰樓上倚斜陽

180 공신루(拱辰樓) : 《두타초(頭陀草)》 책17 〈남유록(南遊錄)〉에 "다시 남동쪽으로 30리를 가서 전주에 도착해 잠시 공신루에서 쉬었다.〔又南東三十里至全州, 暫憩拱辰樓.〕"라는 내용으로 보아 전주에 이 누대가 있었음을 알 수 있다.

전주는 견훤의 옛 도읍이다. 지역 사람들이 아직도 그에 관한 한두 가지 고사를 전하므로 느낌이 있어 또 짓다
全州甄萱舊都也 土人尙傳其一二故事者 感而又賦

아직도 견훤이 할거했던 때 떠오르니 尙想甄萱割據時
지금도 이곳에 성과 연못 웅장하네 至今此地壯城池
집집마다 누각에 석양이 멀리 비추고 千家樓閣斜陽遠
전쟁 빈번했던 산하에 저녁 뿔피리 소리 구슬프다 百戰山河暮角悲
시든 풀에 이미 말 감춘 계곡 알지 못하겠는데 衰草已迷藏馬谷
찬 구름이 오히려 신령께 비는 사당 보호하네 寒雲猶護乞靈祠
골짜기에 철교 놓은 일 진실로 어리석은데 鐵橋架壑眞愚事
남겨져 주민들이 기이하다 말하네 留與居人話作奇

고을 동쪽에 만마동(萬馬洞)이 있는데 세상에 전하기를 견훤(甄萱)이 이곳에 말을 숨겨 두었다고 한다. 속담에 전하기를 견훤이 서산 봉우리에 이궁을 짓고 남쪽 높은 봉우리로부터 철교를 놓아 왕래하기 쉽게 했다고 한다. 옛 궁터에 지역 사람들이 돌을 쌓아 사당을 만들었는데 기도를 하면 문득 응답이 있다고 한다.

이 고을의 풍속과 토산물을 서술하여 재미삼아 오체[181]로 짓다 진퇴격[182]

述本州風俗土産 戲爲吳體 進退格

전주의 부요함은 팔도에 드무니	全州饒富八道稀
토속과 민풍이 서울과 다르네	土俗民風異京師
볼품없는 여인은 머리 누런데 크게 쪽지고	醜女髮黃偏大髻
약삭빠른 아이는 얼굴 흰 데다 고운 옷 입었네	狡童面白更鮮衣
주민들 패랭이 쓰기 좋아하고	居人愛戴平涼子
가게마다 백산자[183] 늘어놓았네	列肆都排薄散兒
생강 잔뿌리로 담은 김치 가장 맛나	薑鬚作葅味最美
북쪽 나그네 맛보더니 돌아갈 줄 모르네	北客新嘗頓忘歸

181 오체(吳體) : 시체(詩體)의 하나이다. 통속적인 언어를 구사하면서 천근한 비유를 사용하여 강남(江南) 지방의 풍미가 있는 시체를 이르는데, 격률의 변체인 요율(拗律)을 사용한다.

182 진퇴격(進退格) : 한 수의 시 안에서 두 개의 서로 비슷한 운자(韻字)를 써서 격구(隔句)로 압운(押韻)하며 일진일퇴(一進一退)하는 양상을 보이는 시를 말한다. 진퇴체(進退體) 또는 진퇴운(進退韻)이라고도 한다.

183 백산자(白散子) : 박산(薄散)은 백산자의 속명(俗名)으로 전주 지방에서만 만들었다고 한다. 《惺所覆瓿藁 卷26 說部 屠門大嚼》

경기전[184]에 가서 배알하고 감회를 기록하다
往謁慶基殿志感

태조대왕의 진용 있어	太祖大王有眞容
유허에 영정 모실 집 지었네	卽從遺址創影宮
신령한 샘 솟아나와 쇠로 덮개 만들고	靈泉湧出金爲蓋
아름다운 기운 푸른 솔밭에 들어가네	佳氣浮來翠入松
햇살이 꽃 벽돌 비출 때 보좌를 바라보는데	日映花甎瞻黼座
구름이 문에 깊게 드리워 중동 가로막았네[185]	雲深瑣闥隔重瞳
신령한 공적과 성스러운 덕 비견될 이 없나니	神功聖德知無比
앉아서 당우를 이끌어 해동을 바꾸셨네[186]	坐挽唐虞變海東

궁(宮) 서쪽에 어정(御井)이 있는데 주위를 담으로 둘러 사람들이 와서 물을 긷지 못하게 하였다. 성(城) 안의 샘 가운데 이 우물의 물맛이 가장 좋은데 쇠로 덮개를 만들어 항상 덮어 둔다. 궁 뜰에 노송(老松)이 있는데 구불구불 우거져 그 모양이 마치 일산처럼 매우 기이하였다. 이날 참봉(參奉)들이 모두 자리에 없었으므로 진용(眞容)을 첨배(瞻拜)하지 못했다.

184 경기전(慶基殿) : 조선 태조(太祖)의 영정(影幀)을 봉안한 전각으로 현재의 전라북도 전주시 완산구 풍남동에 있다.

185 구름이……가로막았네 : 원주에 있는 것처럼 태조의 영정을 볼 수 없었기에 한 말이다. 중동(重瞳)은 하나의 눈에 눈동자가 두 개씩 있는 것이다. 순(舜) 임금이 중동이었다는 데서 유래하여 제왕을 가리키게 되었다. 여기서는 태조를 가리키는 말로 사용되었다.

186 앉아서……바꾸셨네 : 태조가 조선에 태평성대를 열었다는 말이다. 당우(唐虞)는 요순(堯舜)을 가리킨다.

한벽당[187]에서 벽에 걸린 시를 차운하다

寒碧堂次壁上韻

이 정자가 경치 좋은 곳에 있어	玆亭元勝地
당당한 건물 큰 고을에서 으뜸이네	危構擅雄州
살얼음 언 연못 빛깔 깨끗하고	氷薄潭光淨
날씨 흐려 들판 그윽하네	天陰野色幽
오늘 올라봤지만	登臨還此日
천 년 전에 할거하였네[188]	割據自千秋
취한 뒤에 가슴 후련하니	醉後開襟好
돌아올 때 다시 북쪽 누대 들러야지	歸時更北樓

187 한벽당(寒碧堂) : 전라북도 전주시 완산구 교동의 승암산 기슭에 있는 누정이다. 조선 태종 때 월당(月塘) 최담(崔霮)이 낙향하여 세웠다고 한다.

188 천 년……할거하였네 : 견훤(甄萱)이 전주를 근거지로 삼았기에 이렇게 읊은 것으로 보인다. 《두타초(頭陀草)》 책17 〈남유록(南遊錄)〉에 "다시 동쪽으로 3리쯤 가서 한벽당에 이르렀다.……동쪽으로 만마곡이 있으니 곧 견훤이 성을 쌓은 곳이다. 회상하며 감개한 뜻을 견디기 어려웠다.〔又東三里許至寒碧堂,……東臨萬馬谷, 卽甄萱築城處也, 殊不勝俛仰感慨之意也.〕"라고 하였다.

남고사[189] 만경대[190]에 올라 포은의 운자[191]를 이용해 짓다
登南高寺萬景臺 用圃隱韻

높은 대 긴 휘파람에 바다와 산 비꼈는데	危臺長嘯海山橫
올라보니 절로 감개한 마음 드는구나	自有登臨感慨情
석양에 까마귀는 금마국[192]으로 돌아가고	斜日歸鴉金馬國
거센 바람에 나뭇잎은 견훤의 성[193]에 떨어지네	高風落木甄萱城
들판 평평해 먼 숲이 천 겹으로 뻗었고	野平遠樹千重出
하늘 넓어 뜬 구름이 만 리에 피어나네	天闊浮雲萬里生

189 남고사(南高寺) : 전주에 있는 절 이름으로 만경대(萬景臺) 뒤에 있었다.《新增東國輿地勝覽 卷33 全羅道 全州府》 현재 전주시 완산구 동서학동 2가에 그 터가 남아 있다.

190 만경대 : 전라도 전주부(全州府) 고덕산(高德山) 북쪽 기슭에 있다.《두타초(頭陀草)》 책17 〈남유록(南遊錄)〉에 "다시 앞쪽 시내를 지나 남고사로 향했다. 산 중턱에 도착하자 승려가 남여를 가지고 왔으므로 남여를 타고 다시 수백 보를 가서 만경대에 올랐으니 곧 남고사 앞의 작은 봉우리이다.〔又過前溪, 向南高寺. 至山半, 寺僧持籃輿來, 登輿又數百步, 上萬景臺, 卽寺前小峰也.〕"라고 하였다.

191 포은(圃隱)의 운자(韻字) : 포은은 정몽주(鄭夢周, 1337~1392)로, 본관은 영일(迎日), 자는 달가(達可), 호는 포은이다. 이하곤이 차운한 작품은《포은집(圃隱集)》 권2에 수록된 〈등전주망경대(登全州望景臺)〉이다.

192 금마국(金馬國) : 금마는 현재의 전라북도 익산(益山)의 옛 이름이다.

193 견훤(甄萱)의 성(城) : 이하곤의 글에 "남쪽으로 남고사를 마주하고 동쪽으로 만마곡이 있으니 견훤이 성을 쌓았던 곳이다.〔南對南高寺, 東臨萬馬谷, 卽甄萱築城處也.〕"라고 하였으므로 남고사 주위에 견훤의 성터가 있었음을 알 수 있다.《頭陀草 冊17 南遊錄》

왕의 자취 여기에서 시작되었으니[194]	王迹肇基元此地
성대한 아름다운 기운 서울까지 닿았네	鬱葱佳氣接神京

194 왕의……시작되었으니 : 전라북도 전주는 조선 왕조의 시조인 신라 사공(司功) 이한(李翰)의 발상지이기 때문에 이렇게 말한 것이다.

금구로 가는 길에

金溝途中

전주 돌아보니 저물녘 산 멀어지는데 全州回首晩山賒
말 위에서 시 읊노라니 해도 기우네 馬上哦詩日又斜
한양에서는 한 달 동안 흰 기러기 없었는데[195] 漢北三旬無白雁
호남에는 시월에도 노란 국화 있구나 湖南十月有黃花
하늘에 닿은 노령은 바다까지 이어졌을 테고 連天蘆嶺應連海
강진에 도착하는 날은 집에 간 것 같겠지 到日康津若到家
서경의 풍속 돈후했다 말하지 마라 莫道西京風篤厚
당시에 가의도 장사로 좌천되었지[196] 當時賈誼亦長沙

195 한양에서는……없었는데 : 한양으로부터 한 달 동안 소식을 듣지 못했기에 한 말이다.

196 서경(西京)의……좌천되었지 : 한 문제(漢文帝) 때 태중대부(太中大夫)로 있던 가의(賈誼)가 문제의 총애를 받았으나 바른말을 자주 하다가 대신들의 미움을 받아 장사왕 태부(長沙王太傅)로 좌천되었던 일을 들어 이하곤의 장인 송상기(宋相琦)가 강진(康津)에 유배된 일을 비유한 것이다. 서경(西京)은 서한(西漢)을 말한다.

밤에 금구의 관아에서 술을 마시며 율시를 입으로 불러 주인인 사군[197] 어른에게 보여 주다
夜飮金溝衙軒 口占長律 示主人使君丈

도성에서 만났을 때 후의가 넘쳤는데	城裏過從厚意多
호남에서 보게 되니 다시 어떠한가	湖南相見更若何
이곳에서 만나니 진실로 꿈만 같아	逢來此地眞疑夢
찬 하늘에 은하수 질 때까지 담소 나누네	話到寒天欲落河
자주 금 술잔 드니 홍로주[198] 진하고	頻把金杯紅露釅
높이 은 촛불 밝히고 푸른 쪽머리 노래하네	高燒銀燭翠鬟歌
한 번 보고 서둘러 갈 필요 없으니	不須一面悤悤去
내일 금산사에 나란히 말 타고 가리[199]	明日金山竝馬過

금산(金山)은 절 이름이다.

197 사군(使君) : 이하곤의 글에 "30리를 가서 금구현(金溝縣)에 도착하였다. 수령 임퇴백(林退伯) 어른이 여러 차례 심부름꾼을 보내 초대하였다."라고 하였는데, 퇴백은 임세양(林世讓)의 자이다.《頭陀草 冊17 南遊錄》송상기(宋相琦)의 기록에도 "저녁에 금구에 도착하였는데 고을 수령 임세양이 찾아왔다."라고 하였다.《玉吾齋集 卷17 南遷錄上》

198 홍로주(紅露酒) : 소주에 멥쌀로 만든 누룩과 계피 등을 넣고 우려 만든 약주로 감홍로(甘紅露), 감홍주(甘紅酒)라고도 한다.

199 내일……가리 : 금산(金山)은 전라도 금구현(金溝縣)에 있는 금산사(金山寺)를 가리킨다. 이하곤의 글에 "승려의 말로는 신라의 자장 선사(慈藏禪師)가 세웠다고 하고 《여지승람》에는 견훤(甄萱)이 이 절을 창건했다고 하였으니 어느 것이 옳은지 모르겠다."라고 하였다. 또 "2일에 임씨 어른과 함께 금산사를 유람하였다."라고 하였으므로 실제로 11월 2일에 임세양과 함께 금산사에 다녀왔음을 알 수 있다.《頭陀草 冊17 南遊錄》

소렴당[200]에서 박눌재의 시[201]를 차운하다

泝濂堂 次朴訥齋韻

관아 서쪽에 화려한 집 깊숙하고	縣衙西隙畫堂深
아래에 맑은 못 있어 나그네 마음 맑아지네	下有淸池淨客心
땅은 깨끗해 천 그루 대나무만 보이고	地爽但看千竹立
마당 그윽해 한 점 먼지도 없구나	庭幽不遣一塵侵
뜨거운 여름에도 서늘한 바람 꺼릴 정도이니	應嫌朱夏風涼冷
현명의 왕성한 기운 괴이할 것 없네[202]	無怪玄冥氣肅森
다른 해에 거듭 이곳에 와서	準擬他年重到此
연꽃 향기 속에 다시 흉금 헤치리[203]	芙蓉香裏更披襟

200 소렴당(泝濂堂) : 《과재집(果齋集)》 권8 〈선고유사(先考遺事)〉에 "금구현 관아 서쪽 담장 너머에 소렴당이 있다.〔金溝衙軒之西垣外, 有泝濂堂者.〕"라고 하였다.

201 박눌재(朴訥齋)의 시 : 눌재는 박상(朴祥, 1474~1530)으로, 자는 창세(昌世), 호는 눌재이다. 이하곤이 박상의 "연못이 서쪽과 북쪽 나뉘어 차가운 빛 다투고, 산이 동쪽과 남쪽 둘러서 시원한 기운 몰려오네. 바람이 연잎에 스쳐 가볍게 일어나고, 연기가 솔에 불어 멀리 무성하네.〔池分西北寒光戰, 山擁東南爽氣侵. 風約芰盤輕勃勃, 煙吹松黛遠森森.〕"라는 시를 인용했으나 그의 문집에는 없다. 《頭陀草 冊17 南遊錄》

202 뜨거운……없네 : 소렴당이 여름에도 서늘할 정도로 시원하여 겨울에 추운 것은 당연하다는 말이다. 현명(玄冥)은 겨울 귀신의 이름이다. 《예기》 〈월령(月令)〉에 "겨울철의 상제는 전욱이요, 그 귀신은 현명이다.〔其帝顓頊, 其神玄冥.〕" 하였다.

203 다른……헤치리 : 연꽃이 필 때 다시 찾아오겠다는 말이다. 이하곤의 글에 "북쪽에 작은 누각이 있는데 응향이라는 편액을 걸었다. 연못가에 있는데 그 가운데에 부용을 심었다.〔北有小閣, 扁曰凝香, 臨方池, 中植芙蓉.〕" 한 것으로 보아 금구 관아의 연못에 부용이 있었음을 알 수 있다.

귀신사[204]에서

歸信寺

눈 내릴 듯 산 차갑고　　山寒有雪意
숲 속 골짜기는 스스로 창창하네　　林壑自蒼然
말 타고 깊은 구름 속으로 가는데　　馬入深雲去
승려가 고목 앞에서 맞이하네　　僧迎古木前
연기 속에 암자 그림자 멀고　　煙中菴影遠
대나무 숲에 풍경소리 낭랑하네　　竹裏磬聲圓
깨끗한 땅이라 본래 장기 없는데　　淨地元無瘴
마음 씻으려 홈통의 샘물 요청하네　　澆心乞筧泉

204 귀신사(歸信寺) : 전라북도 김제시 금산면 청도리 모악산 기슭에 있는 사찰이다.

귀신사에서 금산[205]으로 가는데 돌길이 대단히 높아 바다와 산의 멋진 경치를 다 볼 수 있었으니 매우 기뻤다

自歸信向金山 磴道極峻 覽盡海山之勝 殊覺快活

푸른 봉우리 뚫고 험한 길 났는데	鑿破青峯鳥道懸
흔들흔들 가마 타고 묵은 삼나무 숲 지나가네	藍輿橫度古杉顚
산은 물 마시려는 말처럼 다투어 바다로 달리고	山如飲馬爭趨海
나무는 뜬 구름처럼 모두 하늘과 합해졌네	樹似浮雲盡合天
천 리 남쪽으로 와서 비와 눈 만나고	千里南來逢雨雪
북쪽 고향으로 가려니 바람과 안개에 막혔네	故園北去隔風煙
평소 동쪽 유람이 가장 멋졌다 말했는데[206]	平生最說東游壯
비로소 이번 여정이 백년에 만족스러움을 믿겠네	始信玆行足百年

고(古)는 노(老)로도 쓴다.

205 금산(金山) : 전라도 금구현(金溝縣)에 있던 금산사(金山寺)를 가리킨다. 163쪽 각주199 참조.

206 평소……말했는데 : 이하곤이 1714년에 금강산을 유람한 사실이 있으므로 당시의 유람이 평생 가장 멋졌다는 말이다.

금산사[207]에서

金山寺

이 절은 신라 때부터 있었고	寺自新羅有
무악이라 불리는 산 아름답네	山稱母嶽奇
구름은 사리탑에 깊이 드리웠고	雲深舍利塔
나무는 조사의 빗돌[208] 곁에 늙었구나	木老祖師碑
돌길은 귀신사와 다르지만	磴道分歸信
부처는 속리산과 필적하네[209]	金身敵俗離
계옹이 멋진 구 남겼기에[210]	谿翁留好句

207 금산사(金山寺) : 전라도 금구현(金溝縣)에 있는 사찰이다. 163쪽 각주199 참조.

208 조사(祖師)의 빗돌 : 금산사 뒤쪽에 있는 진응대사비(眞應大師碑)를 가리키는 것으로 보인다. 이하곤의 글에 "다만 절 뒤에 세덕왕사 진응대사비가 있는데, 세덕은 신라의 왕호이다.〔但寺後有世德王師眞應大師碑, 世德新羅王號也.〕"라고 하였다. 《頭陀草 冊17 南遊錄》

209 부처는 속리산과 필적하네 : 이하곤의 글에 "또 동쪽으로 10여 보를 가니 삼층각이 있는데 그 속에 장륙불 3구를 봉안하여 그 높이가 모두 수십 장이나 되었다. 일찍이 속리산 법주사에서 보니 또한 장륙불이 있었는데 그 높이가 4, 50장은 족히 되어 보였다. 아마도 불상을 만드는 사람이 크게 만드는데 주력할 뿐 1장 6척을 기준으로 삼지 않는 모양이다.〔又東十許步, 爲三層閣, 中奉丈六佛三軀, 高皆數十丈. 曾見俗離山法住寺, 亦有丈六佛, 其高不下四五十丈. 意者造像者務極壯大, 而不復以丈六爲準也.〕"라고 하였으므로 금산사에 속리산 법주사의 불상처럼 큰 불상이 있었음을 알 수 있다. 《頭陀草 冊17 南遊錄》

210 계옹(谿翁)이……남겼기에 : 이하곤의 글에 "조금 동쪽에 미타전이 있는데 계곡의 시판이 남아 있었다.〔稍東有彌陀殿, 谿谷詩板在焉.〕"라고 한 것으로 보아 금산사에

나도 이어서 시 짓노라 吾亦續題詩

속리산(俗離山)에도 매우 큰 불상이 있어서 필적할 만하다.

계곡(谿谷) 장유(張維)의 시판이 있었음을 알 수 있다. 《계곡집(谿谷集)》 권27에 〈금산사의 장륙불상이 왜란에 불탔는데 승려들이 장차 다시 만들려고 하므로 시 한 수를 짓다〔金山寺丈六金像燬於倭燹 寺僧將復經始 爲成一詩〕〉라는 작품과 권28에 〈천계 계미년에 내가 어사에 임명되어 미복차림으로 금산사에 들렀는데 당시 장륙전을 새로 짓고 있었다. 공사가 끝나지 않았는데 승려들이 장차 큰 불상을 만들려고 하므로 내가 시 한 수를 지어 권면하였다. 7년이 지나 또 금성에서 출발하여 들렀더니 전각과 불상이 모두 완성된 지 오래였다. 마침내 앞의 운자를 사용해 지어서 사찰의 여러 승려들에게 준다〔天啓癸亥 余承繡衣之命 微服過金山寺 時丈六殿新創 未訖功 而寺僧將造大像 余作一詩勉之 七閱歲 而又自錦城來過 殿與像皆已成久矣 遂用前韻 贈寺中諸僧〕〉라는 작품이 있으므로 장유가 금산사에 들렀던 사실을 알 수 있다.

서비전에 진응대사비가 있으므로 대나무 숲에서 오솔길을 따라 찾아가 보았다. 돌아올 때 잠시 회경 상인의 방에서 쉬었다

西碑殿有眞應大師碑 從竹林取徑往觀 歸時少憩懷瓊上人房

그윽한 대숲 뚫고 들어가 옛 빗돌 찾아보고　　穿入幽篁問古碑
눈 내릴 때 차가운 산에 홀로 앉았네　　寒山獨坐雪來時
승려들이 동쪽과 서쪽 절에 나뉘어 머무는데　　居僧分住東西寺
노목에 안개 짙어 양쪽 서로 알지 못하네　　老木煙深兩不知

또 동비전(東碑殿)이 있는데 그곳은 대사의 비석 동쪽으로 백여 보 떨어진 곳에 있다.

장륙불

丈六佛

쇠로 주조(鑄造)했는데 높이가 거의 20여 장이나 되고 아래에는 쇠솥 모양을 만들어서 두 다리를 받쳤다.

남방에서는 금산사[211]를 제일이라 말하니	南方最說金山寺
우리나라에서 처음으로 장륙불을 보았네	東域初看丈六身
손가락 세워 천제의 자리 만질 듯하고	竪指應將捫帝座
머리 들면 해를 막을까 두렵네[212]	擧頭眞恐碍羲輪
장엄하게 꾸미느라 이미 신라와 백제 기울었지만	粧嚴力已傾羅濟
만든 솜씨는 아마도 귀신에서 빼앗았나 보다	創設工疑奪鬼神
모연[213]을 대중들에게 의지한 줄 아노니	可識募緣資大衆
명복 미루어 백성들 윤택하게 했는가	能推冥福澤吾民

211 금산사(金山寺) : 전라도 금구현(金溝縣)에 있는 사찰이다. 163쪽 각주199 참조.

212 손가락……두렵네 : 장륙불이 높다는 것을 과장하여 읊은 것이다. 희륜(羲輪)은 희화(羲和)의 수레라는 말로 해를 상징한다. 희화가 새벽마다 여섯 마리의 용이 끄는 수레에 태양을 싣고 용을 몰아 허공을 달려 서쪽의 우연(虞淵)까지 이르러 멈춘다고 한다.《山海經 卷10 大荒南經》

213 모연(募緣) : 착한 인연을 맺을 사람을 모집한다는 뜻이다. 절에서 기와를 갈거나 건물을 짓는 등의 불사(佛事)를 행할 때 소요되는 비용을 충당하기 위해 신도들에게 재물을 보시하도록 권하는 것을 말한다.

승방에서의 즉흥시

僧房卽事

무명 이불로 백운 속에 기숙하며	寄宿白雲一布衾
밤에 서쪽 숲에서 나는 쓸쓸한 범패 소리 듣노라	夜聽寒梵發西林
대 무성하고 땅 외져 종소리 멀고	脩篁地僻鍾聲遠
고목 우거지고 하늘 흐려 탑 그림자 짙네	古木天陰塔影深
괴석이 사람처럼 서서 마음을 깨우쳐 주고	怪石如人多悟意
맑은 연못이 나그네 비추니 절로 선심 생기네	淸池照客自禪心
중봉에 고승이 머문다고 들었는데	中峯聞說高僧在
낙엽 진 빈 산을 찾아갈 수 없구나	落葉空山不可尋

산에서 나오며

出山

절의 서쪽 2리 쯤에 용추(龍湫)가 있다.

아득히 찬 구름 드리워 고목도 어둑한데	漠漠寒雲古木昏
산승은 헤어지며 말 없구나	山僧臨別更無言
다정한 것은 오직 용추 뿐	多情惟有龍湫水
골짝 나서는 나를 은근히 전송하네	送我殷勤出洞門

피향정[214]에서 석천의 시[215]를 차운하다

披香亭次石川韻

고운[216]과 석천은	孤雲與石川
학 타고 이미 하늘로 갔는데	駕鶴已歸天
연못에 눈 내렸을 때 홀로 왔으니	獨來池上雪
어디에서 가을 연을 감상할까	何處賞秋蓮

214 피향정(披香亭) : 전라북도 정읍시 태인면 태창리에 있는 정자이다. 최치원(崔致遠)이 지었다고 하는데 창건 연대는 정확히 알 수 없다. 이 정자의 위쪽과 아래쪽에 상연지제(上蓮池堤)와 하연지제(下蓮池堤)의 두 연지(蓮池)가 있었으므로 여름에 연꽃이 만발하여 그 향기가 누정의 주위에 가득 찼기에 피향정이라고 불렀다고 한다.

215 석천(石川)의 시 : 석천은 임억령(林億齡, 1496~1568)으로, 본관은 선산(善山), 자는 대수(大樹)이다. 이하곤의 글에 "석천의 '흰 이슬이 붉은 연꽃에 방울방울 맺혔네.'라는 시도 또한 아름답다.〔石川白露滴紅蓮一語亦佳〕"라고 하였는데, 이와 동일한 시를 찾을 수 없다. 《頭陀草 冊17 南遊錄》 다만 《연려실기술(燃藜室記述)》 권11 〈명종조 고사본말(明宗朝故事本末)〉에 "원량이 새로 땅에 묻혔고 고운은 옛날에 하늘에 올랐다. 다만 못 물만 남아 있어 흰 이슬이 가을 연꽃에 떨어진다.〔元亮新埋地, 孤雲舊上天. 空餘池水在, 白露滴秋蓮.〕"라는 임억령의 시가 보이는데, 이하곤이 사용한 운자와 동일하다.

216 고운(孤雲) : 최치원(崔致遠, 857~?)으로, 본관은 경주(慶州), 자는 고운·해운(海雲)이다. 이하곤의 글에 "동쪽은 최고운의 유허인데 유상대가 있었다. 또 서원이 있는데 무성이라고 편액을 걸었다.〔東爲崔孤雲遺址, 有流觴臺. 又有書院, 扁以武城云.〕"라고 하였다. 《頭陀草 冊17 南遊錄》

벽에 점필재[217]의 절구 한 수가 걸려 있었는데 아래 구에 "천 년 전 읊조리던 혼을 어디에서 찾을까, 일만 자루 부용이 일만의 고운이네."[218]라고 하여 말뜻이 대단히 아름다웠다. 드디어 "일만 자루 부용이 일만의 고운이네."를 기구로 하여 농담 삼아 이 시를 완성하였다

壁有佔畢翁一絶 下句云千載吟魂何處覓 芙蕖萬柄萬孤雲 語意極妙 遂用芙蕖萬柄萬孤雲爲起 戲成此詩

일만 자루 부용이 일만의 고운이라니	芙蕖萬柄萬孤雲
한 마디 말에 오묘한 풀이 분명하네	一語分明妙解云
천 년 뒤 필옹이 이렇게 말했으니	千載畢翁能道此
누가 우리나라 비루해서 문장 없다 하는가	吾東孰謂陋無文

217 점필재(佔畢齋) : 김종직(金宗直, 1431~1492)으로, 본관은 선산(善山), 자는 계온(季昷)·효관(孝盥), 호는 점필재이다.《寒水齋集 卷26 佔畢齋金先生墓碣》

218 천 년……고운이네 : 김종직의《점필재집(佔畢齋集)》권21에 수록된〈태인의 연지 가에서 최치원을 떠올리다〔泰仁蓮池上 懷崔致遠〕〉의 일부이다.

피향정[219]에 올라 26운

登披香亭 二十六韻

태인읍은 남쪽의 큰 고을이고	泰仁爲邑雄南紀
가장 멋진 피향정도 있네	遂有披香第一亭
천 가구 굽어보는 화려한 기둥 나는 듯하고	俯壓千家飛畫棟
큰길 가에 우뚝하게 고운 추녀 열었네	逈臨大道闢雕欞
크고 화려함 비록 사람이 만들었지만	宏華縱是因人設
탁 트인 전망은 본래 지형이 그렇지	爽塏元來得地形
쪽진 머리 같은 산은 멀리 힘차게 뻗었고	山似翠鬟爲遠勢
밝은 거울 같은 연못이 뜰 가운데 있네	池開明鏡卽中庭
긴 다리는 구불구불 오리 물가에 이어지고	長橋宛轉連鳧渚
작은 누각은 영롱하게 학 모래톱을 굽어보네[220]	小閣玲瓏俯鶴汀
햇살 가리는 묵은 홰나무가 땅에 푸르게 드리우고	礙日古槐垂地綠
연기와 어우러진 높은 대나무가 반공에 푸르네	和煙高竹半天靑
연꽃 향기 멀리서 밀려와 잠 깨우고	芙蓉香遠眠仍破
버들바람 산들 불어와 술 깨네	楊柳風微酒自醒
유월에 올랐어도 덥지 않아	六月登臨失炎熱
한참 앉았더니 상쾌하구나	長時几席覺淸泠

219 피향정(披香亭) : 전라북도 정읍시 태인면 태창리에 있는 정자이다.

220 긴……굽어보네 : 피향정 주위의 물가 풍경을 읊은 것이다. 당(唐)나라 왕발(王勃)의 〈등왕각서(滕王閣序)〉에 "학이 사는 모래톱과 오리가 사는 물가는 섬을 빙 둘렀다.〔鶴汀鳧渚, 窮島嶼之縈廻.〕"라는 표현이 보인다.

빗속에 붉은 난간에서 낚싯대 드리우고　漁竿雨裏憑朱檻
안개 가운데 고운 배 띄우고 연꽃 따며 노래하네　蓮唱煙中汎彩舲
자던 해오라기 놀라 날며 비친 달에 부딪치고　宿鷺驚飛衝印月
헤엄치는 고기들 뛰어올라 잠긴 별빛 건드리네　游鱗競躍觸涵星
응향정은 좁으니 노복감이고　凝香狹陋堪奴僕

응향정(凝香亭)은 금구(金溝)의 정자 이름이다.

한벽정은 고립되어 전형에 미치지 못하며　寒碧孤危讓典刑

한벽정(寒碧亭)은 전주(全州)에 있다.

드넓은 광한루도 홀로 빼어나기 어렵고　平遠廣寒難獨擅

광한루(廣寒樓)는 남원(南原)의 누대 이름이다.

맑고 우거진 영벽루는 아우를 만하네　淸森映碧又兼幷

영벽루(映碧樓)는 능주(綾州)에 있다.

밝은 조정에서 신 내려 명류들 배출되고[221]　明廷賜舃名流出
길을 돌아 수레 돌려 찾아와 사신들 머무네　迂道回軒使者停
화려한 연회를 매번 연못가에서 여니　華宴每從池上設
고운 노랫소리를 달빛 가운데 듣네　纖歌多向月中聆

221 밝은……배출되고 : 사석(賜舃)은 신을 내려준다는 말로 지방관에 임명한다는 뜻이다. 후한(後漢)의 왕교(王喬)가 섭 현령(葉縣令)으로 있으면서 매월 삭망(朔望) 때마다 수레도 타지 않고 먼 길을 와서 조회에 참석하였다. 그것을 괴이하게 여긴 임금이 내막을 알아보게 하니 그가 올 때마다 오리 두 마리가 동남쪽에서 날아왔다. 그물을 쳐서 그 오리를 잡아놓고 보니 바로 왕교의 신이었다는 고사가 전한다. 이 고사에서 유래하여 부석(鳧舃)은 지방관을 의미하게 되었다.《後漢書 卷112上 方術列傳 王喬》 여기서는 피향정이 있는 태인에 현감으로 부임한 사람들 가운데 명류(名流)가 많았다는 말로 이해된다.

아름다운 여인이 요염한 자태로 거문고 안았고	佳人妖態挾瑤瑟
상객은 호방한 마음으로 술병 기울이네	上客豪情傾玉瓶
남방에서 뛰어난 경치로 이미 으뜸인데	名勝已爲南國最
옛 현인이 지날 때의 풍류 아직도 말하네	風流尙說昔賢經
고운의 고택은 텅 비어 주인 없건만[222]	孤雲舊宅空無主
점필재의 새 시[223]에는 신령이 있는 것 같네	畢老新詩覺有靈
수호의 높은 재주 한 시대에 유명했고[224]	繡虎才高鳴一世
난새 탄 일 천 년 전이라 아득하네[225]	驂鸞事遠杳千齡
홀로 오니 연못에는 얼음 얼기 시작했고	獨來池面氷初合
난간에 한참 기대고 있으려니 눈이 내리려 하네	久倚欄頭雪欲零
세모의 산천은 본래 쓸쓸한데	歲暮山川元慘憺

222 고운(孤雲)의……없건만 : 이하곤의 글에 "동쪽은 고운의 유허인데 유상대가 있다. 또 서원이 있는데 무성이라고 편액을 걸었다.〔東爲崔孤雲遺址, 有流觴臺, 又有書院, 扁以武城云.〕"라고 하였으므로 피향정에 고운 최치원(崔致遠)의 유적과 무성서원이 있음을 알 수 있다. 《頭陀草 冊17 南遊錄》

223 점필재(佔畢齋)의 새 시 : 이하곤의 글에 "벽에 점필재의 절구 한 수가 걸려 있었다. 그 하구에 '천 년 전 읊조리던 혼은 어디에서 찾을까. 일만 자루 부용이 일만의 고운이네.' 하였다.〔壁有佔畢齋一絶, 下句云千載吟魂何處覓, 芙蕖萬柄萬孤雲.〕"라고 하였다. 《頭陀草 冊17 南遊錄》 점필재는 김종직(金宗直, 1431~1492)의 호이다.

224 수호(繡虎)의……유명했고 : 수호는 화려한 시문(詩文)을 민첩하게 짓는 것을 말한다. 《천중기(天中記)》 권37 〈시(詩)〉에 "조식은 일곱 걸음 만에 문장을 지었으므로 수호라고 하였다.〔曹植七步成章, 號繡虎.〕" 하였는데, 수(繡)는 문장이 화미(華美)함을 말하고 호(虎)는 재기(才氣)가 웅걸(雄傑)함을 말한다. 여기서는 다음 구의 내용으로 볼 때 최치원의 뛰어난 문장 솜씨를 말한 것으로 보인다.

225 난새……아득하네 : 최치원이 난새를 타고 가서 신선이 되었다고 생각하여 이렇게 읊은 것이다.

날씨 차가워 경치도 그윽하네　天寒雲物亦青冥

마른 부평초는 언덕에 붙어 물고기가 거품 불고　枯萍粘岸魚吹沫

꺾인 갈대는 물에 잠겨 기러기가 깃을 말리네　折葦沈波雁曬翎

푸른 잎에 구슬 쏟아지는 빗소리 생각나고[226]　翠蓋瀉珠懷雨聽

붉은 방에 이슬 맺히는 가을 향기 떠오르네[227]　紅房滴露想秋馨

연꽃은 오늘 부질없이 쓸쓸한데　荷花此日空蕭索

매화는 어느 때 다시 어여쁘게 필까　梅蘂何時更嫋娉

넘치는 흥취에 술동이 앞에서 채색 붓 날리고　逸興尊前飛彩筆

장한 마음은 취한 뒤에 청평검[228] 매만지네　雄心醉後撫青萍

석천은 이미 고래 탄 이백을 좇아갔고[229]　石川已逐騎鯨李

유자도 학으로 변한 정 영위와 함께하겠지[230]　柳子應同化鶴丁

226 푸른……생각나고 : 피향정 아래의 연못에 연잎이 한창 피었을 때 비가 쏟아지며 물방울이 맺히는 모습을 상상한 것이다.

227 붉은……떠오르네 : 위와 마찬가지로 피향정 아래의 연못에 연꽃이 피었을 때 그 향기를 상상한 것이다.

228 청평검(青萍劍) : 청평(青萍)은 옛날 보검의 이름이다.

229 석천(石川)은……좇아갔고 : 석천은 임억령(林億齡, 1496~1568)으로, 본관은 선산(善山), 자는 대수(大樹)이다. 당나라 마존(馬存)의 〈연사정(燕思亭)〉에 "이백이 고래 타고 하늘로 날아 올라가니, 강남땅 풍월이 한가한 지 여러 해라네.〔李白騎鯨飛上天, 江南風月閑多年.〕"라고 하였다. 《宋藝圃集 卷13》 여기서는 이러한 고사를 바탕으로 임억령이 고인(故人)이 되었음을 읊은 것이다.

230 유자(柳子)도……함께하겠지 : 유자는 원주에 있는 바와 같이 유근(柳近)을 가리킨다. 화학정(化鶴丁)은 한(漢)나라 때 요동(遼東)의 정 영위(丁令威)를 가리킨다. 그가 일찍이 영허산(靈虛山)에 들어가 선술(仙術)을 배우고 뒤에 학으로 변화하여 고향의 성문(城門) 화표주(華表柱)에 날아와 앉았다. 이때 한 소년이 활로 쏘려고 하자, 학이 날아올라 공중에서 배회하며 "새여 새여 정 영위라, 집 떠난 지 천 년 만에 이제야

나도 지금 와서 멋진 시구 남겼는데　　　我亦今來留好句
사롱 씌워 분벽에 누가 새겨 줄까[231]　　　紗籠粉壁有誰銘

유자(柳子)의 이름은 근(近)[232]이다. 연전에 고을 수령이 되어 이 정자를 중수(重修)하고 단청을 새롭게 하였으니 피향정에 공덕이 있는 사람이라고 이를 만하다.

돌아왔네.〔有鳥有鳥丁令威, 去家千年今始歸.〕"라고 했다는 고사가 전한다.《搜神後記 卷1》

231 사롱(紗籠)……줄까 : 이하곤의 시를 피향정에 새겨줄 사람이 누구냐는 말이다. 사롱은 벽사롱(碧紗籠)의 준말로 먼지가 묻지 않도록 푸른 깁으로 감싸서 벽에 쓴 시문을 보호하는 것이다. 당(唐)나라 때 왕파(王播)가 어려서 가난하였으므로 양주(楊州) 혜소사(惠昭寺) 목란원(木蘭院)의 객이 되어 글을 읽으며 승려들을 따라 잿밥〔齋食〕을 얻어먹었는데, 승려들이 그를 홀대하였다. 20여 년이 지난 뒤에 왕파가 높은 지위에 있다가 이 지방에 출진(出鎭)해서 그 절을 찾아갔는데, 지난날 자기가 벽에다 써 놓은 시를 벌써 푸른 비단으로 감싸 놓고 있었으므로 그 시의 뒤에 "이십 년 동안 먼지를 뒤집어쓰고 있다가 오늘에야 푸른 깁으로 장식되었구나.〔二十年來塵撲面, 如今始得碧紗籠.〕"라고 써넣었다는 고사가 전한다.《唐摭言 卷7 起自寒苦》

232 유근(柳近) : 1661～? 본관은 전주(全州), 자는 사숙(思叔)이다.《승정원일기》 숙종 39년 8월 11일 기사에 유근을 태인 현감에 임명한 기록이 보인다.

말 위에서 우연히 읊다

馬上偶吟

시월에 남쪽 와서 오래도록 돌아가지 못한 채	十月南征久未還
필마로 태인 주변에서 바삐 다녔네	栖栖匹馬泰仁間
백사장 가에 시든 버들 있으니 여기는 시냇물인데	沙邊衰柳此溪水
하늘 끝에 외로운 구름 떠가니 어디가 산인가	天際孤雲何處山
이미 삭풍 등지고 기러기와 함께 가며	已背北風同雁去
지는 해와 돌아가는 까마귀의 한가함 부럽구나	爭歸落日羨鴉閑
오늘 밤 비록 초승달 나오겠지만	今宵縱有初絃月
다시 어느 마을에서 대나무 대문 두드릴까	更向何村叩竹關

정읍에서 묵으며 감회가 있어서
宿井邑有懷

초가의 대나무 창문 밤에 쓸쓸하고	竹牕茅屋夜蕭然
찬 등불만 빛나 잠 못 드네	只有寒燈照不眠
슬프다 서릉이 가까이 있는데	惆悵西陵元咫尺
누구와 당시의 일을 말할까[233]	與誰相對話當年

233 서릉(西陵)이……말할까 : 정읍(井邑)에서 송시열이 사약을 마시고 운명하였기 때문에 그 일을 말한 것으로 보이는데 서릉이 어디를 가리키는지는 미상이다.

돌아가는 꿈

夢歸

나의 행차 날마다 남쪽으로 가다가	我行日南邁
밤에 정읍에서 묵었네	夜宿井邑縣
대나무 창은 부서져 종이도 없으니	竹牕破無紙
찬바람 불어와 얼굴을 때리네	寒風來射面
촛불 끄고 자려는데	滅燭欲就寢
이불 끌어안고 뒤척이네	抱衾仍輾轉
멀리 온 나그네 고향 생각에 괴로워	遠客苦思家
꿈에라도 만나기만 바라네	但願夢相見
넋이 문득 올라가니	魂氣倏上征
구륜이 화살보다도 빠르네[234]	尻輪迅激箭
이리저리 시내와 연못 넘고	靡靡越川澤
아득히 호서를 지나	渺渺歷湖甸
금세 내 집에 이르렀더니	俄頃至吾閭
버들 아래 대문[235] 열렸네	柳下呀雙扇

234 넋이……빠르네 : 몽혼(夢魂)이 달려가는 것을 빠른 화살에 비유하여 읊은 것이다. 구륜(尻輪)은 엉덩이가 변하여 수레바퀴가 된다는 말로 정신을 뜻한다. 《장자》 〈대종사(大宗師)〉에 "나의 꽁무니를 변화시켜 수레바퀴로 만들고 나의 정신을 가지고 말을 만든다면, 내가 이를 이용하여 타고 노닐 것이니, 어찌 다시 수레가 필요하겠는가.〔化予之尻以爲輪, 以神爲馬, 予因以乘之, 豈更駕哉.〕"라고 하였다.

235 대문 : 쌍선(雙扇)은 오작교 앞에 달려 있는 사립문을 말한다. 당나라 조황(趙璜)의 〈칠석(七夕)〉에 "오작교 머리의 두 부채가 열리니, 해마다 한 차례씩 은하 건너오누

큰아이는 날 보고 기뻐서　大兒見我喜
넘어질 듯 앞장서서 끌고 가고　顚倒導我先
작은 아이는 더 예뻐져　小兒益婉孌
옷자락 당기며 맴도네　牽衣以周旋
마루에 오르자 무엇이 보였던가　上堂何所見
책과 그 사이의 붓과 벼루 뿐　書卷間筆硯
늙은 아내도 놀라고 기뻐하며　老妻亦驚喜
나를 위해 안주 마련하네　爲我具肴饌
앉아서 먼 길에 고생한 사연 털어놓고　坐訴客行苦
그립던 마음 자세히 이야기하네　細話意眷眷
새벽닭이 문득 울어　晨鷄忽叫喚
부서진 집에 별 보이네　破屋窺星片
꿈속의 일 되새겨보니　追理夢中事
문득 공중의 번개 같은데　忽若空裏電
집 떠난 지 이미 두 달　離家已兩月
한 번도 편지 받지 못했네　一未見來便
돌아갈 기약도 정하지 못했으니　歸期尙未卜
온갖 걱정에 공연히 마음 졸이네　百慮空相煎
벽 너머에서 코고는 소리 들리니　隔壁聞鼾睡
주인어른 참 부럽구나　主翁眞可羨
묵묵히 날 밝기 기다리며　默默待天明
시를 지어 애오라지 스스로 위로하네　題詩聊自遣

나.〔烏鵲橋頭雙扇開, 年年一度過河來.〕"라고 하였다.《御定全唐詩 卷542》

입암산성[236]을 바라보며

望笠巖山城

입암산 우뚝 솟아 하늘을 가로지르니	笠巖矗出截天橫
호남의 큰 관문 이 산성이 있구나	南路雄關有此城
기세는 옆으로 노령[237]과 이어져	氣勢旁連蘆嶺去
자손인 양 평평한 월출산[238] 어루만지네	兒孫下撫月山平
북쪽으로 서울 향해 울타리 튼튼하고	神京北拱藩屛壯
남쪽으로 푸른 바다 있어 나쁜 기운 사라지네	滄海南臨氛祲淸
오르지 못한 높은 곳을 한껏 바라보니	縱目未登高處望
상자 속의 용검이 절로 서글피 우네[239]	匣中龍劍自悲鳴

236 입암산성(笠巖山城) : 전라남도 장성군 북하면 신성리에 있는 고려 시대의 산성이다. 《두타초(頭陀草)》 책17의 〈남유록(南遊錄)〉에 의하면 이하곤은 1722년(경종2) 11월 4일에 입암산성을 지나갔다.

237 노령(蘆嶺) : 전라북도 정읍시와 전라남도 장성군 북이면(北二面) 사이의 도계(道界)를 이루는 고개이다.

238 월출산(月出山) : 전라남도 영암군 영암읍과 강진군 성전면에 걸쳐 있는 산이다.

239 상자……우네 : 높은 산성의 기세를 바라보면서 의기가 치솟고 포부를 펼치지 못한 데 대한 아쉬움이 있어 이렇게 읊은 것이다.

천원역[240]에서

泉源驛

입암산성 북쪽 발치 笠巖城北脚
노령의 동쪽 모퉁이에 蘆嶺地東隅
숲 사이 시냇가 마을이 멀리 보이고 樹色溪村遠
민가의 연기 피는 들 역원 고즈넉하네 人煙野驛孤
평평한 백사장 곳곳에 소들 흩어졌고 沙平牛自散
너른 하늘에서 기러기 서로 부르네 天闊雁相呼
천 그루 대나무 보일 뿐 到眼千竿竹
한 번 웃을 만한 일 없어라 能供一笑無

240 천원역(泉源驛) : 전라북도 정읍시에 있던 조선 시대의 역원으로, 천원역(川原驛)으로도 쓴다.

노령[241]가 3수

蘆嶺歌 三首

입암산성 북쪽으로 노령이 길게 뻗었는데　笠巖城北蘆嶺長
삭풍 스산하고 산의 해가 누렇게 물들었네　北風蕭瑟山日黃
누런 띠풀과 대나무가 하늘 가리고　黃茅苦竹上蔽天
괴석과 가파른 바위 때문에 말 넘어지려 하네　怪石巉巖馬欲僵
산 높아 남쪽 오는 기러기 볼 수 없으니[242]　山長不見雁南來
북쪽 나그네 슬피 노래하며 눈물로 옷 적시네　北客悲歌涕沾裳
여기서 한양은 천 리 길　此去漢陽一千里
언제나 고향으로 돌아갈 수 있을까　何時可得歸故鄉

고갯마루의 절벽은 무너질 듯하고　嶺頭絶壁勢欲崩
고개 아래 깊은 시내에는 긴 얼음판 걸쳤네　嶺下深溪橫長氷
고개 올라가려니 하늘 올라가는 듯하여　我行上嶺如上天
말 내려 길게 탄식하며 앉아 가슴 쓸어내리네　下馬長歎坐撫膺
관동 유람에서 위험한 곳 다닌 일들 떠올리니　憶昨東遊屢歷險

241 노령(蘆嶺) : 노령은 전라북도 정읍시와 전라남도 장성군 북이면(北二面) 사이의 도계(道界)를 이루는 고개이다. 이하곤은 1722년(경종2) 11월 4일에 노령을 지나갔다. 《두타초(頭陀草)》 책17 〈남유록(南遊錄)〉에 "5리를 가서 노령에 이르렀는데 길이 매우 험하였다. 관동(關東)의 여러 고개에 견주어도 웅장하다고 할 만하다."라고 하였다.

242 산 높아……없으니 : 집에서 소식이 없는 것을 비유적으로 읊은 것이다.

높은 학령도 오르기 어려웠지[243]	鶴嶺之高亦難登
비록 늙었어도 내 다리 원숭이처럼 재빠르니	我脚雖老捷如猿
버선 고쳐 신고 층층구름 뚫고 오르노라	更整布襪截雲層
산의 나무 참담하고 눈 내리려 하니	山木慘慘天欲雪
노령 꼭대기에 오가는 사람 없구나	蘆嶺嶺上行人絶
말은 사람들 돌아보며 울어대고	征馬顧群鳴蕭蕭
아래의 흐르는 샘물도 함께 그윽이 흐느끼네	下有流泉共幽咽
누가 남쪽 고을은 겨울에도 푹하다 했나	孰云南州冬亦煖
삭풍이 칼날 같아 얼굴 도려내는 듯하네	北風如刀面如刮
인생살이 먼 길 다니지 말아야 하는데	人生且莫行遠道
세모에 집 떠나와 돌아가고픈 생각 간절하네	歲暮離家歸思切

243 관동(關東)……어려웠지 : 이하곤은 1714년(숙종40) 3월에 관동 지방을 유람하고 금강산을 다녀왔다. 그 당시 남긴 시편(詩篇)은 《두타초(頭陀草)》 책4·5에, 일록(日錄)은 책14에 〈동유록(東遊錄)〉이라는 제목으로 실려 있다. 학령(鶴嶺)은 강원도 양구군(楊口郡) 양구읍과 방산면 사이에 자리한 고개이다. 《두타초》 책5의 〈학령가(鶴嶺歌)〉에 "동쪽 행차에 험한 고개 몇백 개 넘었지만, 학령처럼 험악한 곳 없었네.〔東行險嶺經幾百, 所經無如鶴嶺惡.〕"라고 하였다.

고장성[244]에서

古長城

추운 날 황량한 골짝에서 나그네 마음 괴로우니	天寒荒峽客魂傷
장성에 이르지 못했는데 석양이 누렇게 물들었네	未到長城落日黃
가파른 길로 험한 노령 지나왔고	畏道自穿盧嶺險
푸른 산 넘어 긴 입암산성 등 뒤로 보냈네	青山已送笠巖長
바삐 가다가 대나무 보자 눈 번쩍 뜨이는데	行忙見竹開雙眼
갈증 심해도 샘물 맛보기 겁나네	病渴逢泉怯一嘗
오래 머물지 말고 떠나야 하니	不可久留須去矣
해남의 풍토 고향과 다르구나	海南風土異吾鄉

244 고장성(古長城) : 장성현(長城縣)의 옛 소재지로 지금의 전라남도 장성군 북일면 오산리 일대이다. 1600년(선조33)에 임진왜란의 피해로 장성현과 진원현이 극도로 피폐하자, 두 현을 병합해 고장성에서 지금의 장성읍 성산리로 치소를 옮겼다.

고개 아래의 기후가 사뭇 달랐다. 본 것을 적다

嶺下氣候頓異 書所見

아침에 노령 오를 때 얼음 많았는데	朝登蘆嶺氷正多
노령 남쪽은 어떠한가	蘆嶺之南更若何
남방의 풀들 겨우내 죽지 않아 푸르고	蠻艸凌冬靑不死
시내는 햇살 일렁이며 따뜻하게 물결치네	炎溪漾日暖猶波
남쪽과 북쪽의 기후 다른 줄 알겠고	已知氣候分南北
음양이 모질기도 온화하기도 함을 알겠네	自覺陰陽有慘和
만물의 이치 세밀히 따지면 진실로 유익하니	物理細推眞有益
내 몸 조섭하는 데 다른 방도 없다네	吾身攝養更無它

말 위에서 입으로 불러 감회를 적다
馬上口號書懷

장성 서쪽에 여기저기 산 많으니	長城西去亂山多
북쪽 나그네 남쪽에 와서 마음 어떠할까	北客南來意若何
한상과 남산 향해 고개 한 번 돌려보는데	漢水終南一回首
뜬 구름과 지는 해에 절로 슬픈 노래 나오네	浮雲落日自悲歌
꿈속 넋은 고개 숲에 막혀 헤매고	夢魂已迷嶺樹隔
집안 소식은 지나는 변방 기러기 얻기 어렵네[245]	家信難得塞鴻過
절기는 또 동지가 가까워지니	又見天時冬至近
타향에서 세월은 물처럼 쉬이 흐르는구나	殊方歲月易流波

245 집안……어렵네 : 기러기는 소식을 전달하는 매개물로 자주 사용되므로 집안 소식을 받기 어렵다는 표현이다.

장성에서
長城

긴 숲 헤치고 관아 앞으로 들어가니	長林穿入縣門前
물가의 성긴 울타리에 석양 비치네	臨水疏籬夕照邊
곳곳에 작은 다리 놓아 들길 통하고	多置小橋通野逕
긴 대나무 반쯤 가린 곳에 민가 있네	半依脩竹有人煙
마을 어두워지자 소와 양 깊은 골목으로 돌아가고	牛羊村黑歸深巷
백사장 차가워 오리들 냇물에 가득하네	鳧鴨沙寒滿一川
여기로 이사하고픈 마음 간절하지만	極欲移家來此土
산 살 돈을 누구에게 빌릴까	向誰乞與買山錢

또 장성에 대해 짓다

又賦得長城

너른 들판 곳곳에 민가 즐비하니	撲地千家闊野中
남쪽 오며 본 고을 가운데 이곳이 가장 크구나	南來郡邑此爲雄
긴 길 양쪽에 푸른 홰나무 심었고	靑槐夾植通長道
반공에 푸른 대나무 빽빽하게 자랐네	綠竹森生出半空
시장에는 제주산 물건이 많고	市肆多居濟州貨
주민들은 아직도 마한[246]의 풍습 지녔구나	民人尙帶馬韓風
또 들으니 어여쁜 아미 바위는	更聞石有蛾眉好
노아로 변해 해동에서 고왔다 하네[247]	幻出蘆娥艶海東

246 마한(馬韓) : 기원전 1세기~3세기 경 한강(漢江) 유역으로부터 충청도와 전라도 지역에 분포되어 있던 여러 정치 집단의 통칭이다.

247 또……하네 : 장성의 북쪽 노령산맥의 갈재에 위치한 미인바위의 전설을 읊은 것으로 보인다. 이 미인바위는 사람의 눈썹 모양을 간직하고 있으며 갈애라는 미인과 연관된 전설이 전하여 갈애바위로도 부른다고 한다. 이하곤의 글에 "예부터 전하는 이야기에 의하면 장성에 이름이 노라는 기생이 있었는데 대단히 아름다웠다. 이씨 성의 한림이 사신으로 왔다가 그녀에게 빠져 돌아가지 않았다. 죽어서는 노와 함께 고개 아래에 묻혔기 때문에 노령이라는 이름이 여기서 비롯되었다고 한다.〔舊傳長城有妓名蘆極姝艶, 一李姓翰林奉使來, 蠱惑不返, 死與蘆同葬嶺下, 故蘆嶺之稱, 蓋以此云.〕"라고 하였다.《頭陀草 冊17 南遊錄》이로 볼 때 노아(蘆娥)는 이하곤이 언급한 기생 노를 가리키는 것으로 보인다.

말 위에서 서석산[248]을 바라보며

馬上望瑞石山

닭 울 때 일찍 장성을 출발하여	鷄鳴早發長城郡
말 위에서 저 멀리 무등산 바라보네	馬上遙看無等山
뿌연 연무에 서석산 희미하지만	煙霧冥濛迷瑞石
봉우리 죽 늘어선 참모습 그려지네	峰巒羅列想眞顔
지팡이 있으니 어찌 가지 못하랴만	笻枝尙在何難到
쇠사슬 덧없이 드리워 오르지 못하니 한스럽네	鐵鎖空垂恨未攀
일찍이 기옹의 멋진 사부 읽어	曾讀畸翁詞賦好
가슴속에 오랫동안 우뚝한 모습 담았네[249]	胸中久已置巑岏

248 서석산(瑞石山) : 광주광역시 북구와 전라남도 화순군 이서면 및 담양군 남면에 걸쳐 있는 산으로 무등산(無等山)으로도 불린다. 이하곤은 1722년(경종2) 11월 5일에 서석산을 지나갔다. 《頭陀草 冊17 南遊錄》

249 기옹(畸翁)의……담았네 : 기옹은 정홍명(鄭弘溟, 1582~1650)으로, 본관은 연일(延日), 자는 자용(子容), 호는 기암(畸菴), 시호는 문정(文貞)이다. 저서에 《기암집(畸菴集)》이 있다. 《기암집》 권9에 〈서석산부(瑞石山賦)〉가 실려 있는데, 이하곤이 일찍이 이 글을 읽었기 때문에 비록 서석산에 오르지는 못하지만 글에 묘사된 내용으로 그 장관을 짐작하고 있다는 말이다.

북창촌[250]을 지나며

過北倉村

호남 곳곳에 멋진 누정 많은데　　湖南處處好亭臺
여기에서 다시 눈이 번쩍 뜨지네　　雙眼還從此地開
물가의 집집마다 대나무 심었고　　臨水人家皆種竹
숲 자락의 안개 낀 나무 절반은 매화로구나　　出林煙樹半爲梅
사방 두른 산은 구름까지 솟았고　　四圍山色參雲立
한 줄기 강물은 들판을 감쌌네　　一道江光抱野來
양씨 마을에 절의 지킨 사람 많은데　　更說梁村多節義
한림은 더욱 출중한 인재였다 하네　　翰林又是出群才

강 동쪽에 양씨(梁氏) 집성촌이 있는데 정려(旌閭)가 매우 많았다. 한림(翰林)은 곧 양팽손(梁彭孫)[251]이니 문사(文詞)의 수준이 매우 높았다.

250 북창촌(北倉村) : 《두타초(頭陀草)》 책17 〈남유록(南遊錄)〉에 의하면 이하곤은 1722년(경종2) 11월 5일에 나주(羅州)의 북창촌을 지나갔다.

251 양팽손(梁彭孫) : 1488~1545. 본관은 제주(濟州), 자는 대춘(大春), 호는 학포(學圃), 시호는 혜강(惠康)이다. 저서에 《학포유집(學圃遺集)》이 있다. 《기묘록보유(己卯錄補遺)》 〈양팽손전(梁彭孫傳)〉에 "병자년에 급제하였고 홍문관 교리로 파직되었다.〔丙子及第, 以弘文校理罷.〕"라고 하였고, 또 "기묘년 12월에 관작을 삭탈당하고 고향에 돌아왔다.〔己卯十二月削奪, 歸田里.〕"라고 하였다.

나주에서 2수

羅州 二首

우뚝 푸르른 금성산[252]	錦城山色碧嵯峩
그 아래 큰 고을 이름 발라[253]라네	下有雄州號發羅
어염으로 남해의 이익 독차지하고	利擅鹽魚南海盡
향마로 유통하는 제주 물건 많구나	貨通香馬濟州多
임씨의 문장은 적수 없고	文章林氏元無敵
김공의 충의는 가장 뛰어나네	忠義金公更孰過
좋은 땅에서 훌륭한 인물 나는 법	形勝自能產人物
민풍과 고을의 재력 다른 곳과 비교할 수 없네	民風邑力莫論他

석천(石川),[254] 백호(白湖),[255] 금호(錦湖),[256] 창계(滄溪)[257]는 모두 나주 사람이다. 창의사(倡義使) 김천일(金千鎰)[258] 또한 나주 사람이다.

252 금성산(錦城山) : 전라남도 나주시에 있는 산이다. 《신증동국여지승람(新增東國輿地勝覽)》 권35 〈전라도 나주목〉에 "주(州)의 북쪽 5리에 있는데 진산(鎭山)이다."라고 하였다.

253 발라(發羅) : 전라남도 나주시의 옛 이름이다.

254 석천(石川) : 임억령(林億齡, 1496~1568)으로, 본관은 선산(善山), 자는 대수(大樹), 호는 석천이다. 저서에 《석천집(石川集)》이 있다.

255 백호(白湖) : 임제(林悌, 1549~1587)로, 본관은 나주, 자는 자순(子順), 호는 백호·풍강(楓江)이다. 저서에 《임백호집(林白湖集)》이 있다.

256 금호(錦湖) : 임형수(林亨秀, 1514~1547)로, 본관은 평택(平澤), 자는 사수(士遂), 호는 금호이다. 저서에 《금호유고(錦湖遺稿)》가 있다.

257 창계(滄溪) : 임영(林泳, 1649~1696)으로, 본관은 나주, 자는 덕함(德涵), 호는 창계이다. 저서에 《창계집(滄溪集)》이 있다.

나주는 전주처럼 크고 부유하니　羅州雄富似全州
전라도라 부르는 이유 있네　地號全羅自有由
성곽 안에 만여 가옥의 민가 있고　附郭人煙藏萬屋
마을 감싼 시내가 일천 이랑에 물을 대네　抱村渠水漑千疇
쇠보다도 단단한 대나무 삼향에서 나고[259]　竹堅勝鐵三鄕出
쟁반처럼 큰 전복은 십도에서 수확하네　鰒大如盤十島收
여기 오지 않았다면 이런 사실 어찌 알았으랴　不到此邦那曉此
자장도 당시 유람해야 한다 했지[260]　子長當日亦須遊

결구(結句)는 "영산포의 무 더욱 맛이 시원하니, 애리[261]는 이제부터 찾지 않으리라.〔靈浦菁根尤爽口, 哀梨從此不須求.〕"로도 쓴다.

258 김천일(金千鎰) : 1537~1593. 본관은 언양(彦陽), 자는 사중(士重), 호는 건재(健齋), 시호는 문열(文烈)이다. 저서에 《건재집(健齋集)》이 있다. 임진왜란이 일어나자 나주에서 창의(倡義)하여 활약하였는데 공로를 인정받아 조정으로부터 창의사(倡義使)라는 군호(軍號)를 받았다. 《宣祖實錄 25年 7月 20日》

259 쇠보다도……나고 : 나주의 삼향리(三鄕里)에서 전죽(箭竹)이 생산되기 때문에 이렇게 읊은 것이다. 《新增東國輿地勝覽 卷35 全羅道 羅州牧 土産》

260 여기……했지 : 자신이 나주에 와서 나주의 특성을 알게 된 것을 사마천(司馬遷)의 일에 비유하여 읊은 것이다. 자장(子張)은 《사기(史記)》를 지은 사마천의 자이다. 천성적으로 유람을 좋아하여 일찍이 온 천하를 유람하면서 얻은 산천에 대한 지식을 바탕으로 명문장가가 되었다고 한다. 《史記 卷130 太史公自序》

261 애리(哀梨) : 애씨(哀氏)의 집에 열린 배라는 말이다. 한(漢)나라 말릉(秣陵)의 애중(哀仲)의 집에서 배를 심었는데 크고 맛이 좋아서 당시 사람들이 애가리(哀家梨)라고 칭했다고 한다. 《世說新語 輕詆》

영산포[262]에서

靈山浦

금강진(錦江津)이라고도 한다.

밤에 나주성에서 자고　夜宿羅州城
새벽에 영산포 건너네　晨渡靈山浦
짙은 안개 사라져 걷히려는데　宿霧消欲褰
아침 해는 아직 나오지 않았네　初日尙未吐
흔들흔들 배들은 바다로 달려가고　飄颻赴海帆
무성하게 마을에 나무 우거졌네　芊眠出村樹
층층 누각은 절벽을 등졌고　層構背絶壁
민가는 기슭 따라 자리했네　人家緣岸住
버들이 울타리에 우거졌고　楡柳蔭籬落
솔과 대가 마당 둘렀구나　松篁繞庭宇
문 앞의 천 이랑 논은　門前千頃田
하나같이 모두 비옥하니　一一皆沃土
쌀밥과 생선국 먹어도　飯稻及羹魚
다 상호는 아니라네[263]　未必盡上戶
무는 배보다 맛이 좋아　菁根味勝梨

262 영산포(靈山浦) : 전라남도 나주시 지역의 영산강 남쪽 기슭에 있던 하항(河港)이다. 영산포(榮山浦)로도 쓴다.

263 쌀밥과……아니라네 : 영산포 주위에 물산이 풍부하기 때문에 비록 부자가 아니라도 쌀밥과 생선국을 먹는다는 말이다.

한 입 씹으면 속이 다 시원하네	一嚼爽心腑
이것으로 노년 보낼 만하니	持此足堪老
벼슬아치 부럽지 않고	亦可傲圭組
가을 세금 관아에 바쳤으니	秋稅已輸官
매 맞는 고통 신경 쓸 필요 없네	不省鞭朴苦
내가 수천 리 길 오면서	我行幾千里
열 몇 고을 지나왔는데	郡州歷十數
만약 살기 좋은 곳 따진다면	若以樂土論
이런 고을 실로 보기 드물었네	玆州實罕睹
괴롭게도 여정 빠듯하여	行期苦相迫
마음껏 둘러볼 겨를 없지만	未暇恣沿泝
강가에 집을 마련하여	擬置臨江屋
온 가족과 여기에 살고 싶어라	盡室此來寓

남쪽 유람

南遊

서검[264] 들고 남유할 제 해가 저물어 가는데	書劍南遊歲欲殘
헝클어진 백발만 높은 관에 가득하네	蕭蕭白髮滿危冠
끝없는 천지에서 영웅은 늙었고	乾坤滾滾英雄老
아득한 산해에서 인생행로 어렵구나	山海悠悠行路難
저 멀리 포구의 돛대 위로 아침 해 오르는데	遠浦帆檣初日上
쓸쓸한 마을 울타리에는 밤 서리 차갑네	孤村籬落夜霜寒
문득 하늘에 떠오른 듯한 월악산[265] 만나니	忽逢月嶽浮天色
웃으며 말 위에서 눈 비비고 보노라	一笑憑鞍刮目看

264 서검(書劍) : 문인(文人)들이 지니고 다니는 책과 칼로 여기서는 자기 자신을 상징하는 말이다.

265 월악산(月嶽山) : 전라남도 함평군 월야면 월악리 북쪽에 위치한 산이다.

말 위에서 춘 자를 얻었다

馬上得春字

호남은 동짓달에도 봄처럼 따뜻하여	湖南至月煖如春
들녘 물가에 풀빛 푸르구나	艸色青青野水濱
문득 내가 만 리 길 온 줄 알게 되니	忽覺吾行來萬里
고향 소식 한 달이나 끊겨 시름겹네	還愁鄉信隔三旬
나주는 지대 낮아 서쪽이 바다이고	羅州地下西臨海
노령은 하늘처럼 높아 북쪽 발길 가로막네	蘆嶺天長北阻人
이 길에 강진 가서 유배객[266] 만나면	此去康津逢謫客
마주하고 눈물[267]로 수건 적시겠지	只應相對淚沾巾

266 유배객(流配客) : 강진에 유배된 이하곤의 장인 송상기(宋相琦)를 가리킨다.

267 눈물 : 저본(底本)에는 한 글자가 결락되었는데 의미를 고려하여 보충하였다.

쌍계사[268]를 찾아가다

訪雙溪寺

홀로 야윈 말 타고 찬 시내 건너는데	獨騎瘦馬渡寒溪
대숲 사이로 해는 서쪽으로 지려 하네	苦竹林中日欲西
온 산에 낙엽 가득해 길 사라졌으니	落葉滿山迷去路
저녁구름 속 어디에 절[269]이 있는가	暮雲何處有招提

268 쌍계사(雙溪寺) : 전라남도 나주목 쌍계산(雙溪山)에 있었던 절이다. 《신증동국여지승람(新增東國輿地勝覽)》 권35 〈전라도 나주목〉에 "쌍계산은 주의 남쪽 60리에 있다."라고 하였고, 또 "쌍계사는 쌍계산에 있다."라고 하였다.

269 절 : 초제(招提)는 범어(梵語) caturdeśa의 음역(音譯)으로 사원(寺院)을 가리킨다.

쌍계사에서

雙溪寺

오래된 절이 대나무 숲에 가려 있어	古寺隱脩竹
시냇물 소리 들으며 홀로 걸어가노라니	獨行溪聲中
해는 석문 서쪽으로 지는데	日色石門西
전각이 드높이 솟았네	殿閣出穹崇
부도는 오랜 세월 겪었고	浮屠歲月古
소나무 푸른 빛 허공에 떴구나	松杉翠浮空
승려들 손님 맞이하지 않아	居僧懶迎客
선방마다 문 닫혔네	禪房闔戶同
한낮에 불공드리는 소리 긴 행랑에서 나오고	午梵出長廊
부처는 동쪽을 향해 있구나	金仙面向東
나주에서 으뜸가는 유명한 사찰로	名刹冠羅州
아공 때부터 창건했네	創造自阿公
신령한 부적으로 기이한 짐승 일깨우자	神符檄異獸
뇌우 속에 용이 집 옮겼네[270]	雷雨移龍宮

270 나주(羅州)에서……옮겼네 : 쌍계사의 창건 과정에 있었던 전설을 요약한 부분이다. 《두타초(頭陀草)》 책17 〈남유록(南遊錄)〉에 "주지승이 보여 준 사적에 '신라의 백운대사가 태백산에 올라 남쪽을 바라보니 특이한 기운이 있으므로 드디어 이곳에 석장을 꽂아 터를 잡았다. 예전에 불전 아래에 용추가 있었는데 대사가 신령한 부적으로 용을 일깨웠더니, 그날 밤 뇌우가 크게 일어나면서 용이 옮겨갔다. 대사가 제자들에게 「내일 특별한 스님이 와서 나를 도울 것이니 너희들은 그리 알아라.」라고 하였다. 다음

승려들 기이한 일이라 자랑하지만	僧輩詑異事
황당할 뿐 그 이치 알 수 없네	恍惚理莫窮
또 들으니 내원암에	更聞內院菴
시승이 높은 풍격 지녔다는데	韻釋有高風
불법의 이치 물을 겨를도 없으니	未暇咨了義
나의 여정 괴롭게도 바쁘구나[271]	我行苦悤悤
세 번 탄식하고 고탑 어루만지며	三歎撫古塔
고개 돌려 동쪽 봉우리 바라보네	回首望東峰

날 오시에 과연 스님이 왔는데, 모습이 매우 특이하였으니 대개 용이었던 것이다. 드디어 절을 세웠다. 원 지정 연간에 승려 아 대사가 중수하였으므로 이때부터 아공을 대공덕주로 삼았다.' 하였다.〔主僧示以寺蹟, 其文曰, 新羅白雲大師登太白山, 望南方有異氣, 遂卓錫于此. 舊有龍湫在佛殿下, 師以神符檄龍, 是夜雷雨大作, 龍移去. 師謂弟子曰, 明日有異僧來助我, 汝識之. 翌日午時僧果至, 貌極殊異, 蓋龍云, 遂建寺. 元至正間, 僧阿大師重修, 自此以阿公爲大功德主.〕"라고 하였다.

271 내원암(內院菴)에……바쁘구나 : 이하곤의 글에 "듣자니 내원과 상원과 천축대가 가장 아름답다고 하는데 갈 길이 바빠 미처 올라보지 못하였다.〔聞內院上院天竺臺最佳, 行忙未及登覽.〕"라고 하였다.《頭陀草 冊17 南遊錄》

강진이 점차 가까워지니 기뻐서 짓다

康津漸近 喜而有賦

서로 그리워한 지 이미 반년 여	相思已復半年餘
필마로 남쪽 와서 적소 찾아가네	匹馬南來問謫居
장독 속에서 《주역》 주석하신다니[272]	瘴癘窟中聞註易
모르겠다 터럭이 근래 어떻게 변하셨을까	不知髭髮近何如

272 장독(瘴毒)……주석하신다니 : 이하곤의 장인 송상기(宋相琦)가 적소인 강진에서 《주역》을 주석하고 있다는 말을 들었다는 것인데, 실제로 송상기는 강진에서 《주역》을 빌려 읽었다. 《玉吾齋集 卷17 南遷錄上》

밤에 앉아 있으려니 비바람 소리가 쓸쓸하였다. 절구 한 수를 읊조려 옥오[273] 선생께 올리다

夜坐風雨凄然 口占一絶 奉呈玉吾先生

심지 돋우며 찬 방에서 둘 다 잠들지 못하는데 剪燭寒窓兩不眠
대숲의 비바람 소리마저 밤에 쓸쓸하구나 竹林風雨夜凄然
강진은 본래 하늘 끝 먼 곳인데 康津自是天涯地
이런 바닷가에 함께 올 줄 어찌 생각이나 했으랴 豈意同來此海邊

273 옥오(玉吾) : 이하곤의 장인 송상기(宋相琦, 1657~1723)로, 본관은 은진(恩津), 자는 옥여(玉汝), 호는 옥오재(玉吾齋)이다.

눈이 내리는 가운데 진남루[274]에 올라

雪中登鎭南樓

이곳은 병영(兵營)의 성루(城樓)이다.

우습다 평생 먼 유람 즐겨	自笑平生喜遠遊
하늘 끝 남쪽 고을을 또 필마로 찾아왔네	天涯匹馬又南州
곳곳에 인가 즐비한데 성은 도리어 좁고	人煙撲地城還窄
하늘에 눈보라 휘날려 나그네 시름겹네	風雪橫空客欲愁
평생 서검[275] 지녔으나 짧은 머리만 남았고	書劍百年唯短髮
만 리 밖 바닷가에서 다시 높은 누대 올랐네	海山萬里更高樓
제공들은 승평의 즐거움만 그리워할 뿐	諸公但戀昇平樂
밤낮 애쓰시는 성주의 근심을 누가 풀어줄까[276]	宵旰誰寬聖主憂

274 진남루(鎭南樓) : 전라남도 장흥(長興)의 남문 누각으로 윤각(尹慤)이 짓고 진남(鎭南)이라 편액하였다고 한다. 《頭陀草 冊17 南遊錄》

275 서검(書劍) : 문인(文人)들이 지니는 책과 칼을 가리키는데 여기서는 문무(文武)를 익혀 출세하려는 의지를 뜻하는 말로 사용되었다.

276 제공(諸公)들은……풀어줄까 : 조정의 대신들이 태평 시대의 즐거움만 그리워할 뿐 소임을 다하지 못한다는 말이다. 소간(宵旰)은 소의간식(宵衣旰食)의 준말로 임금이 날이 새기 전에 일어나 옷을 입고 해가 진 뒤에 저녁을 먹는다는 뜻이다.

또 루 자를 사용해 짓다

又用樓字

만 리 흐르는 남쪽 바다에서 발 씻고	濯足南溟萬里流
슬피 노래하며 옛 성에 기대섰네	悲歌來倚古城頭
아득한 천지는 길게 바다에 떴고	乾坤莽蒼長浮海
어지러이 날리는 눈보라가 누대에 들어오네	風雪縱橫又入樓
세밑에는 용도 본래 숨는 법	歲暮神龍元自蟄
날 추우니 학도 시름겹겠지	天寒白鶴亦應愁
늙은 나는 세상사 내던지고	老夫欲棄人間事
이제 뗏목 타고 십주에 가고파라[277]	從此乘桴到十洲

277 늙은……가고파라 : 공자(孔子)께서 말씀하시기를 "도가 행해지지 않는다. 뗏목을 타고 바다를 향해하려 한다.〔道不行, 乘桴, 浮于海.〕"라고 한 것을 인용하여 시끄러운 인간세상을 떠나고 싶은 심정을 읊은 것이다. 《論語 公冶長》 십주(十洲)는 신선이 산다는 열 개의 섬으로 조주(祖洲), 영주(瀛洲), 현주(玄洲), 염주(炎洲), 장주(長洲), 원주(元洲), 유주(流洲), 생주(生洲), 봉린주(鳳麟洲), 취굴주(聚窟洲)를 가리킨다. 《說郛 卷66 海內十洲記》

눈이 그친 뒤에 죽림사[278]에 들르다[279]

雪後過竹林寺

사찰이 성과 가까이 있는데　野寺隣城府
산 높아 지역 스스로 외지네　峰高地自偏
찬 구름이 막 오솔길 덮었고　寒雲初一逕
맑은 풍경소리 문득 하늘에 퍼지네　清磬忽諸天
승려는 눈 속 대나무에 의지했고　居僧依雪竹
불화는 풍연에 희미하구나　畫佛暗風煙
세상 밖에 승상[280] 있어　世外繩床在
그대와 함께 한나절 자노라　同君半日眠

278 죽림사(竹林寺) : 전라남도 강진(康津)에 있는 절이다. 장흥도호부(長興都護府) 북쪽 10리 수인산(修因山) 서쪽에 있으며 병영 4리쯤에 위치하였다. 《新增東國輿地勝覽 卷37 全羅道 長興都護府》《頭陀草 冊17 南遊錄》

279 눈이……들르다 : 저본(底本)에는 이 시의 뒤에 칠언율시 1수가 들어갈 공간이 비어 있고 국립중앙도서관에 소장된 본에는 희미하지만 작품의 흔적이 보인다. 그러나 모두 판독할 수 없으므로 이 번역서에서는 다루지 않았다.

280 승상(繩床) : 호상(胡床) 또는 교상(交床)이라고도 한다. 의자의 일종으로 간편하게 접을 수 있도록 윗부분을 노끈으로 얽어 만들었는데, 보통 관원들이 하인에게 갖고 다니게 하거나 사찰에서 승려들이 사용하였다.

눈이 그친 뒤에 천관산[281]을 유람하며 말 위에서 입으로 부르다

雪後往遊天冠 馬上口占

대지팡이 짚고 무명 버선 신고서 눈길 걸어	竹笻布襪雪中行
천풍산으로 가노라니 발걸음 가뿐하네	欲向天風試脚輕
호기야 회로에게 미치지 못하지만[282]	豪氣縱難追晦老
큰 소리는 왕생에게 뒤지지 않으리라	狂呼應不讓王生

왕면(王冕)이 눈 속에 남악(南嶽)에 올라 미친 듯이 소리치며 "세상천지가 백옥세계가 되었도다.〔遍天地作白玉世界〕"라고 하였다.[283]

281 천관산(天冠山) : 전라남도 장흥(長興)에 있다. 장흥부 남쪽 40리에 위치하며 천풍산(天風山), 지제산(支提山)이라고도 한다.《頭陀草 冊17 南遊錄》

282 호기(豪氣)야……못하지만 : 주희(朱熹)의 호방한 기상에는 미칠 수 없다는 말이다. 주희의 호가 회암(晦菴)이므로 회로(晦老)라고 하였다. 주희가 1167년 11월에 장식(張栻)·임용중(林用中)과 형산(衡山)을 유람한 일이 있는데, 당시 지은 시에 "내가 만 리에 와서 큰 바람을 타니 깊은 계곡과 층층 구름이 가슴을 씻어 주네. 석 잔 술에 호기가 일어 낭랑히 시 읊조리며 날듯 축융봉을 내려온다.〔我來萬里駕長風, 絶壑層雲許盪胸. 濁酒三杯豪氣發, 朗吟飛下祝融峯.〕"라고 하였다.《晦菴集 卷5 醉下祝融峯作》

283 왕면(王冕)이……하였다 : 왕면은 명(明)나라 사람으로 매화를 잘 그렸으며 호는 매화옥주(梅花屋主)이다.《명문해(明文海)》 권404 〈왕면열전(王冕列傳)〉에 "왕면이 많은 눈이 내리는 가운데 맨발로 악봉에 올라 사방을 둘러보며 크게 소리치기를 '온 천지가 모두 백옥처럼 변했구나. 사람의 마음을 한없이 맑게 하니 신선이 되어 떠나고 싶다.' 하였다.〔王冕當天大雪, 赤足上嶽峰, 四顧大呼曰, 遍天地間, 皆白玉合成, 使人心胆澄徹, 便欲仙去.〕"라는 내용이 보인다.

백양촌을 지나며

過白羊村

바람 온화하고 해 따뜻해 장독의 안개 사라지고	風和日暖瘴煙分
이미 백사장 가에 풀빛 무성하네	已見汀沙草色紛
어시러운 대숲 깊어 여전히 눈 쌓였고	亂竹林深猶帶雪
높은 봉우리 오래된 바위에는 구름 일어나네	危峰石老欲生雲
시내 맑아 그림자 비춰보며 노는 피라미 감상하고	溪淸窺影游鯈玩
들 넓어 고개 돌리자 날아가는 학 소리 들리네	野闊回頭過鶴聞
기쁘다 객지에서 이런 구경 하다니	自喜客途能得此
나의 여행 신선들과 어울릴 만하네	吾行合與列仙群

장흥으로 가는 길에

長興途中

겹겹의 산과 시내에 생각 끝이 없는데	峰回溪複意無窮
머나먼 나그네 길 홀로 동쪽으로 가네	客路悠悠獨向東
말 그림자는 석양을 뚫고 가고	馬影欲穿夕陽去
시상은 먼저 죽림의 하늘에 모이네	詩情先會竹林空
겨울 따뜻해 땅에 잔설 남지 않았지만	冬暄地不留殘雪
바다 가까워도 하늘에는 바람 매섭구나	海近天猶送烈風
내일 탑산사[284]에서 눈여겨볼 것이니	明日塔山須着眼
멀리 푸른 한라산이 희미하겠지	漢挐遙翠杳茫中

284 탑산사(塔山寺) : 탑산(塔山)은 전라남도 장흥군 대덕읍 연지리 천관산(天冠山)에 있는 사찰이다.

부춘정[285]

富春亭

장흥군(長興郡)[286] 북쪽 예양강(汭陽江) 가에 있는데 맑고 깨끗한 경치가 사랑스럽다.

강물은 동강처럼 아름답고[287]	水似桐江好
우뚝한 낚시터 빼어나네	危磯亦白超
정자 이름 일찍이 경치 좋기로 명성 떨쳤으니	亭名曾擅勝
나그네 흥취 어찌 먼 길 마다하랴	客興豈辭遙
눈 녹아 산 빛 윤기 나고	雪盡山光潤
연못 비어 나무 그림자 아른대네	潭空樹影搖
가마 타면 금세 올 터인데	藍輿容徑造
홀로 앉았노라니 대나무만 쓸쓸하네	獨坐竹蕭蕭

주인 문생(文生)의 이름은 필동(必東)이다. 병을 핑계로 나오지 않으므로 결구(結句)에서 자유(子猷)의 고사[288]를 써서 조롱하였다.

285 부춘정(富春亭) : 전남 장흥군 부산면 부춘리에 있는 정자이다.

286 장흥군(長興郡) : 저본(底本)의 長興群을 의미를 고려하여 수정하였다.

287 강물은 동강(桐江)처럼 아름답고 : 동강은 중국의 절강성(浙江省) 동려현(桐廬縣)의 강 이름이다. 후한(後漢)의 은사(隱士) 엄광(嚴光)이 부춘산(富春山)에 은거하며 동강에서 낚시질한 고사가 전하는데, 부춘정과 부춘산의 한자가 같기 때문에 예양강물을 동강의 물에 비유한 것이다.《後漢書 卷113 嚴光列傳》

288 자유(子猷)의 고사 : 자유는 진(晉)나라 왕휘지(王徽之)의 자이다. 그는 남의 빈 집에 잠시 거처할 동안에도 사람들에게 대나무를 빨리 심도록 다그쳤는데, 이유를 묻자 "하루라도 어떻게 차군 없이 지낼 수 있겠는가.〔何可一日無此君〕"라고 대답했다는 고사가 전한다.《晉書 卷80 王羲之列傳 徽之》 부춘정 뒤쪽에는 대나무가 많아서 대단히 그윽한 정취가 있었다고 한다.《頭陀草 冊17 南遊錄》

달밤에 대숲을 거닐며

月夜步竹林

이날 밤 김하귀(金夏龜)[289]의 집에서 묵었다.

흰 달이 남쪽 봉우리에서 나와	皓月出南峰
맑은 빛이 대숲을 비추네	淸光照竹林
대숲 속의 아담한 초가집에	竹裏小茅屋
홀로 앉아 그윽한 흉금 달래네	獨坐整幽襟
밤기운 쌀쌀한데	夜氣非不嚴
이처럼 쓸쓸한 그림자 사랑하네	愛此影蕭森
평생 대나무를 너무도 좋아해	平生癖此君
마음 알아주는 친구로 여겼지[290]	聊以托知音
나의 속태 고쳐줄 뿐 아니라	不但醫我俗
나의 마음도 맑게 해주네	又能淸我心
금담[291] 굽이의 내 집에도	我家金潭曲
몇 떨기 무성한데	亦有數叢陰

289 김하귀(金夏龜) : 1683~? 본관은 영광(靈光), 자는 석우(錫禹)이다. 1718년(숙종44)에 무과에 급제하였고 통덕랑(通德郎)을 지냈다.

290 평생……여겼지 : 이하곤이 대나무를 사랑하여 지기지우(知己之友)로 여겼다는 말이다. 차군(此君)은 진(晉)나라 왕휘지(王徽之)의 고사에서 유래하여 대나무를 의미한다. 《晉書 卷80 王羲之列傳 徽之》

291 금담(金潭) : 《두타초(頭陀草)》 책9 〈월야보죽림(月夜步竹林)〉에 "우리집이 금담 굽이에 있다.〔我家金潭曲〕"라고 언급한 것으로 보아 이하곤이 거주하던 진천에 있었던 연못으로 추정된다.

북쪽 땅은 늘 차가워서	北地常苦寒
마른 줄기가 바늘처럼 가늘지	枯莖細如針
그러니 해남의 품종이	豈如海南種
천 길 높이 칼처럼 솟아난[292] 것과 어찌 같으랴	劍拔長千尋
푸른 잎은 비취새 깃을 자른 듯하고	綠葉剪翡翠
맑은 바람 소리는 옥구슬이 구르는 듯하네	淸籟響球琳
굳세게 풍진 밖에 있어	亭亭風塵外
티끌 한 점 물들지 않았네	不見一塵侵
우러러보며 절하려 하니	仰之欲下拜
그 기상과 절개 참으로 공경하네	氣節誠所欽
고개 돌려 주인에게 말하노니	回顧語主人
시내 남쪽 물가 빌려	欲借溪南潯
대나무 사서 천 이랑에 심고	買竹種千畝
밤이나 낮이나 마음껏 읊조리고 싶네	日夕恣嘯吟
세한에 혹시 열매 맺는다면	歲寒倘結實
신선의 새[293]가 머물겠지	庶可宿仙禽

292 칼처럼 솟아난 : 저본(底本)에는 劍抚로 되어 있는데 의미를 고려하여 劍拔로 수정하여 번역하였다.

293 신선의 새 : 선금(仙禽)은 학(鶴)을 가리킨다.

달빛이 매우 아름다워 일어나 마당을 거닐었는데 대나무 그림자가 쓸쓸하여 사람으로 하여금 자못 집 생각이 나게 하였다

月色佳甚 起步庭中 竹影蕭森 令人頗有懷家之思也

남쪽 바다 멀리 말 타고 왔으니 鞍馬南溟闊
북쪽의 소식 받기 어렵지만 音書北地難
변함없는 밝은 달 있어 同來明月在
다시 대숲에서 바라보네 更向竹林看
노목에는 바람 여전히 거세고 老木風猶緊
높은 봉우리에 눈 녹지 않았네 危峰雪未殘
아내도 이 밤에 閨中當此夜
병든 내가 춥지 않을까 염려하겠지 應念病夫寒

김하삼 등 여러 사람들과 함께 등불에 둘러 앉아 천풍의 승경[294]에 대해 이야기하며 밤이 깊도록 자지 않았다

與金夏三諸人 圍燈而坐 談天風之勝 夜分不寢

초가에서 등불 주위에 둘러앉았는데	茅齋圍坐共寒燈
빈 뜰에 달 비추고 대 그림자 겹겹으로 드리웠네	月照空庭竹影層
일찍이 장흥은 천 리 먼 곳이라 말했는데	曾道長興千里遠
오늘 밤 장흥에서 잘 줄 어찌 알았으랴	豈知今夜宿長興

294 천풍(天風)의 승경 : 천풍은 천관산(天冠山)의 다른 이름이다. 지제산(支提山)이라고도 한다.《頭陀草 冊17 南遊錄》

여산 부사 김수하[295]는 삼십 년 동안 알던 친구이다. 지금 천풍산 가는 길에 그의 집을 들렀는데 김씨는 이미 죽고 오직 그 아들이 있을 뿐이었다. 서로 마주하여 한번 비통해하고 슬픔을 견디지 못해 이 시를 써서 보여 주다
金礪山壽河三十年舊知也 今於天風之行 過其居 金已歿 獨其孤在耳 相對一慟 不勝愴然 書此以示

남북으로 헤어져 지낸 지 어느덧 십 년	南北分離已十年
오래도록 대숲에서 잔다고 의심했는데	只疑長向竹林眠
오늘 아들들의 말 듣고서	今來獨對諸孤語
한 등잔불 아래 눈물 흘리오	一盞寒燈涕泫然

295 김수하(金壽河) : 인적 사항은 미상이다. 1717년에 여산 부사(礪山府使)에 임명되었다. 《承政院日記 肅宗 43年 1月 20日》

노봉사[296]를 배알하다

謁老峯祠

둔촌(屯村)[297]도 배향(配享)하였다.

청렴한 선비 대대로 나오는 건 아니지만	淸士不世出
나오면 반드시 세상에 명성 알려지지	旣出必名世
노봉은 기상 빼어나고	老峯氣英特
명예와 행실 일찍부터 갈고 닦았네	名行夙砥礪
둔촌도 뛰어난 아우로	屯村亦難弟
타고난 자품 진실로 온화하고 단정했네	天稟實愷悌
맑은 논의로 쇠퇴한 물결 격동시키니	淸議激頹波
사림들이 의지할 근저 있었네	士林有根柢
형제가 나란히 도성 거닐며	聯武霄漢上
태평성대에 명성 드날렸네	蜚英明盛際
홀을 바로 잡고 조정에 서니	正笏立朝端
나라의 기세 굳건히 할 만했네	足可壯國勢
예양강 북쪽에서 유배생활 슬프지만	泣玦汭水陽
남쪽 지방에 문교의 영향 끼쳤고[298]	文敎被南裔

296 노봉사(老峯祠) : 전라남도 장흥군 장흥읍 원도리 연곡서원(淵谷書院)에 있는 민정중(閔鼎重, 1628~1692)을 모신 사당이다. 민정중의 본관은 여흥(驪興), 자는 대수(大受), 호는 노봉(老峯)이다.《陶菴集 卷41 左議政老峰閔公墓誌》

297 둔촌(屯村) : 민유중(閔維重, 1630~1687)으로, 본관은 여흥, 자는 지숙(持叔), 호는 둔촌이다. 인현왕후의 아버지이며 민정중의 아우이다.

깃발 잡은 것은 언제던가　秉旄在何年
유민들이 깊은 은혜 칭송하네[299]　遺民誦深惠
형제분이 사당에 나란히 배향되어　昆季幷祠宮
선비들의 제사 받으시네　俎豆多士祭
내가 한겨울에 왔는데　我來値深冬
푸른 대나무가 뜰 양쪽에 자라네　蒼竹夾庭砌
평소 우러르던 마음으로　平生景仰意
애오라지 제물 올리네　聊欲薦蕉荔
선배의 풍류 아득하니　先輩風流遠
후배들 가운데 누가 다시 이을까　後生誰復繼
부앙하며 고금을 생각해 보니　俛仰感今昔
세도는 날로 침체되네　世道日淪替
문을 나서며 큰 강 바라보는데　出門眄大江
삭풍이 흐르는 눈물에 불어오네　北風吹橫涕

298 예양강(汭陽江)……끼쳤고 : 민정중이 장흥에 유배되었을 때 그곳의 선비들을 가르쳤기에 한 말이다. 결(玦)은 갈라진 틈새가 있는 패옥으로 흔히 파직 혹은 유배를 뜻한다.

299 깃발……칭송하네 : 민유중이 1665년(현종6)에 전라 감사(全羅監司)로 부임하여 선정(善政)을 베풀었기에 백성들이 그의 은덕을 칭송한다는 말이다.

장흥부에서

長興府

여염집 절벽에 있고	閭閻仍絶壁
고각 소리 산성에서 들리네	鼓角復山城
집집마다 대나무 푸르고	竹色千家碧
온 고을에 맑은 강물 흐르네	江流一郡淸
생선과 소금이 바다에서 풍족하게 나고	魚鹽專海足
장독은 겨울이라 심하지 않구나	瘴癘入冬輕
지역 안에 천관산[300] 경치 빼어나니	方內天風秀
참으로 마을 이름 자랑할 만하구나	眞堪詑邑名

300 천관산(天冠山) : 천풍(天風)은 천관산으로 지제산(支提山)이라고도 한다. 《頭陀草 冊17 南遊錄》

천관산[301]으로 가는 길에 비를 만나다

向天風道中逢雨

어제는 봄처럼 따뜻하더니	昨日之日煖如春
오늘은 비가 부슬부슬 내리네	今日之日雨濛濛
천공의 변덕 금세 달라지니	天公變化在俄頃
그 누가 하늘을 헤아릴 수 있으랴	下民誰能測上穹
평생 이 두 눈을 위해	平生爲此雙瞳子
여윈 말로 백 리 먼 길을 눈 속에 가노라	瘦馬百里行雪中
우뚝한 천관산 하늘로 솟아	天冠屹然上入天
연무 덮인 정상 흐릿하네	峰頂煙霧空朦朧
천 봉우리 진면목 보지 못할까 두려운데	却恐千峰失眞面
두 눈이 마치 유리처럼 반짝이네	兩眼如合琉璃同
내가 지금 공손한 마음으로 하늘에 비나니	我今齋心默禱天
바라건대 세찬 바람으로 구름 쓸어내	願掃陰翳吹長風
지팡이 짚고 곧장 구룡봉[302] 올라가	一笻直造九龍峰
거울 같은 남해를 통쾌하게 보았으면	快看南海如鏡空

301 천관산(天冠山) : 천풍(天風)은 천관산으로, 지제산(支提山)이라고도 한다. 《頭陀草 冊17 南遊錄》

302 구룡봉(九龍峰) : 천관산 뒤쪽 정상을 말한다. 《記言 卷28 天冠山記》

천관사[303]에 들어가며 마힐의 〈향적사〉[304] 운자를 사용해 짓다

入天冠寺 用摩詰香積寺韻

옛 절이 어디 있는지 아는가	古寺知何處
승려가 상봉에 머무네	居僧寄上峯
삼나무 끝으로 한 오솔길 맴돌고	杉梢盤一逕
구름 너머로 맑은 종소리 떨어지네	雲外落淸鍾
눈 속에 천 길 바위 솟았고	雪立千尋石
하늘이 몇 리의 소나무 숲에 가리웠네	天陰數里松
이 사찰은 세월 얼마나 겪었나	禪門閱幾世
나무 늙어 모두 용 같구나	木老盡如龍

303 천관사(天冠寺) : 전라남도 장흥군 관산읍 농안리의 천관산에 있는 사찰이다.

304 마힐(摩詰)의 향적사(香積寺) : 마힐은 당(唐)나라 왕유(王維)의 자이다. 이하곤이 차운한 작품은 《고금시산(古今詩刪)》 권14의 〈과향적사(過香積寺)〉이다.

천관사에서

天冠寺

푸른 동백 숲에 이미 꽃송이 맺혔는데　　冬栢林青已着花
바위 문에 눈 수북할 때 사찰에 이르렀네　　石門深雪到禪家
승려들 모두 정좌한 채 형역을 슬퍼하고　　僧皆靜坐悲形役
이 산 새로 알았는데 백발이라 부끄럽네　　山是新知愧髮華
한낮에 종소리는 멀리 대숲에서 나오고　　日午鍾聲遙出竹
하늘 흐려 바위 형세 모두 노을인가 의심하네　　天陰石勢盡疑霞
가마 타고 다시 동쪽 암자로 가려니　　藍輿更欲東菴去
서남쪽 시야 트여 한라까지 다 보이겠지　　快目西南了漢挐

구정암[305]으로 가는 길에 바다를 바라보다

向九精菴道中望海

높이 솟은 대숲이 그윽한 시내 끼고	脩篁夾幽溪
그 가운데로 오솔길 났구나	中盤一線徑
흔들흔들 가마 타고	搖曳扶藍輿
아스라이 돌 비탈길 올라가네	縹緲上石磴
석양이 아직 산에 남았는데	夕陽猶在山
저 멀리 솔숲은 벌써 어두워지는구나	遙松已欲暝
고개 돌려 문득 동쪽 바라보니	回首忽東顧
산과 바다가 펼쳐져	山海互相亘
험한 산 올라가는 줄도 잊은 채	遂忘陟山險
배 띄울 흥취만 있구나	獨有汎舟興
가고 가서 깊은 구름 지나니	去去度深雲
남쪽 암자에서 맑은 풍경 소리 보내오네	南菴送淸磬

305 구정암(九精菴) : 전라남도 장흥군 관산읍 농안리의 천관산에 있는 천관사(天冠寺)에서 남쪽으로 5백 보 쯤 떨어진 곳에 있는 암자이다. 아홉 개 바위의 정기를 머금고 있다고 하여 구정암이라 명명했다고 한다.《新增東國輿地勝覽 卷37 全羅道 長興都護府 佛宇》

구정암에서 달밤에

九精菴月夜

선방에서 묵으려니	欲寄禪房宿
쓸쓸히 풍경소리 들려오네	寥寥一磬聞
샘물 소리 소나무에 운치 더하고	泉鳴松有韻
달빛 비춰 바위에 무늬 생기네	月照石生文
늙은 나무는 몇 살이나 되었나	木老不知歲
불법 높은 승려는 절로 뛰어나네	僧高自絶群
하산할 길 자세히 생각해 보지만	細思下山路
이미 만 겹 구름에 가렸네	已隔萬重雲

구정암에서 묵던 밤에 달빛이 대낮처럼 밝아 사방 산이 마치 뭇 신선을 마주한 것 같았으니 진실로 천하의 기이한 경관이었다

宿九精之夜 月色如晝 四山儼若群仙相對 眞天下奇觀也

긴 바람이 뜬 구름 쓸어내고	長風掃浮雲
바다 위로 달이 천 길이나 솟아	海月湧千丈
밝은 기운이 바위 골짝에 일렁이고	灝氣蕩巖谷
찬 빛이 도깨비를 몰아내네	寒光逼魍魎
산의 바위들 모두 영롱하게 빛나	山石盡玲瓏
마주하고 있자니 기이한 생각 일어나네	相對發奇想
시원하게 바람[306]이 불어와	泠然天籟作
어지럽게 바위 사이 샘물 소리와 어우러지니	亂以石泉響
마치 하늘의 음악소리[307] 듣는 것 같아	恍若聆勻天
나도 모르게 마음 상쾌하다	不覺心神爽
뭇 별들이 발밑에 있어	衆星在脚底
홀로 은하수 위에 선 듯하네	獨立霄漢上
호탕하게 노래하며 인간세상 굽어보니	浩歌俯人世

306 바람 : 《장자(莊子)》 〈제물론(齊物論)〉에 천뢰(天籟), 지뢰(地籟), 인뢰(人籟)가 있다고 했는데, 천뢰는 바람 소리로 허뢰라고도 한다.

307 하늘의 음악소리 : 균천(勻天)은 균천(鈞天)과 같은 말로 전설 속 옥황상제(玉皇上帝)가 거주하는 곳이라고 하는데, 여기서는 균천광악(鈞天廣樂) 즉 천상의 음악을 뜻하는 말로 사용되었다.

만 리까지 어두울 뿐이네　　萬里但昏坱

2

바위는 득도한 사람인 듯　　石如得道人
모두가 속된 모습 없구나　　皆有拔俗姿
환하게 달빛 가운데 솟아　　皓然月中立
영락없이 수염과 눈썹 있는 듯　　儼若俱鬚眉
나를 보고 말을 하려는 듯하니　　見我欲吐語
그 의태 모두 기이하다　　意態無不奇
선담 나누려니 속됨을 면하지 못해　　談禪未免俗
함께 새 시나 논하고자 하네　　欲與論新詩
내가 오묘한 뜻을 말하면　　我能發妙義
너희들 절로 웃음 짓는 듯　　汝可自解頤
속된 사람과 어울려　　絶勝與俗子
억지로 무지함 깨우치기 보다는 훨씬 낫구나　　强曉所不知
누가 너희를 완고하다 했나　　孰謂汝爲頑
신령하고 빼어남이 이와 같은 것을　　靈秀乃若斯
아마도 중향성이　　怳疑衆香城
하늘 밖으로 한 줄기 떨어져 나온 듯[308]　　天外落一支
재주 부림 참으로 많으니　　狡獪太多端
내가 조화옹에게 묻고자 하네　　吾欲問化兒

308 아마도……듯 : 구정암에서 보이는 봉우리들이 금강산의 중향성(衆香城)과 흡사하다는 말이다.

3

몸에 지닌 건 무명 이불 하나 뿐　　隨身一布被
밤에 흰 구름 가에서 묵는데　　夜宿白雲際
높은 암자 마치 외로운 배와 같아　　危菴似孤舟
흔들흔들 뿌리도 꼭지도 없네　　搖搖無根蒂
달이 바위 끝에서 나와　　月從石尖出
차가운 빛이 만 가닥이나 삼삼하네　　寒芒森萬銳
높은 하늘이 본색 드러내니　　長空露本色
만 리까지 가린 티끌 하나 없네　　萬里脫玷翳
항아는 신비한 솜씨 있어　　嫦娥有神術
온 세상을 백옥으로 바꾸었네[309]　　白玉幻一世
아득한 광한궁　　迢遙廣寒宮
선명하게 붉은 계수나무 보이네[310]　　洞澈見丹桂
산에는 눈이 아직 녹지 않아　　山雪尙未消
영롱하게 그 형세 돕는구나　　玲瓏助厥勢
하늘 밝아 창에 일렁이니　　空明蕩牖戶
마치 물가에 누운 듯하네　　如臥積水澨

309 항아(嫦娥)는……바꾸었네 : 달이 밝게 비추어 환하게 변한 야경을 읊은 것이다. 항아는 중국 고대 전설에 등장하는 여신으로 달을 상징한다. 전설에 의하면 그녀는 활을 잘 쏘는 후예(后羿)의 아내였는데, 남편이 서왕모(西王母)에게서 훔쳐 온 불사약을 몰래 훔쳐 먹었다가 발각되어 달로 도망쳤다고 한다. 《淮南子 卷6 覽冥訓》

310 아득한……보이네 : 선명한 달의 모습을 읊은 것이다. 광한궁(廣寒宮)은 달 속에 있다는 선궁(仙宮)이다. 단계(丹桂)는 달 가운데 계수나무가 있다는 전설이 있기에 한 말이다.

열흘 내내 짙은 장무가	連旬苦瘴霧
캄캄하게 하늘 가렸었는데	昏昏天宇閉
하느님이 내 눈을 위해	天公爲吾眼
오늘 밤 쾌청하게 거두셨구나	今宵快淸霽
일어나 소나무 그림자 아래 춤추며	起舞松影下
시원하게 양쪽 소매 떨치네	泠然振兩袂
가려운 곳 긁은 것처럼 상쾌하니	快如痒得搔
비로소 하느님의 지혜 알겠네	始覺天公慧
새 시로 하느님께 사례하는데	新詩謝天公
천기를 너무 누설할까 두렵네	天機恐太泄

4

계림은 교남에 있고	桂林處嶠南
광려[311]는 광서에 있어	匡廬在廣西
거리가 만 리나 되니	相去萬里餘
가고자 한들 어찌 가겠는가	欲往焉得梯
옛사람이 그 승경 기록했으니	古人記其勝
그 글을 아직도 살펴볼 수 있는데	文字尙可稽
지나치게 찬미해 말에 거짓 많으니	溢美語多誣
이름과 실제가 서로 맞지 않기도 하지	名實或相睽
나는 외진 해동에 태어나	我生海東偏

311 광려(匡廬) : 저본(底本)에는 匡瀘로 되어 있으나 의미를 고려할 때 필사의 오류로 판단되므로 바로잡았다. 광려는 여산(廬山)을 가리킨다.

움츠려 초파리 같지만	局促類醯鷄
풍악산을 일찍이 한 번 유람했고[312]	楓嶽嘗一覽
속리산도 여러 번 올랐지	俗離亦屢躋
생각건대 나라 안의 산 가운데	顧惟域內山
어느 산이 이 두 산과 나란할까	孰與二山齊
천풍산도 그들 아래일 뿐이니	天風亦其亞
재총이 예전에 평가했었지[313]	聰也昔品題
그래도 폐부 사이에 불룩하게 남아	槎牙肺腑間
십 년 동안 꿈의 넋 헤맸는데	十載魂夢迷
오늘 밤 구정암에 오니	今夜九精菴
멋진 달도 함께했네	好月亦同携
밝은 광채 은빛으로 찬란하고	晶熒爛銀色
일천 봉우리가 풍잠처럼 솟았구나	千峰立簪笄
동쪽 봉우리 가장 아름다우니	東峯最奇偉
반공에 성난 사자 싸우는 듯하네	天半搏怒猊
승려도 놀라 감탄하며	山僧亦驚叫

312 풍악산(楓嶽山)을……유람했고 : 이하곤은 1714년(숙종40)에 금강산을 유람하였다.

313 천풍산(天風山)도……평가했었지 : 천풍(天風)은 전라남도 장흥(長興)에 있는 천관산(天冠山)의 다른 이름이며 지제산(支提山)이라고도 한다. 《頭陀草 冊17 南遊錄》 총(聰)은 원주(原註)에 있는 바와 같이 재총(載聰)을 가리킨다. 《두타초》 책5 〈서둘러 써서 재총 상인과 이별하다〔走草別聰上人〕〉라는 작품의 원주(原註)에 "재총 상인은 호남의 승려인데 지금 백화암에 와서 머물고 있다.〔聰是湖南僧人, 方來栖白華.〕"라고 하였다. 이로 보아 이하곤이 금강산에 갔을 때 그와 만났음을 알 수 있다.

우두커니 서서 응시할 뿐이네 却立但凝睇
비록 문장대 사이에 두더라도 縱廁文壯間
밀릴 것 같지 않네 似不見擯擠
황홀하게 긴 바람을 타고 恍如御長風
뛰어올라 하늘 밖으로 나갈 수 있을 듯 跳身出天倪
자욱하게 쌓인 기운 밖에서 濛濛積氣外
문득 뭇 별들이 낮음을 알겠네 翻覺衆星低
상쾌한 기분 진실로 이미 만족스러우니 快意良已足
어찌 반드시 악계를 건너랴 何必涉惡溪
내일 아침 아홉 봉우리 정상에서 明朝九峯頂
눈 밟고 지팡이 돌리리라 蹋雪還杖藜

총(聰)은 곧 재총(載聰)이다. 일찍이 풍악산(楓嶽山)에서 나를 위해 천관산(天冠山)의 승경에 대해 말해주었다. 내가 천관산의 이름을 알게 된 것은 이때부터이다. 문장(文壯)은 속리산(俗離山)의 최고봉이다.

탑산사[314]에서

塔山寺

절 앞에 매우 높은 누대가 있어서 바다가 눈앞에 있고 한라산 등 여러 산이 마치 손바닥 가운데 있는 것처럼 보인다. 과아육왕탑(果阿育王塔)이 처마 뒤쪽에 있는데 바라보면 대단히 우뚝하였다.

높은 누대 백 척이나 높아	危樓高百尺
푸른 바다가 한 창문 사이로 보이네	滄海一牕間
바위 형세가 처마 끝으로 솟았고	石勢簷端出
조수 소리가 풍경 소리 속에 돌아오네	潮聲磬裏還
해는 대마도에 뜨고	日浮對馬島
눈은 한라산에 쌓였구나	雪疊漢挐山
눈 들면 하늘 끝까지 다 보이니	擧目天倪盡
무릉도원 찾기도 관심 없어라	尋源亦等閑

역(亦)은 지(只)로도 쓴다.

314 탑산사(塔山寺) : 전라남도 장흥군 대덕읍 연지리의 천관산(天冠山)에 있는 사찰이다.

덕현 상인에게 주다

贈德玄上人

덕현 상인은 성총(聖聰)의 고제(高弟)이며 수연(守緣)의 문인이다. 경서(經書)의 뜻을 조금 아는데 중년 이후로 기이한 병을 앓아 약사전(藥師殿)에 물러나 산다.

대숲 속에서 서로 만나니	竹裏相逢地
쓸쓸한 산에 저녁 풍경소리 울리네	寒山暮磬遲
이끼 자국이 석장에 물들고	苔痕侵錫杖
바위 색이 긴 눈썹 비추네	石色映厖眉
말 오묘해 새로운 뜻 열어주고	語妙開新義
재주 맑아 옛 시도 외는구나	才淸誦舊詩
남종[315]을 계승한 이 있음을 알기에	南宗知有嗣
마주하고 재총[316]을 이야기하네	相對說聰師

315 남종(南宗) : 불교 선종(禪宗)의 종파 이름이다. 선종의 시조인 달마(達磨) 이후에 남북 두 파로 나뉘어졌는데, 영남(嶺南)에서 혜능(慧能)이 전한 것이 남종이고 영북(嶺北)에서 신수(神秀)가 전한 것이 북종(北宗)이다.

316 재총(載聰) : 총사(聰師)는 이하곤이 금강산에서 만났던 재총 상인(載聰上人)을 가리키는 것으로 보인다. 230쪽 각주313 참조.

도징이 매우 정성스럽게 시를 구하므로 이 시를 써서 농담하다

道澄索詩甚勤 書此以戲之

도징(道澄)은 이 절의 주지(住持)이다.

고운 비녀[317] 천 줄기 모두 신선의 풍모인데　　瑤簪千朶盡仙姿
오랜 세월 누구도 이 아름다움 나타낸 이 없네　　曠刦無人發此奇
산신령 위로하려 멋진 시구 남길 뿐　　要慰山靈留好句
새 시는 본래 도징을 위한 것 아니라네　　新詩元不爲澄師

317 고운 비녀 : 요잠(瑤簪)은 산봉우리가 마치 비녀처럼 솟아 있는 것을 형용한 말이다.

다시 앞 시의 뜻을 뒤집어 절구 한 수를 지어 도징[318]을 위해 웃다

又反前詩之意作一絶 爲澄解啁

소나무 관과 베적삼 모두 산의 자태인데	松冠布衲儘山姿
새 시를 요청하니 더욱 기이하네	爲乞新詩更一奇
천풍산[319]이 본래 그대의 것인 줄 아노니	知是天風元爾物
산신령 위로함이 바로 도징을 위로함이네	慰山靈是爲澄師

318 도징(道澄) : 탑산사(塔山寺)의 주지(住持)이다.

319 천풍산(天風山) : 천풍(天風)은 전라남도 장흥(長興)에 있는 천관산(天冠山)의 다른 이름이며 지제산(支提山)이라고도 한다.《頭陀草 冊17 南遊錄》

밤에 정원을 거니는데 달빛과 대나무 그림자가 매우 마음에 들었지만 내일이 동지이므로 쓸쓸한 나그네의 마음이 없지 못하였다

夜步中庭 月色竹影 甚可人意 明日卽冬至也 殊不免客懷之悄然也

동지인 내일 아침 가장 애처로우니	冬至明朝最可憐
좋은 날에 홀로 해남에 있구나	佳辰獨在海南天
일천 리 밖으로 몸은 멀리 왔는데	一千里外身方遠
보름날 밤 달은 둥글구나	十五宵中月正圓
승려의 집에서도 속세 따라 팥죽 먹고	豆粥僧齋聊效俗
선방에서 섣달 등불 켜고 잠들지 못하네	蠟燈禪榻自無眠
명산을 두루 다니고도 흥취 남아	名山踏遍猶餘興
또 지팡이 끌며 탑 그림자 앞을 거니네	又曳笻枝塔影前

현사[320]가 지 자를 차운하여 보여 주므로 다시 차운하다
玄師次遲字來示 又次之

산문을 떠나려니	欲別山門去
문득 더딘 만남 시름겹네	翻愁見面遲
밤 깊도록 불가의 진리 말하니	深宵話了義
지는 달이 긴 눈썹 비추었지	落月在長眉
이제부터는 꿈속에서나 만날 수 있을 뿐	後會唯憑夢
서로 그리워하며 시 외우겠지	相思各諷詩
가슴 속에 천관산 간직했으니	胸中有天嶽
결코 우리 선사와 헤어지는 것 아니라네	曾不離吾師

320 현사(玄師) : 덕현 상인(德玄上人)을 가리키는 것으로 보인다.《頭陀草 冊9 贈德玄上人》

출발할 때 만원이 또 시를 요청하므로 서둘러 써서 보여주다

臨行 萬圓又索詩 走草以示

십 년 동안 지제산을 꿈속에서 유람하다가	十載支提夢裏遊
지팡이 짚고 오늘에야 구룡봉에 왔네	一筇今日九龍頭
곤유대[321] 위에서 그의 손 빌려	坤維臺上憑渠手
반공의 구름 물결 너머로 제주도 보았네	天半雲濤見濟州

이 산을 달리 지제산(支提山)이라고도 부른다.

321 곤유대(坤維臺) : 김창업(金昌業, 1658~1721)의 《노가재집(老稼齋集)》 권4 〈차조정이곤유대운(次趙定而坤維臺韻)〉의 소주(小註)에 "곤유대는 천관산에 있는데 한라산을 바라볼 수 있다.〔臺在天冠山, 可望漢拏.〕"라고 하였으므로 천관산에 곤유대가 있음을 알 수 있다.

두타초

제10책

詩 시

강진현에서

康津縣

누대 밖에 신기루 어른거리고	樓臺蜃氣外
고각 소리는 바다 구름 사이에서 울리네	鼓角海雲間
강물이 두 고을의 들녘을 가르고	江割兩州野
조수가 한 쪽 산까지 통하네	潮通一面山
저 멀리 연기는 숲을 나누어 피어나고	遠煙分樹出
석양은 돌아가는 배를 전송하네	落日送帆還
무한히 난간에 기대려는 마음이니	無限憑欄意
갈매기야 너의 한가함 부럽구나	沙鷗羡爾閑

청조루[1]에 올라

登聽潮樓

좋은 절기[2]에 나그네 되어	令節仍爲客
타향에서 다시 이렇게 유람하네	他鄕復此遊
먼 산에서 술잔 들다가	遙山還把酒
푸른 바닷가에서 홀로 누대에 오르네	滄海獨登樓
난간 밖에는 천지가 드넓은데	欄外乾坤大
시름 속에 세월 흘러가네	愁邊歲月流
눈앞에 조각배 있으니	扁舟眼前在
다시 영주[3]로 가고 싶구나	更欲向瀛洲

1 청조루(聽潮樓) : 강진현 객관 남쪽에 있던 누각으로 현감 오순종(吳舜從)이 세웠다.《新增東國輿地勝覽 卷37 全羅道 康津縣》이하곤은 1722년(경종2) 11월 15일에 청조루에 올랐다.《頭陀草 冊18 南遊錄》

2 좋은 절기 : 전후(前後)의 작품 내용으로 볼 때 이 시는 동지(冬至)에 지은 것이다.

3 영주(瀛洲) : 봉래산(蓬萊山)·방장산(方丈山)과 함께 신선들이 산다고 하는 삼신산(三神山) 가운데 하나이다.

남당촌에서 묵다

宿南塘村

남당촌에서 동짓날 밤에	冬至南塘夜
추운 날씨 속에 지팡이 의지했네	寒天倚杖前
바다 밝으니 조수가 달 토해냈고	海明潮吐月
섬 어두우니 나무가 연기에 잠겼네	島黑樹沈煙
마을에서 북소리 둥둥 울리고	村鼓鼕鼕擊
고기잡이 등불 반짝이며 매달렸네	漁燈的的懸
누가 알랴 이 밤에	誰知當此夜
수성 옆에서 함께 자는 줄을[4]	伴宿壽星邊

4 수성(壽星)……줄을 : 수성은 남쪽 하늘에 뜨는 노인성(老人星)의 별칭으로 사람의 장수를 상징하는 별이다. 여기서는 이하곤이 남쪽인 강진현에서 묵고 있기 때문에 수성을 이끌어 읊은 것이다.

달빛 아래 해변을 거닐며

月下步出潮岸

달 나오고 조수 처음 밀려오니	月出潮初上
하얀 파도가 저 멀리 아득하네	煙濤極渺然
은하수는 높이 떠서 움직이지 않고	星河高不動
산과 바다는 아스라이 서로 이어졌네	山海莽相連
여기에 나는 어찌 왔던가	此地身何到
오늘 밤에 흥취 더욱 이는구나	今宵興自偏
영주가 지척에 있으니	瀛洲元咫尺
가서 신선을 배우고 싶어라	欲去學神仙

주민이 아버지께서 암행하셨을 때의 일[5]을 말하니 서글픈 마음을 견딜 수 없어 절구 한 수를 짓다

居民能道先君子暗行時事者 不勝愴然 賦成一絶

일찍이 아버지 문집 통해 마을 이름 알았지만	曾從家集識村名
살아서 여기 올 줄을 생각이나 했으랴	何意餘生向此行
주민과 지난 일 이야기하다 보니	獨與居民談往事
하염없이 눈물이 달빛 아래 흐르네	紛紛感淚月中傾

숙종(肅宗) 신미년(1691)에 아버지께서 암행 어사(暗行御史)가 되어 호남(湖南) 여러 고을의 일을 탐문하셨다. 본현(本縣)에 도착하여 미복(微服) 차림으로 남당촌(南塘村)에 들러 묵으시려고 하였는데 주부(主婦)가 문을 막고 들여보내주지 않았다. 삿대질하듯 동쪽을 가리키며 말하기를 "상전(上典)께서 아침에 집을 나갔는데 집안 물건을 모두 싸가지고 가서 방 안이 텅 비어 있습니다. 저는 양반 보기를 원수 보듯 합니다. 생원께서 비록 우리 집 상전은 아니지만 다시 양반을 마주할 수 없습니다."라고 하였다. 아버지께서 웃으며 다른 곳으로 가셨다. 이 이야기는 〈남행록(南行錄)〉에 자세히 기록되어 있다. 주인 김선련(金善連)도 이처럼 말하였다.[6]

5 아버지께서……일 : 이하곤의 아버지는 이인엽(李寅燁, 1656~1710)으로, 본관은 경주(慶州), 자는 계장(季章), 호는 회와(晦窩)이다. 1691년(숙종17) 12월 4일에 암행어사에 임명되어 호남 지방을 감찰하였다. 《嘉梧藁略 冊16 戶曹判書李公墓碣銘》

6 숙종(肅宗)……말하였다 : 《두타초(頭陀草)》 책18 〈남유록(南遊錄)〉의 11월 16일 기사에 같은 내용이 실려 있다.

앞쪽 호수에서 달을 바라보며 감회를 적다

前湖望月書懷

올 때는 취해서 청조루[7] 올랐는데	來時醉上聽潮樓
다시 남당촌에서 하루 묵는구나	又向南塘一宿留
짧은 지팡이 하나로 만 리 길 다니는데	只有短笻行萬里
밝은 달이 외로운 배 비춰주니 어여뻐라	獨憐明月照孤舟
천지는 매인 곳 없으니 어찌 끝이 있으랴	乾坤無蔕終何極
바닷물이 구덩이 채워 뜬 줄을 절로 알겠네	溟渤盈科自覺浮
남극의 노인성[8]이 나를 비웃을 터	南極老星應笑我
어쩌다가 온통 백발 되었는지 모르겠네	不知何事雪渾頭

7 청조루(聽潮樓) : 강진현 객관 남쪽에 있던 누각으로 현감 오순종(吳舜從)이 세웠다.《新增東國輿地勝覽 卷37 全羅道 康津縣》

8 남극(南極)의 노인성(老人星) : 남극노성(南極老星)은 남극성(南極星)으로 장수(長壽)를 상징하는 별이다. 수성(壽星)이라고도 한다.

남당가[9]

南塘歌

남당 호숫가는 모두 어촌이라　　南塘湖上盡漁村
달 나오자 조수소리가 문 두드리네　　月出潮聲已打門
상선이 밤에 떠가는지 북 치는 소리 들리는데　　商舶夜行聞伐鼓
안개 속이라 배의 자취 보이지 않네　　煙中不見去帆痕

2

구십포[10] 앞에 달빛 참 밝은데　　九十浦前明月多
바다 어귀에서 남쪽 바라보니 흰 물결뿐이네　　海門南望但煙波
고기잡이 등불 몇 개가 마치 날듯이　　漁燈數點如飛去
청산의 그림자를 가로질러 지나가네　　橫破青山影却過

3

양쪽 언덕의 푸른 산은 마치 견아 같고[11]　　兩岸青山似犬牙

9 남당가(南塘歌) : 저본(底本)에 其二와 其三이 중복되었으므로 이를 무시하고 나열된 순서에 의거하여 수정하였다.

10 구십포(九十浦) : 전라남도 강진군 관아에서 6리 떨어진 곳에 있는 포구로 구강포(九江浦)라고도 부른다. 탐라(耽羅)의 사자가 신라에 조공할 때에 배를 여기에 정박시켰으므로 이름을 탐진(耽津)이라 하였다.

11 양쪽……같고 : 바닷가의 양쪽 산이 들쭉날쭉하게 늘어선 모양을 읊은 것이다. 견아(犬牙)는 위아래가 서로 어긋난 개의 이빨을 말한다.

조수는 치고 들어오는 일만의 병거인 듯	潮頭撞入萬兵車
어부가 노를 저어 조수 맞이해 가며	漁人搖檝迎潮去
평생 바다를 집 삼아 살았다 자랑하네	自詑平生海作家

4

기울어진 대 울타리 호수 쪽으로 열렸고	竹籬欹側向湖開
장삿배가 새로 바닷가에 돌아왔네	販船新從海上廻
백발의 노인이 이전에 말하기를	白首老翁前有語
평생 세 번 제주를 가봤다 했지	一生三見濟州來

5

날 저물자 떠들썩하게 전복 따서 돌아오니	日暮爭呼採鰒歸
조각배가 푸른 산 물가까지 곧장 지나가네	扁舟驀過青山磯
얼룩진 수건으로 머리 묶은 앞마을 여인들	斑巾帕首前村女
미소 지으며 말없이 대 사립문에 기대 있네	微笑無言倚竹扉

6

해녀는 푸른 옷을 땅에 길게 늘어뜨리고	浦女青襦曳地長
해저까지 잠수하니 머리카락 더욱 누렇네	潛行海底髮偏黃
새로 딴 날전복 쟁반처럼 큰데	新叉生鰒如盤大
삶아서 아침에 나그네에게 맛보라 권하네	熟煮朝來勸客嘗

7

전복은 주로 바위에 붙어사니	鰒魚偏着石傍生

천 길 바다 속을 잠수해야 하네　　潛向千尋海水行
해마다 하는 진상이야 폐단 없지만　　進上年年無弊事
일생에 가장 두려운 건 병영이라네　　一生最怕是兵營

해남으로 가면서 말 위에서 우연히 짓다
向海南 馬上偶成

동지에 양이 처음으로 돌아오자[12]	冬至陽初復
남쪽 고을에 날씨 점점 온화해지네	南州日漸和
민가의 연기 피어나는 옥천[13] 드넓고	人煙玉泉闊
눈빛은 대둔산[14]에 많이 남았구나	雪色大芚多
흐르는 세월에 부질없이 칼 두드리며[15]	時序空彈劍
호산에서 스스로 노래하네	湖山自放歌
백련에 오늘 밤 달이 떠오를 테니	白蓮今夜月
맑은 흥취 다시 어떠할까	淸興復如何

옥천(玉泉)은 지명이니, 영암(靈巖) 땅이다. 백련(白蓮)은 효언(孝彥)[16]이 사는 마을 이름이다.

12 동지(冬至)에……돌아오자 : 음력 10월은 순음의 곤괘(坤卦, ䷁)에 해당하고, 11월이면 양(陽)이 하나 생겨 복괘(復卦, ䷗)가 되기 때문에 이렇게 말한 것이다.

13 옥천(玉泉) : 전라남도 해남군 옥천면을 가리킨다.

14 대둔산(大芚山) : 이하곤의 글에 "17일 경백과 함께 대둔산을 유람했다.〔十七日, 同敬伯往遊大芚山.〕" 하였으므로 강진에 있는 산으로 보인다. 《頭陀草 冊18 南遊錄》

15 흐르는……두드리며 : 흐르는 세월 속에 자신의 신세를 한탄한다는 말이다. 전국시대 제(齊)나라 사람 풍환(馮驩)이 맹상군(孟嘗君)의 문객(門客)이 되어 훌륭한 대우를 바라며 칼을 두드리며 노래했다는 고사가 전한다. 《史記 卷75 孟嘗君列傳》

16 효언(孝彥) : 윤두서(尹斗緖, 1668～1715)로, 본관은 해남(海南), 자는 효언, 호는 공재(恭齋)이다.

녹우당[17]에서 감회가 있기에 절구 다섯 수를 지어 주인 윤경백[18] 효언[19]의 아들 에게 보여 주다

綠雨堂感懷 作五絶 示主人尹敬伯 孝彥子

바닷가의 만남 본래 기약 없었지만　　海上相逢本不期
지금의 인간사에 절로 슬퍼지네[20]　　今來人事自生悲
매화가지 위에 등불 걸고 앉으니　　梅花枝上懸燈坐
영락없이 종애에서 담소 나누던 밤 같네　　頗似鍾崖夜話時

2

긴 수염과 넓은 이마의 잘생긴 얼굴　　長髯廣顙好容顏
십년 동안 마음속에서 몇 번이나 오갔던가　　十載胸中幾往還
풍류를 다 거두어 지하로 돌아가시고　　盡斂風流歸地下

17 녹우당(綠雨堂) : 전남 해남군 해남읍 연동리에 있는 해남(海南) 윤씨(尹氏)의 종가이다. 효종(孝宗)이 자신의 스승이었던 윤선도(尹善道)에게 수원(水源)에 집을 지어주었는데, 효종 사후에 윤선도가 수원 집 일부를 뜯어 해남으로 옮겨와 지었다.

18 윤경백(尹敬伯) : 윤덕희(尹德熙, 1685~1776)로, 본관은 해남, 자는 경백, 호는 낙서(駱西)·연옹(蓮翁)이다.

19 효언(孝彥) : 윤두서(尹斗緖, 1668~1715)로, 본관은 해남, 자는 효언, 호는 공재(恭齋)이다.

20 지금의……슬퍼지네 : 이하곤의 글에 "저녁에 해남의 백련동에 도착하여 윤효언의 집에 들렀는데 효언이 별세한 지 이미 오래되었다.〔夕至海南白蓮洞, 過尹孝彥家, 孝彥歿已久矣.〕"라고 한 것으로 보아 윤두서가 운명을 달리했기에 이렇게 읊은 것이다. 《頭陀草 冊18 南遊錄》

화권만 인간 세상에 남겨두었네[21] 獨留畫卷在人間

3

붓끝의 조화 참으로 신품의 경지이고 筆端造化元神品
뱃속에 간직한 경륜도 기이한 재주였는데 腹裏經綸更異才
한 번 종애에서 헤어진 뒤로 一自鍾崖分手後
세상에서 좋은 소회 풀 사람 없다오 世間無與好懷開

4

형체를 잊고 교분 두터웠는데 撥棄形骸托契偏
중간에 세상사가 문득 서글퍼졌네 中間世事却悽然
오늘 밤 녹우당 앞에서 달빛 받으며 今宵綠雨堂前月
다만 아들과 지난날 이야기 나누네 獨與阿郞話昔年

5

봉악 천 길 우뚝하고 푸른 빛 분명하니 鳳嶽千尋翠色分
그 높은 풍모 영락없이 그대를 보는 듯하네 高風猶似見吾君
창문 앞에 손수 심은 매화나무는 牕前手種寒梅樹
맑은 향기 남겨서 나그네에게 맡게 하네 留得淸香使客聞

21 화권(畫卷)만……남겨두었네 : 이하곤이 윤덕희의 집을 방문했을 때 윤덕희가 윤두서의 화권을 보여 주었기에 이렇게 읊은 것이다. 《頭陀草 冊18 南遊錄》

녹우당[22]에서 효언[23]을 그리워하며

綠雨堂懷孝彥

효언은 천하의 선비로서	孝彥天下士
그 의기 고금에 으뜸이었지	意氣橫古今
한 가지도 막히지 않아	一物不芥滯
탁 트인 흉금 볼 수 있었네	洞達見胸襟
눈살 펴고 왕도와 패도 이야기하니	軒眉談王伯
식자로서 깊은 마음 있었지	識者有深心
그 나머지 서화에도 뛰어나	餘事妙書畫
그 풍류를 사람들이 흠모했지	風流爲世欽
비록 늦게야 교분 맺었어도	結交雖云晚
그 날카로움은 쇠도 끊을 만하였는데[24]	其利庶斷金
슬프다 죽고 사는 사이에	嗚呼存歿間
남쪽과 북쪽에서 높은 산에 막혀 있었네[25]	南北隔雲岑

22 녹우당(綠雨堂) : 전라남도 해남군 해남읍 연동리에 있는 해남(海南) 윤씨(尹氏)의 종가이다.

23 효언(孝彥) : 윤두서(尹斗緖, 1668~1715)로, 본관은 해남, 자는 효언, 호는 공재(恭齋)이다.

24 비록……만하였는데 : 이하곤이 윤두서와 뒤늦게 교분을 맺었지만 우애가 돈독했다는 말이다. 《주역》 〈계사전 상(繫辭傳上)〉에 "두 사람이 마음을 함께 하니 그 날카로움이 쇠를 절단한다. 마음을 함께 하는 말은 그 향기로움이 난초와 같다.〔二人同心, 其利斷金. 同心之言, 其臭如蘭.〕"라고 하였다.

25 슬프다……있었네 : 이하곤과 윤두서가 서로 멀리 떨어져 있어서 윤두서의 운명

이제 녹우당에 오니	今來綠雨堂
날씨 차갑고 늙은 회화나무만 우거졌네	天寒老槐陰
웅대한 담론 다시 들을 수 없고	不復聆雄談
상자 속의 용의 울음만 볼 수 있네[26]	但見匣龍吟
등불 밝히고 화권 펼치니	張燈展畫卷
보이는 것마다 빛나는 옥과 같네	觸目耀球琳
평생 호해의 기운 간직했는데	平生湖海氣
깊은 구천에 묻혔구나	埋却九原深
흐르는 눈물 거두지 못하고	淚下不能收
달 나온 대숲에 누워 있네	月出臥竹林

소식을 듣지 못했기에 한 말이다.

26 상자……있네 : 용음(龍吟)은 이백(李白)의 시에 "바람이 불어 종산을 감아 도니, 일만 구렁이 다 용의 울음소리이네.〔風吹繞鍾山, 萬壑皆龍吟.〕"라고 한 데서 유래하여 본래 젓대 소리를 의미한다.《李太白文集 卷22 金陵聽韓侍御吹笛》 여기서는 윤두서가 상자 속에 남겨둔 시(詩)를 본다는 의미이다.

대둔사[27]에서

大芚寺

노송[28]이 나그네 맞아주어	老松迎客入
외나무다리로 비스듬히 시냇물 건너네	危彴渡溪斜
눈 쌓인 장춘동에	積雪長春洞
동백나무 만 그루 꽃 피었네[29]	山茶萬樹花
승려의 거처 물과 대 사이에 희미하고	僧居迷水竹
빗돌[30]은 연하 속에서 오래 묵었네	碑版老煙霞
신라의 허황함 매우 괴이하니	深怪新羅妄
불교 때문에 나라 기울었네	傾邦爲釋迦

27 대둔사(大芚寺) : 전라남도 해남군 삼산면 두륜산(頭輪山)에 있는 신라 시대의 절이다. 대흥사(大興寺)로도 부른다. 《두타초(頭陀草)》 책18 〈남유록(南遊錄)〉에 따르면 이하곤은 1722년(경종2) 11월 17일 대둔사에 들렀다.

28 노송(老松) : 이하곤의 글에 "대둔사 몇 리 앞에 노송 두 그루가 문처럼 마주 서 있었다.〔未至大芚寺數里, 有二老松對立如門.〕"라고 한 것으로 보아 대둔사로 들어갈 때 있는 노송을 가리킨 것으로 보인다. 《頭陀草 冊18 南遊錄》

29 눈……피었네 : 대둔사 주변의 풍경을 읊은 것이다. 이하곤의 글에 "17일에 경백(敬伯)과 함께 대둔산(大芚山)을 유람하였는데 윤씨의 집과 20리 쯤 떨어져 있었다. 온 산에 동백나무가 가득하여 한겨울과 이른 봄에 가보면 눈 속에 꽃이 흐드러지게 피어 더욱 장관을 이룬다. 이 때문에 장춘동(長春洞)이라고 부른다."라고 하였다. 《頭陀草 冊18 南遊錄》 산다(山茶)는 동백나무의 별칭이다.

30 빗돌 : 이하곤의 글에 "시내를 지나 조금 서쪽으로 가니 서산 대사와 휴정 및 여러 이름난 승려들의 빗돌이 담처럼 둘러 있기에 말에서 내려 읽었다.〔過溪少西, 有西山大師休靜及諸名僧碑, 繚以垣, 下馬讀之.〕"라고 하였다. 《頭陀草 冊18 南遊錄》

2

휴정[31]은 옛날에 도를 깨우쳐　休靜昔悟道
그 사리가 이곳에 묻혔네　舍利埋此間
안개 낀 절에 숲 푸르고　樹碧煙中寺
눈 쌓인 산에 꽃이 붉구나　花紅雪裏山
잠시 들르니 나그네의 피로 잊혀지는데　暫來忘客倦
곧장 가려니 한가로운 승려에게 부끄럽네　徑去愧僧閑
유물을 사람들에게 자랑하기 좋아하지만　衣鉢誇人好
그대들의 어리석음 되레 싫어지네　翻嫌爾輩頑

절에 서산 대사(西山大師)의 금선 가사(金線袈裟)·벽옥 발우(碧玉鉢盂)·필적(筆蹟), 원감(圓鑑)[32]의 여러 불경(佛經)이 있었다. 사명 대사(四溟大師)[33] 이후로는 법사(法嗣)[34]가 끊겼는데, 지금까지 절 안에 보관하고서 승려들이 지나가는 나그네에게 과시할 뿐이었다.

31 휴정(休靜) : 1520~1604. 조선 중기의 승려이자 승병장으로 이름은 여신(汝信), 아명은 운학(雲鶴), 자는 현응(玄應), 호는 청허(淸虛), 별호는 서산 대사(西山大師), 법명은 휴정이다. 《月沙集 卷45 有明朝鮮國賜國一都大禪師禪教都摠攝扶宗樹教普濟登階尊者西山淸虛堂休靜大師碑銘幷序》

32 원감(圓鑑) : 1226~1292. 고려 후기의 승려로 속성은 위씨(魏氏), 이름은 원개(元凱), 호는 복암(宓菴), 법명은 충지(冲止), 시호는 원감 국사(圓鑑國師)이다. 저서에 《복암집(宓菴集)》이 있다.

33 사명 대사(四溟大師) : 1544~1610. 조선 중기의 승려이자 승병장으로 본관은 풍천(豐川), 속명은 임응규(任應奎), 자는 이환(離幻), 호는 사명당(四溟堂)·송운(松雲), 별호는 종봉(鍾峯), 법명은 유정(惟政)이다. 《金陵集 卷16 乾鳳禪院泗溟大師紀績碑銘》

34 법사(法嗣) : 법통(法統)을 사속(嗣續)하는 제자라는 뜻으로 스승의 인가(印可)를 받아 법을 전하는 자를 말한다.

3

푸른 바다 북쪽의 사찰　　金刹滄溟北
한겨울에 먼 나그네 들렀네　　玄冬遠客過
거처하는 승려 천 명은 되겠고[35]　　居僧足萬指
불상은 신라 때부터 전해지네　　坐佛自新羅
물레방아 소리가 일천 봉우리에 울리고　　雲碓千峰響
동백나무가 온 골짝에 많기도 하구나　　山茶一洞多
남방에서 웅장하기로 나란히 손꼽히니　　南方雄竝峙
송광사[36]는 진정 어떠할까　　松廣定如何

35 거처하는……되겠고 : 이하곤의 글에 "거처하는 승려는 천여 명이니 웅부함이 남방에서 으뜸이다.〔居僧可萬指, 雄富甲於南方.〕"라고 하였다. 《頭陀草 冊18 南遊錄》

36 송광사(松廣寺) : 전라남도 순천시 송광면에 있는 절이다. 신라 시대 말기에 창건되었다.

북미륵[37]

北彌勒

암자 이름이다. 대둔사(大芚寺) 동쪽 봉우리 꼭대기에 있는데, 매우 높아서 바다를 바라볼 수 있다. 돌로 조각한 미륵이 있는데, 동우(棟宇)로 덮어서 매우 화려하다.

높다란 암자가 하늘에 의지해서	菴子高高寄杳冥
창 열고 웃으면 바다가 보이네	開窓一笑卽滄溟
해 지려 하니 바닷물도 함께 붉고	日輪欲墮海俱赤
나뭇잎 시들지 않아 산 절로 푸르네	木葉不凋山自青
신라 때 지은 절이라 세월 오래되었고	寺闢新羅歲月古
바위에 미륵 새겨 비바람 속에 신령하여라	巖開彌勒雨風靈
올라오자 문득 무궁한 감회 일어나니	登臨翻有無窮感
어둠 속 구름 파도 너머에 벽정[38] 있구나	暝裏雲濤指碧亭

자(自)는 진(盡)으로도 쓴다.

37 북미륵(北彌勒) : 현재의 전라남도 해남군 삼산면 구림리 두륜산(頭輪山)에 있는 대흥사(大興寺)의 부속 암자이다. 두륜산은 대둔산(大芚山)이라고도 하고 대흥사는 대둔사(大芚寺)라고도 한다. 북미륵암(北彌勒菴)은 대흥사 10리 쯤에 있는데 보물 제48호인 대흥사 북미륵암 마애여래좌상이 있다.

38 벽정(碧亭) : 정자의 이름 가운데 일부만 말한 것인데 어느 정자를 가리키는지 자세하지 않다.

대둔사[39]에서 준극 상인을 만났는데 나와 동갑이다. 경전의 뜻을 조금 알아서 함께 이야기를 나눌 만하였다. 절구 두 수를 써서 보여 주다

大芚寺逢峻極上人 是同庚也 稍解經旨 可與語 書示二絶

그대와 내가 우연히 같은 때 태어나	爾我偶同墮地辰
어느덧 사십육 년 세월 지났구나	已過四十六年春
우습다 평생 무엇을 했던가	自笑平生何事業
쓸쓸히 백발에 유건만 쓰고 있구나	蕭然白髮一儒巾

2

시내 남쪽에서 전송할 제 한 번 웃으면서	相送溪南一笑遲
솔숲 사이에서 지팡이 짚고 다시 만날 날 묻네	松間拄杖問前期
어찌하면 함께 장춘동에 누워	何當共臥長春洞
활짝 핀 동백꽃 실컷 볼 수 있을까[40]	飽看山茶花發時

39 대둔사(大芚寺) : 전라남도 해남군 삼산면 두륜산(頭輪山)에 있는 신라 시대의 절이다. 대흥사(大興寺)로도 부른다.

40 어찌하면……있을까 : 준극 상인과 오래도록 함께 있으면서 대둔사 주위의 동백꽃을 실컷 감상하고 싶다는 말이다. 대둔사 주위에는 동백나무가 많아 겨울부터 봄까지 동백꽃이 피기 때문에 그곳을 장춘동(長春洞)이라 부른다고 한다. 255쪽 각주40 참조. 산다(山茶)는 동백의 별칭이다.

백포에서 묵으며 주인에게 주다[41]

宿白浦 贈主人

남향집이 푸른 바닷가에 있고	丙舍臨滄海
고즈넉한 서재가 대숲에 숨었네	孤齋隱竹林
창문 열어 달빛 받아들이고	開窓延月色
베개에 기대 조수 소리 듣노라	攲枕聽潮音
포구 근처라 해산물 넉넉하고	浦近魚蝦足
마을 따뜻하여 귤과 유자나무 우거졌네	村暄橘柚陰
이웃에 살고 싶은 마음 있으니	卜隣吾有意
세상 피해 그대와 함께하고 싶구나	逃世共君深

41 백포(白浦)에서……주다 : 《두타초(頭陀草)》 책18 〈남유록(南遊錄)〉에 "백포는 경백의 바닷가 별장이다. 그의 아우 덕훈과 덕후가 살고 있다.〔白浦, 敬伯海庄也. 其弟德勳德煦居之.〕"라고 하였는데, 경백은 윤덕희(尹德熙, 1685~1776)로, 본관은 해남(海南), 자는 경백, 호는 낙서(駱西)이다. 윤두서(尹斗緖)의 맏아들이다. 백포는 현재의 전라남도 해남군 현산면 백포리를 말하는데 윤두서의 고택(古宅)이 있다.

아침 일찍 백포[42]를 출발하다

早發白浦

진도(珍島)를 바라보았다.

북쪽으로 한양까지 몇 리 길인가	北走漢陽路幾何
남쪽 끝 백포에서 한번 만났네	南窮白浦一相過
하늘 가 먼 숲이 안개에 막 잠기고	天邊遠樹煙初合
바닷가 온 산에는 눈이 많이도 쌓였네	海上千山雪正多
물결 헤치는 큰 뜻 지녔지만 백발 되었고[43]	破浪志雄還白髮
고향 그리는 마음 괴로워 슬픈 노래 부르네	望鄉心苦自悲歌
이공의 훈업은 여전히 훌륭하니	李公勳業聞猶壯
다시 조각배 타고 푸른 파도에 조문하고 싶네[44]	更欲扁舟弔碧波

42 백포(白浦) : 윤덕희(尹德熙, 1685~1776)의 바닷가 별장이 있는 곳이다.

43 물결……되었고 : 원대한 뜻을 품었으나 이미 백발의 늙은이가 되었다는 말이다. 남조 송(南朝宋)의 종각(宗慤)이 소년 시절에 "나의 소원은 장풍을 타고 만 리의 물결을 헤쳐 보는 것이다.〔願乘長風, 破萬里浪.〕"라고 말한 고사가 전한다. 《宋書 卷76 宗慤列傳》

44 이공(李公)의……싶네 : 진도(珍島)를 바라보며 이순신(李舜臣)의 업적을 칭송하고 애도한다는 말이다. 이순신은 진도 울돌목에서 13척의 배로 130여 척의 왜군과 싸워 대승을 거뒀다. 이것이 곧 명량해전(鳴梁海戰)이다.

석성령[45]에서 구십호[46]를 바라보며

石城嶺 望九十湖

석양이 지려 하니 호수 밝고	落日欲落湖水明
호숫가 푸른 산들 종횡으로 뻗었네	湖上青山復縱橫
남쪽 언덕의 어촌은 몇 집뿐인데	南岸漁村凡幾家
추운 날씨 대 울타리에서 저녁연기 일어나네	天寒竹籬夕煙生
구십호 앞에 배 한 척 돌아오고	九十湖前一帆歸
석성령 꼭대기에 인적 드물구나	石城嶺頭少人行
구름 가의 절 아득히 바라보노라니	遙望招提在雲際
솔바람이 저녁 종소리 보내네	松風吹落暮鍾聲

45 석성령(石城嶺) : 저본(底本)에는 領으로 되어 있으나 《두타초(頭陀草)》 책18 〈남유록(南遊錄)〉에 석성령(石城嶺)으로 되어 있으므로 領을 嶺으로 수정하였다. 전라남도 해남군에 있는 고개로 추정되지만 어디인지 정확하지 않다.

46 구십호(九十湖) : 전라남도 강진군(康津郡)의 구십포(九十浦)를 말한다.

도중에 바라보니 조수가 막 물러나고 산 위의 해가 지려 하여 경치가 매우 아름다웠다

道中望見 潮水初退 山日欲落 光景甚奇也

바다 어귀 안개 낀 숲이 저 멀리 희미하더니	海門煙樹遠依微
석양 받아 문득 노을이 붉게 물들었네	霞氣翻紅受落暉
산은 갈기 날리며 꿈틀대는 성난 용 같고	山似怒龍張鬣動
조수는 병기 끌고 돌아가는 전마 같구나	潮如戰馬曳兵歸
백사장 평평해 어부의 집들 호수에 뜬 듯하고	沙平漁舍浮湖盡
하늘 넓은데 포구에 들어오는 배 드물구나	天闊風帆入浦稀
서쪽 숲에서 묵으려니 종소리 그쳤는데	投宿西林鍾磬歇
밤 깊어지자 그윽한 달이 승려의 집 비추네	夜深幽月照僧扉

만덕사[47]의 달밤

萬德寺月夜

밤 깊어지자 달 비로소 떠오르고　夜深月始生
바람 불어와 소나무 소리 크구나　風吹松聲長
산 정상은 이미 환한데　峰頂已微白
아래 물가는 아직 어둑하네　下渚猶蒼蒼
조수 밀려나자 뭇 산들 드러나고　潮落群山出
밝은 호수는 한 줄기 빛이로다　明湖一線光
이 경치 아는 이 아무도 없으니　無人識此景
문 열고 홀로 서성이노라　開戶獨彷徨

2

달이 솔숲 사이로 떠올라　月出松林間
밝게 호수 비추니　下照湖水明
호수 빛이 거울처럼 맑아　湖光澹如鏡
산 그림자 거꾸로 드리웠네　倒寫山影橫
손뼉 치며 멋지다 감탄하니　拍手叫奇絶
기러기 놀라 우는데　驚起鴻雁鳴
산승은 마치 고목인 양　山僧如枯木

47 만덕사(萬德寺) : 전라남도 강진군 도암면(道巖面) 만덕리(萬德里) 만덕산(萬德山)에 있는 절로, 백련사(白蓮寺)라고도 한다.

바야흐로 앉아 왕생을 생각하네 方坐念往生

3

구름 낀 나무 사이의 동쪽 암자에서 東菴雲木間
쓸쓸히 한 가닥 맑은 풍경소리 울리네 寥寥一淸磬
풍경소리 호수 밑에 떨어져 磬聲落湖底
그 속에서 교룡이 듣는구나 中有蛟龍聽
빈 물가에 안개 짙은데 空洲煙色深
달 떠올라 짙은 어둠 깨뜨리네 月出破遙暝
남쪽 누대에서 서성이며 徘徊南樓上
한바탕 웃으니 남은 흥취 있구나 一笑有餘興

4

인생 백 년 동안 人生百年間
맑은 경치 몇 번이나 만날까 能遇幾淸景
달 밝은 오늘 밤 만나 邂逅今夜月
일만 봉우리 정상에 있노라 寄身萬峰頂
호수 빛 고요히 흔들리지 않아 湖光靜不搖
어지러이 별 그림자 드리웠네 錯落星斗影
빈 산에 쓸쓸히 인적 없어 山空悄無人
기나긴 맑은 밤에 홀로 섰노라 獨立淸夜永

절 누각[48]에 올라

登寺樓

눈 아래 푸른 바다 드넓고　眼底滄溟大
높은 누각은 오랜 세월 겪었구나　危樓橫古今
신라 때 이 사찰 만들었는데[49]　新羅有此寺
이 늙은이 다시 올라왔네　老子復登臨
섬의 형세는 멀리 하늘 끝에 닿았고　島勢侵天遠
호수 빛은 햇살 품어 붉구나　湖光抱日深
천 년 묵은 동백나무 있어　千年冬柏在
온 뜰에 그늘 드리우네[50]　能作一庭陰

48 절 누각 : 이하곤의 글에 "절의 누각에는 만경이라고 편액을 걸었는데 앞쪽에 구십호가 있어서 풍경이 대단히 아름다웠다.〔寺樓扁以萬景, 前臨九十湖, 風景極佳.〕"라는 내용이 있는 것으로 보아 만덕사에 있는 만경루(萬景樓)를 가리키는 것으로 보인다. 《頭陀草 卌18 南遊錄》

49 신라……만들었는데 : 《신증동국여지승람(新增東國輿地勝覽)》 권37 〈전라도(全羅道) 강진현(康津縣)〉 불우(佛宇) 조에 백련사(白蓮寺)를 소개하였는데 "신라 시대에 세웠고 고려의 중 원묘(圓妙)가 중수하였으며 우리 세종 때에 중 행호(行乎)가 다시 중수하였다."라는 기록이 보인다.

50 천 년……드리우네 : 이하곤의 글에 "절의 누각에는 만경이라고 편액을 걸었다.……대개 이 절에는 삼절이 있는데 김생의 글씨와 서원의 동백나무와 이 누각까지 합하여 삼절이라고 한다. 동백나무도 빼어나 그 크기가 몇 아름이나 되고 그늘이 온 뜰에 가득하였다.〔寺樓扁以萬景……蓋寺中有三絶, 金生書西院山茶樹與此合爲三耳. 樹亦奇, 其大數抱, 陰滿一庭.〕"라고 하였다.

만덕사[51]에서

萬德寺

오래된 절에 승려는 적어	古寺居僧少
선방이 밤에 고요하고 쓸쓸하네	禪房夜寂寥
누대 밝아 먼 바다 보이고	樓明看遠海
달 나오자 썰물 소리 들리네	月出聽歸潮
김생이 썼다는 필적 빼어나고[52]	題榜金生妙
신라 때 쌓은 섬돌 오래되었구나[53]	築除羅代遙
동백나무에는 꽃이 피려 하고	山茶花欲發
비자나무는 잎 시들지 않았네	榧子葉難凋
높은 탑이 안개 속에 곧게 솟았고	危塔煙中直

51 만덕사(萬德寺) : 전라남도 강진군 도암면(道巖面) 만덕리(萬德里) 만덕산(萬德山)에 있는 절로, 백련사(白蓮寺)라고도 한다.

52 김생(金生)이……빼어나고 : 이하곤의 글에 "세상에 전하기를 김생이 절의 팻말을 썼다고 하는데 그 결법이 백월비의 결법과 같지 않은 것으로 보아 아마도 김생의 진적은 아닌 듯하다. 그러나 필세가 맑고 굳세니 또한 신라와 고려 사이의 명필의 솜씨이다.〔世傳金生題寺榜, 而結法與白月碑不類, 恐非金生眞蹟. 然筆勢淸勁, 亦羅麗間名筆也.〕"라고 하였다.《頭陀草 冊18 南遊錄》 김생(711～?)은 신라 시대의 서예가로 자는 지서(知瑞), 다른 이름은 구(玖)이다.

53 신라(新羅)……오래되었구나 : 이하곤의 글에 "승려가 누대 남쪽의 돌계단을 가리키며 말하기를 '이것도 신라 시대에 만든 것입니다.'라고 하였다. 잡석으로 쌓았는데 그 앞면이 깎은 듯하고 지금까지 몇 천 년이 지났지만 옛 모습 그대로 단단하고 치밀하다.〔僧指樓南石砌曰, 此亦羅時所創也. 以雜石築之, 面如削, 至今累千年, 堅緻如故.〕"라고 하였다.《頭陀草 冊18 南遊錄》

맑은 종소리가 대숲 너머에서 울려 퍼지네	淸鍾竹外飄
서쪽 암자 더욱 아름답다고 하니	西菴聞更好
내일 아침 지팡이 짚고 가리라	倚杖且明朝

해사의 방에 쓰다

題海師房

주지 승 명해(明海)는 경서의 뜻을 알고 매우 순후(醇厚)하였다.

십 리의 맑은 호수 달빛 받아 밝고	十里澄湖浸月明
불등 그림자 속에서 조수 소리 듣노라	佛燈影裏聽潮聲
누가 천향의 말[54]을 알겠는가	阿誰解道天香語
빛 감추지 않고 다시 이름 드러내는구나	不使韜光更擅名

54 천향(天香)의 말 : 천향은 일반적으로 진귀한 향을 일컫기도 하고 모란의 향을 의미하기도 하며 천상의 향기를 가리키기도 한다. 그러나 여기서는 불경(佛經)의 말을 의미하는 것으로 보인다. 《법화경(法華經)》 〈법사공덕품(法師功德品)〉에 "이 경전을 지닌 사람은 비록 여기에 머물러도 천상 제천의 향기를 맡을 수 있다.〔持是經者, 雖住於此, 亦聞天上諸天之香.〕"라고 하였다.

동파의 문 자 운에 맞춰서 신보[55]·성장[56]과 함께 짓다

次東坡門字韻 與信甫聖章同賦

쓸쓸한 저녁 비에 오막살이 어둑할 제	蕭蕭暮雨暗衡門
강진 바닷가 마을에 누웠네	來臥康津海上村
이미 대나무 바람소리 요란하지만	已厭竹喧風外響
달빛 속에 가득한 매화 모습만은 어여쁘다	獨憐梅鎖月中痕
탁한 샘물은 눈과 섞여도 달콤하지 못하고	濁泉和雪猶嫌澁
장무는 연기 같지만 기온은 따뜻하네	瘴霧如煙自覺溫
천 겹 구름과 숲 노령[57]이 가로막았으니	雲樹千重蘆嶺隔
꿈속에 돌아가는 길 헤맬까 두렵구나	夢中歸去恐迷魂

55 신보(信甫) : 송상윤(宋相允, 1674~1753)으로, 본관은 은진(恩津), 자는 신보, 호는 위와(韋窩)이다. 이하곤의 글에 "신보의 이름은 상윤이니 선생의 종제이다.〔信甫名相允, 先生宗弟也.〕"라고 하였으므로 그가 송상기(宋相琦)의 종제임을 알 수 있다. 《頭陀草 冊18 南遊錄》

56 성장(聖章) : 송필환(宋必煥, 1683~?)으로, 본관은 은진, 자는 성장이다. 송상기의 아들로 이하곤의 처남이다.

57 노령(蘆嶺) : 노령산맥(蘆嶺山脈)에 속해 있으며 전라남도 장성에서 전라북도 정읍으로 넘어가는 고개를 말한다. 갈재라고도 한다.

붙임 소식의 시[58]

산들이 에워싸고 물이 문 앞까지 들어오는 곳　亂山環合水侵門
나는야 회남의 궁벽한 마을에 있노라　身在淮南盡處村
오묘의 땅으로 점차 늘그막 계획 이루어가니　五畝漸成終老計
궁궐에는 옛 둥지의 흔적 새로 쓸어냈네[59]　九重新掃舊巢痕
어찌 익히 보아 물새들과 친해졌을 뿐이랴　豈惟見慣沙鷗熟
이미 자주 와서 낚시터도 따뜻해졌네　已覺來多釣石溫
오랫동안 동풍과 오늘을 약속했는데　長與東風約今日
은근한 향 매화의 혼이 먼저 돌아왔네　暗香先返玉梅魂

붙임 송상기의 시[60]

적막한 셋집 바다 어귀에 가까운데　寂寞僑居近海門
한겨울에 눈 내려 마을 어둡구나　窮陰雨雪暗荒村
자네 만나자 홀연 봄빛 돌았는데　逢君忽覺生春色

58 소식(蘇軾)의 시 : 《동파전집(東坡全集)》 권13에 수록된 〈6년 정월 20일에 다시 동문을 나서며 앞의 운자를 사용해 짓다〔六年正月二十日 復出東門 仍用前韻〕〉라는 작품이다.

59 궁궐에는……쓸어냈네 : 옛날 중국에서는 삼관(三館)을 두어 선비를 양성하고 장상(將相)의 재주를 지닌 이들을 모았는데, 소식은 일찍이 직사관(直史館)을 역임하였다. 그러나 산관(散官)이라고 생각하여 그 직명을 삭제한 지 오래되었고 이때에 사관(史館)도 폐지되었기 때문에 이렇게 읊은 것이라고 한다. 또는 소식이 황주(黃州)로 유배되자 다시 수용되지 못할 것을 알고 옛 집을 청소한다는 의미로 보기도 한다. 《蜀中廣記 卷98 註東坡詩四十二卷》《蘇詩補註 卷22 六年正月二十日復出東門仍用前韻》

60 송상기(宋相琦)의 시 : 《옥오재집(玉吾齋集)》 권4의 〈재대가 동파의 운자에 맞춰 지은 시에 차운하다〔次載大和東坡韻〕〉라는 작품이다.

나라 걱정에 부질없이 눈물 자국 남았네　　憂國空餘拭淚痕
반가운 눈빛[61]으로 밝힌 등불 함께 보고　　青眼共看燈燼落
시름겨워 따뜻한 술 내오라 부르네　　愁腸時喚酒杯溫
돌아갈 날 꼽아보니 며칠 남지 않아　　歸期屈指無多日
벌써 이별 생각에 다시금 애 끊어진다　　預怕臨岐更斷魂

61 반가운 눈빛 : 청안(青眼)은 반가워하는 눈빛을 말한다. 진(晉)나라 죽림칠현(竹林七賢)의 한 사람인 완적(阮籍)은 예법에 얽매인 속된 선비가 찾아오면 흰 눈을 뜨고 맑은 고사(高士)가 찾아오면 청안을 뜨고 대하였다고 한다. 《晉書 卷49 阮籍列傳》

또 앞의 운을 거듭 써서 옥오[62] 선생께 드리다

又疊前韻 呈玉吾先生

겨울에 문 닫고 《주역》 주석하시니	註易三冬獨閉門
선생은 무슨 일로 남쪽 마을에 누우셨나	先生何事臥蠻村
옥패 차고 조정으로 가던 길 꿈에도 희미한데	夢迷玉珮趨朝路
천향[63] 가득 스민 소매에 눈물 자국 남았네	淚濕天香滿袖痕
본분 지켜 편한 마음으로 바닷가에서 지내시는데	素履安心居瘴毒
나라 위한 깊은 근심에 따뜻한 겨울 탄식하네	深憂爲國歎冬溫
함께 회포 나눌 사람 없어	無人可與論懷抱
남쪽 가지 향해 옥혼을 부르노라[64]	欲向南枝喚玉魂

62 옥오(玉吾) : 송상기(宋相琦, 1657~1723)로, 본관은 은진(恩津), 자는 옥여(玉汝), 호는 옥오재(玉吾齋)이다. 이하곤의 장인이다.

63 천향(天香) : 궁중에서 쓰는 향이라는 뜻으로 어향(御香)과 같은 말이다.

64 남쪽……부르노라 : 매화가 피기를 바란다는 말이다. 남지(南枝)는 소식(蘇軾)의 시에 "나의 소원은 매화꽃 질 무렵에, 일찍 북쪽 기러기 따라 날갯짓 해 보는 것이라네.〔願及南枝謝, 早隨北雁翩.〕"라고 한 데서 유래하여 매화를 상징한다.《東坡全集 卷20 次韻蘇伯高遊蜀岡途李孝博奉使嶺表》 옥혼(玉魂)은 하얀 매화를 의미한다. 역시 소식의 시에 "나부산 아래 매화 마을에는, 옥설이 뼈가 되고 얼음이 넋이 되었네.〔羅浮山下梅花村, 玉雪爲骨冰爲魂.〕"라고 하였다.《東坡全集 卷22 十一月二十六日松風亭下梅花盛開》

붙임 송상기의 시

한 해 다하도록 틀어박혀 문 나가지 않았으니	終歲深居不出門
이내 신세 남쪽 바닷가에서 늙으려네	此身將老海南村
물가 난초 보며 가을 슬퍼 말고	汀蘭莫作悲秋思
울타리 아래 국화에서 눈 견디는 흔적 보아야지	籬菊須看傲雪痕
세상만사 혼란해도 마음만은 고요하니	萬事糾紛心獨靜
한 양이 돌아와 날씨도 따뜻해지네[65]	一陽來復氣初溫
하늘이 비를 내림은 뜻이 없지 않을 터	天公送雨非無意
더운 지방 일만 골짝의 지친 영혼 씻어주네	洗盡炎方萬壑魂

명(明)나라 사람의 시에 "한 줄기 비에 온 골짜기의 혼 비로소 맑아지네.〔一雨初淸萬壑魂〕"라고 하였다.

65 한 양(陽)이……따뜻해지네 : 일양래복(一陽來復)은 순음(純陰)의 10월 곤괘(坤卦 ䷁)에서 양이 하나 생겨 11월 복괘(復卦 ䷗)가 된다는 말로 11월이 되었다는 뜻이다. 이 말은 시기적으로 실제 11월이 되었다는 뜻이기도 하지만 소인들의 횡행이 극에 달했다가 양이 하나 생겨나 군자의 도가 다시 회복될 조짐이 있음을 의미하기도 한다.

앞의 운을 세 번 거듭 사용해 짓다
三疊前韻

쓸쓸한 등불 마주하고 있노라니 문에 비 내리는데	寒燈相對雨侵門
천 리 멀리 남쪽 바닷가에 함께 왔구나	千里同來南海村
오늘 더운 지방에 유배되어 온 것은	此日炎方禦魑魅
지난날 교묘한 참소로 흠집 들췄기 때문이지[66]	向來巧舌索瘢痕
백설처럼 아름다운 시사 잊기 어렵고[67]	難拚白雪詩辭妙
춘풍 같은 따뜻한 담소 오래 입었네[68]	長被春風笑語溫

66 오늘……때문이지 : 송상기(宋相琦)가 강진으로 유배온 것은 참소한 사람들이 사소한 문제점까지 들춰낸 결과라는 말이다. 어이매(禦魑魅)는 도깨비를 막는다는 뜻으로 유배를 의미한다. 《춘추좌씨전》 문공(文公) 18년 기사에 "순이 요 임금의 신하가 된 뒤에 사방의 문에서 현자들을 빈례로 맞이하고 혼돈·궁기·도올·도찬 등 흉악한 네 사람을 사방의 먼 변방으로 내쳐 사람을 해치는 괴물을 막게 했다.〔舜臣堯, 賓于四門, 流四凶族渾敦窮奇檮杌饕餮, 投諸四裔, 以禦魑魅.〕"라고 하였다.

67 백설(白雪)처럼……어렵고 : 송상기의 시가 훌륭하다는 말이다. 백설은 〈백설곡(白雪曲)〉을 가리킨다. 〈양춘곡(陽春曲)〉과 함께 초(楚)나라의 2대 명곡으로 내용이 매우 고상하여 예부터 창화(唱和)하기 어려운 곡으로 일컬어졌다. 춘추 시대에 초나라에서 어떤 나그네가 〈하리(下里)〉와 〈파인(巴人)〉의 노래를 부르니 수천 명이 따라 불렀고 〈양아(陽阿)〉와 〈해로(薤露)〉의 노래를 부르니 몇 백 명이 따라 불렀는데, 〈양춘〉과 〈백설〉의 노래를 부르니 몇 십 명밖에는 따라 부르지 못했다는 고사가 전한다. 《文選 卷45 宋玉對楚王問》

68 춘풍(春風)……입었네 : 송상기에게 많은 가르침을 받았다는 말이다. 정호(程顥)의 제자 유정부(游定夫)가 선생이 있던 곳으로부터 와서 양구산(楊龜山)을 방문했을 때 양구산이 그에게 온 곳을 묻자 "봄바람의 온화한 기운 가운데 석 달 동안 앉았다가 왔다."라고 대답한 고사가 전한다. 《宋元學案 卷14 明道學案》

또 꽃 피길 기다려 다시 만날 약속 남겼으니　　且待花開留後約
이별할 때 마음 상할 필요 없네　　不須臨別更銷魂

보림사[69]를 방문하다

訪寶林寺

옛 절을 승려 만나 묻고	古寺逢僧問
쓸쓸한 산에도 찾아가는 나그네 있네	寒山有客過
깊은 대숲에 눈은 남았고	竹深留雪少
우뚝 솟은 바위 하늘 향해 많구나	石聳向天多
저녁 새들은 모두 돌아오려 하고	夕鳥皆歸意
나무꾼의 노래 멀리서 들리네	樵人自遠歌
선문이 이미 가까운 줄 알겠으니	禪門知已近
그윽한 풍경소리 구름 넌출 속에서 나오네	幽磬出雲蘿

69 보림사(寶林寺) : 전라남도 장흥군 유치면 봉덕리에 있는 절이다.

보림사[70]에서

寶林寺

가람은 이미 서축과 나란하고[71] 伽藍已與西竺竝
특이한 자취 보조 때부터 남아 있네[72] 異蹟曾從普照存
법력은 밤에 연못물 뒤집어 변하고 法力夜翻潭窟改
늙은 용이 숨을 때 뇌우 시끄러웠다네 老龍潛遁雷雨喧
중문에 흙 검고 천왕상은 오래되었으며 重門地黑天王古
층층 누각에 구름 깊고 철불은 높구나[73] 層閣雲深鐵佛尊
신라 시대의 빗돌 지금도 있어서 羅代有碑今尙有
석양 질 때 와서 이끼 털며 읽노라 夕陽來讀抉苔痕

70 보림사(寶林寺) : 전라남도 장흥군 유치면 봉덕리에 있는 절이다.

71 가람(伽藍)은……나란하고 : 보림사가 인도 가지산의 보림사, 중국 가지산의 보림사와 함께 3보림으로 일컬어지기 때문에 이렇게 읊은 것으로 보인다.

72 특이한……있네 : 보림사에는 보조 선사(普照禪師)의 사리탑(舍利塔)이 있다. 이하곤의 글에 의하면 "절터는 예전에 연못으로 구룡이 살고 있었다. 보조가 신부를 던지자 용녀가 연못 가운데로부터 나와 보조에게 절하고 자신이 사는 곳을 바쳐 절을 짓게 해 달라고 요청하였다.〔寺址舊爲潭, 九龍居之. 普照投以神符, 龍女自潭中出拜普照, 請獻所居建寺.〕"라고 하였다.《頭陀草 冊18 南遊錄》

73 중문(重門)에……높구나 : 보림사 경내의 건물과 불상 등을 읊은 것이다. 이하곤의 글에 "사중문(四重門)을 지나니 동쪽과 서쪽에 각각 긴 행랑이 있었는데 승려들을 공양하는 장소로 쓰이고 있었다. 새로 지은 불전(佛殿)과 옛날의 불전은 층층으로 우뚝하여 높이가 수백 척이나 되었다. 2천 근의 쇠로 비로상(毘盧像)을 주조하여 옛날의 불전에 안치하였는데, 승려가 신라 때 만든 것이라고 하였다."라고 하였다.

2

명산 중에 천관산[74]이 가장 아름답다 하고	名山最說天冠勝
보배로운 사찰로는 가지사[75]가 빼어나다 들었네	寶刹曾聞迦智雄
두 곳이 모두 장흥에 있어	二者長興兼得有
지금 와서 보니 대략 같구나	今來所見略相同
천 근의 쇠로 비로상[76] 주조하고	千斤鐵鑄毗盧像
칠 척의 빗돌에 보조의 공적 새겼네	七尺碑鐫普照功
살펴보니 남쪽 승려들 대단히 부유해서	看取南僧豪富甚
사찰을 천궁처럼 조성했네	粧成佛地似天宮

74 천관산(天冠山) : 전라남도 장흥군(長興郡)에 있다. 장흥부 남쪽 40리에 위치하며 천풍산(天風山), 지제산(支提山)이라고도 한다.《頭陀草 冊17 南遊錄》

75 가지사(迦智寺) : 보림사가 가지산(迦智山)에 있으므로 가지사라고도 부른다.

76 비로상(毗盧像) : 비로자나불(毗盧遮那佛), 즉 부처의 진신상을 말한다. 보림사에는 국보 제117호로 지정된 철조비로자나불좌상(鐵造毘盧舍那佛坐像)이 있다.

노승 철한[77]이 내가 사는 곳을 여러 번 묻기에 이 시를 써서 농담하다

老僧澈閒累問余所住 書此戲之

한 평생 가고 머묾 산승과 같아	一生行止類山僧
여기저기 산과 물을 두루 다녔네	萬水千山踏遍能
이 늙은이가 사는 곳 알고자 한다면	欲識老夫居住地
지금 사는 곳 장흥이라네	卽今居住是長興

77 철한(澈閒) : 이하곤의 글에 "향화승 철한의 방에서 쉬었다.〔憩于香火僧澈閒房〕" 라고 한 것으로 보아 보림사의 승려임을 알 수 있다.

계순 대사가 동쪽 부도암에 사는데 선지를 조금 알았다. 나에게 무 자 송을 보여 주기에[78] 내가 다시 이 시를 써서 보여 주니 또한 선문의 기봉이다

戒淳大師居東浮屠菴 稍解禪旨 示余無字頌 余又作此以示 亦禪機也

차가운 달이 어찌 빛이 없으랴	寒月豈無色
삼라만상이 저마다 소리 지녔네	萬籟還有音
비단옷은 원래 스스로 빛나고	錦衣元自耀
온갖 풀은 본래 깊지 않다네	百草本不深

붙임 계순 대사의 무 자 송

삼동의 찬 달 빛나는 밤	三冬寒月夜
삼라만상이 고요하여 소리가 없구나	萬籟寂無音
비단옷 입고 고향으로 돌아가는 사람	衣錦還鄕子
노래하는 곳에 온갖 풀 깊구나	謳歌百草深

78 계순 대사(戒淳大師)가……주기에 : 이하곤의 글에 "부도암의 승려 계순이 마침 왔으므로 그와 함께 선지를 이야기하니 아는 것이 있었고 80여 세나 되었는데 모습도 늙지 않았다.……부도암에 도착하니 계순 대사가 맞이하여 방으로 들어갔는데, 벽 위에 무 자 송이 있었으니 계순 대사가 직접 지은 것이다.〔浮屠菴僧戒淳適至, 與語禪旨, 頗有解處, 年八十餘, 貌亦不衰.……至浮屠菴, 淳師延之入室, 壁上有無字頌, 淳師自製也.〕"라고 하였다.《頭陀草 冊18 南遊錄》

헤어지면서 한 게송을 지어 보여 주다

臨別作一偈以示

갈 적에는 갈 곳이 있으며	去有去處
올 적에는 올 때가 있는데	來有來時
가고 옴이 없는 것은	無去無來
오직 나와 대사 뿐	惟我與師

계순 대사[79]가 나를 노방[80]이라고 지목하므로 이 시를 써서 웃다

淳目余以老龐 書此解哃

선승 만나 선담 나누지 않나니　　相逢禪客不談禪
구름은 허공에 달은 하늘에 있구나　　雲在虛空月在天
자세히 무 자 탐구하지만 도리어 일 많으니　　細求無字還多事
늙은 나는 평생 늙은 도현을 비웃었지　　老我平生笑老玄

방거사(龐居士)의 자(字)가 도현(道玄)이다.

79 계순 대사(戒淳大師) : 보림사(寶林寺) 부도암(浮屠菴)의 승려이다.

80 노방(老龐) : 당(唐)나라의 거사(居士) 방온(龐蘊, ?~808)으로, 자는 도현(道玄)이며 형양(衡陽) 사람이다. 그의 게송(偈頌)에 "다만 뭇 있는 것들을 비었다고 여길지언정 모쪼록 뭇 없는 것을 실제 있다고 여기지 말라.〔但願空諸所有, 切勿實諸所無.〕" 라는 말이 있다. 《佛祖歷代通載 卷15 唐 居士龐蘊》

돌아가는 길

歸路

동쪽 암자에서 또 죽림의 기약 이루었으니　東菴又果竹林期
사리대 앞에서 웃으며 작별하기 아쉽네　舍利臺前笑別遲
덩굴 너머 맑은 풍경소리가 나그네 전송하니　蘿外淸磬遙送客
가마 타고 석양 무렵에 돌아가네　籃輿歸去夕陽時

계순 대사[81]가 이별할 때 웃으며 말하기를 "노승이 보림사[82]를 태워버리려고 하는데 절의 승려들이 만류할까 두려워서 하지 못합니다." 하였다. 내가 돌아가는 길에 다시 일전어[83]를 써서 부치니 그가 본다면 아마도 껄껄거리며 크게 웃을 것이다

淳師臨別笑曰老僧欲燒却寶林寺 但恐寺僧阻搪不果 余歸路更下一轉語寄去 渠見之 定當呵呵大笑

보림사 소각하고	燒却寶林寺
부도대 깨뜨려야 하니	打破浮屠臺
그대 계순이 이렇게 한다면	汝淳能如是
그런 뒤에 여래를 보리라	然後見如來

81 계순 대사(戒淳大師) : 보림사(寶林寺) 부도암(浮屠菴)의 승려이다.

82 보림사(寶林寺) : 전라남도 장흥군 유치면 봉덕리에 있는 절이다.

83 일전어(一轉語) : 깨달음의 계기를 제공해 주는 한마디 번뜩이는 선어(禪語)를 말한다.

강진 잡시
康津雜詩

남방에 해 저물어 장무 어둑하고　　蠻天日落瘴煙昏
대숲 속의 민가들 일찍 문 닫았네　　竹裏人家早掩門
우습다 덧없는 인생 정처 없어　　自笑浮生無住着
올겨울에는 바다 남쪽 마을에 누웠네　　今冬來臥海南村

2
평소 남쪽 눈은 쌓이지 않는데　　常時南雪不成堆
남쪽 눈이 올해는 더욱 장관 이루었네　　南雪今年更壯哉
수인산[84] 꼭대기 바라보니　　試向脩因山上望
무수한 은빛 봉우리 하늘에 펼쳐졌다　　銀峰無數倚天開

3
잡석으로 거북무늬처럼 자성[85] 쌓아　　雜石龜文築子城
성 안에 주둔하니 이곳은 병영이네　　城中駐箚是兵營
주민은 족히 삼천 호나 되는데　　居民恰滿三千戶
모두 군관으로 성을 지키는 병사라네　　盡是軍官守堞兵

84 수인산(脩因山) : 전라남도 강진군과 장흥군 일대에 걸쳐 있는 산이다.

85 자성(子城) : 큰 성에 부속된 작은 성인데 내성(內城)이나 외성 바깥쪽에 있는 옹성(甕城)・월성(月城) 따위를 일컫는다.

4

남쪽 강진은 토질 비옥해 살 만하니 南康土沃儘堪居
일 묘의 땅에서 가을에 백 석 넘게 수확하네 一畝秋收百石餘
출입할 때 모두 제주의 말을 타고 出入皆騎濟州馬
반찬은 덕진의 물고기를 즐겨 먹네 盤餐偏喫德津魚

5

하늘이 병영에 적합하게 지세 만들어 天爲兵營地勢開
하천은 평평하고 들은 넓으며 산이 사방 에웠네 川平野闊四山回
봉우리 정상의 괴석에 수인사[86] 있어 峯頭怪石脩因寺
성 밖의 아름다운 경관을 다 볼 수 있네 城外奇觀一望臺

6

집집마다 우물 있는데 一家家內一泓泉
물맛은 대부분 비린내가 나는구나 水味大都腥溢然
풍토병이 대부분 샘물에서 비롯되니 瘴疾多從泉水得
비를 탓하지 말아야 하는데 안개까지 꾸짖네 莫須罵雨更嗔煙

7

눈 속에도 언제나 푸른 동백나무 雪裏長靑冬栢樹
집 둘러 울타리 되니 삼대처럼 흔하네 編籬縛屋賤如痲

86 수인사(脩因寺) : 전라남도 강진군의 수인산에 있었던 절이다. 《新增東國輿地勝覽 卷37 全羅道 康津縣 佛宇》

북쪽 사람들의 분경[87] 참으로 우스우니 北人盆景眞堪笑
봄에 붉은 꽃 피어나도 자랑할 것 없네 春後舒紅未足誇

8
백양촌의 김 처사는 白羊村裏金處士
일생의 지기 정송강이었네[88] 一生知己鄭松江
그의 가사 회자되어 지금도 들을 수 있으니 歌詞膾炙聞猶在
〈관동별곡〉과 쌍벽이 될 만하네 可作關東別曲雙

9
남부의 번화한 곳으로 이 고장을 말하는데 南土繁華說此鄕
뛰어난 인재 다시 이씨 댁 아들 있네 奇才更有李家郎
기생이 새로운 번곡 배워 妓生學得新飜曲
〈춘면곡〉 한 곡에 만 줄기 눈물 흐르네 一闋春眠淚萬行

〈춘면곡(春眠曲)〉은 진사 이희징(李喜徵)이 지은 것인데, 소리가 대단히

87 분경(盆景) : 항아리에서 재배하는 꽃과 나무를 말한다. 원나라 때에는 사자경(些子景)이라 했다.

88 백양촌(白羊村)의……정송강이었네 : 이하곤의 글에 "다시 남쪽으로 10리 쯤 가서 백양촌에 도착하였다. 옛날에 처사 김응정이 이곳에 살았는데, 송강과 매우 친했고 은거하며 벼슬하지 않았다. 문장에 뛰어났으며 특히 소령 짓기를 좋아하였다. 그가 지은 여러 곡들이 그의 손자의 집에 지금도 보관되어 있다고 한다.〔復南轉十里, 至白羊村, 昔有處士金應鼎居之, 與松江相友善, 隱居不仕, 能文詞, 尤喜作小令, 所作諸曲, 尙藏其孫家云.〕"라고 하였으므로 김 처사는 김응정을 가리킨다.《頭陀草 冊17 南遊錄》 송강(松江)은 정철(鄭澈, 1536~1593)로, 본관은 연일(延日), 자는 계함(季涵), 호는 송강이다. 〈관동별곡(關東別曲)〉, 〈사미인곡(思美人曲)〉 등을 남겼다.

처량하여 듣는 이들마다 모두 눈물을 흘렸다.

10

승가의 석가산[89]을 가장 많이 말하는데　最說昇家石假山
몇 개의 거친 돌만 작은 연못 사이에 있네　數拳頑石小池間
정원 가운데 일천 그루 대나무 있어　庭中獨有千竿竹
눈 속에 푸르니 미소 짓게 하누나　雪裏青青一解顏

89 승가(昇家)의 석가산(石假山) : 어디에 있는 석가산을 가리키는지 분명하지 않다. 다만 이하곤의 글에 "사람들이 승가의 석가산이 멋지다고들 하기에 길을 돌아 들러보았다. 초당 앞에 작은 연못을 파고 몇 개의 거친 돌을 늘어놓았을 뿐 볼만한 것이 없었다. 다만 수많은 대나무가 집을 두르고 무성하게 솟아 있었다.〔人盛稱昇家石假山之勝, 迂路過之, 草堂前鑿小池, 上列數拳頑石, 無可觀, 但萬竿脩竹, 繞舍森立.〕"라고 하였다. 《頭陀草 冊17 南遊錄》

신보[90]가 율시 한 수를 보여 주었는데 보림사[91] 유람을 기술한 것이었다. 화운하여 답하다[92]

信甫示一律 述寶林之游 和韻答之

호남의 명승으로 무주[93]를 말하는데	名勝湖南說武州
보림사에서 또 맑은 유람 즐겼네	寶林寺裏又淸遊
구름 뚫고 깊은 골짝으로 가마 타고 들어가	穿雲深洞籃輿去
눈 밟으며 천 봉우리를 나막신 신고 두루 다녔지	踏雪千峰蠟屐搜
아름다운 시구는 진흙 불상이 비웃겠지만	佳句定敎泥佛笑
선기는 이미 노승을 부끄럽게 하였네[94]	禪機已遣老僧羞
오랫동안 삼각에 살지 못하니	長年未辦栖三閣

90 신보(信甫) : 송상윤(宋相允, 1674~1753)으로, 본관은 은진(恩津), 자는 신보, 호는 위와(韋窩)이다. 270쪽 각주55 참조.

91 보림사(寶林寺) : 전라남도 장흥군 유치면 봉덕리에 있는 절이다.

92 신보가……답하다 : 저본(底本)에는 이 시의 다음에 같은 제목이 반복하여 등장한다. 이 번역서에서는 두 번째 제목을 삭제하고 이 제목 아래에 2수(首)를 배열하였다.

93 무주(武州) : 현재의 광주(光州)를 가리킨다. 《신증동국여지승람(新增東國輿地勝覽》 권35 〈전라도(全羅道) 광산현(光山縣)〉 건치연혁(建置沿革) 조에 "경덕왕(景德王) 16년에 무주로 고쳤다."라고 하였는데, 그 아래에 "무주를 광주라고 부른 것은 견훤 때부터였다."라고 하였다.

94 선기(禪機)는……하였네 : 《두타초(頭陀草)》 책10에 〈계순 대사가 동쪽 부도암에 사는데 선지를 조금 알았다. 나에게 무 자 송을 보여 주기에 내가 다시 이 시를 써서 보여 주니 또한 선문의 기봉이다〔戒淳大師居東浮屠菴 稍解禪旨 示余無字頌 余又作此以示 亦禪機也〕〉라는 작품이 있는 것으로 보아 이하곤이 계순 대사에게 보여준 이 시를 두고 한 말로 보인다.

한가한 복을 머리 깎은 이에게 양보함 부끄럽네　閒福終慙讓禿頭

보림사(寶林寺)에 불자각(佛子閣)과 용자각(龍子閣)과 천자각(天子閣)이 있는데 모두 그윽하고 깨끗하여 살 만하다.

2

호남의 수십 고을을 다 다녔으니　踏盡湖南數十州
평생 이 멋진 유람 가장 많이 말하리　平生最說此奇遊
천관산[95]의 설경 속을 외로운 지팡이 짚고 가서　天風雪色孤笻去
푸른 바다의 구름 파도를 직접 보았네　滄海雲濤一目搜
나의 여행을 승려들은 괴이하게 여겼고　行李頻遭僧見怪
티끌 마음은 부처 마주할 때마다 부끄러웠지　塵心每對佛含羞
내일 아침 월출산에 그대와 함께 가서　明朝月出同君往
다시 높은 구정봉 꼭대기에 의지하리　更倚危峰九井頭

95 천관산(天冠山) : 천풍(天風)은 전라남도 장흥군(長興郡)에 있는 천관산으로 천풍산(天風山), 지제산(支提山)이라고도 한다. 《頭陀草 冊17 南遊錄》

수인사[96]에 올라 신보[97]의 시를 차운하다
登脩因寺 次信甫韻

구불구불 험한 돌길 구름 속으로 들어가니	百盤危磴入雲斜
덩굴 너머 맑은 종소리에 사찰 있는 줄 알겠네	蘿外清鍾認佛家
모래 언덕에 조수 돌아가 아득히 바다 같고[98]	沙岸潮歸遙似海
숲에 비 내리다 해 나오니 저물녘 노을 지네	林霏日出晩成霞
외로운 봉우리 우뚝 솟아 머리 들어 쳐다보고	孤峰忽矗頭頻擧
멋진 시 원만히 지어지니 절로 깍지 끼네[99]	好句將圓手自叉
그윽한 대숲 다 지나서야 겨우 쉬는데	穿盡幽篁纔歇脚
승려가 웃으며 솔잎차 내오는구나	山僧一笑進松茶

96 수인사(脩因寺) : 전라남도 강진군의 수인산에 있었던 절이다. 《新增東國輿地勝覽 卷37 全羅道 康津縣 佛宇》

97 신보(信甫) : 송상윤(宋相允, 1674～1753)으로, 본관은 은진(恩津), 자는 신보, 호는 위와(韋窩)이다.

98 모래……같고 : 이하곤의 글에 "천풍산과 만덕산 등이 구름 가에 출몰하고 바다가 희미하여 바라보노라니 마치 한 줄기 모래 언덕 같았다.〔天風萬德諸山, 出沒雲際, 海色微明, 望之如一帶沙岸.〕"라고 한 것으로 보아 수인산에서 바다 쪽을 바라보며 보이는 산들의 풍경을 읊은 것으로 보인다. 《頭陀草 冊18 南遊錄》

99 멋진……끼네 : 수인산의 경치가 멋져서 시를 짓기가 수월하다는 말이다. 당(唐)나라 시인 온정균(溫庭筠)은 시를 민첩하게 잘 지었는데, 그는 여덟 번 깍지 끼는 사이에 팔운(八韻)의 시를 이루었으므로 그를 온팔차(溫八叉)라고 불렀다는 고사가 전한다. 《北夢瑣言 卷4》

석문암 서대에 오르다

上石門菴西臺

석문암(石門菴)은 수인사(脩因寺)[100] 북쪽에 있다. 그 앞에 매우 높은 바위가 있어서 바다를 볼 수 있다.

쓸쓸히 찬 날씨에 나무마다 애잔한데	蕭瑟寒天萬木哀
슬픈 노래 부르며 나그네 높은 바위에 기댔네	悲歌與客倚高臺
산바람이 갑자기 거세지더니 눈 내리고	山風乍急雪初下
바다 빛깔 밝아지자 조수 밀려오려 하네	海色忽明潮欲來
한가한 날에 멋진 모임 자주 가져야 하니	暇日卽須頻勝會
백년 인생에 몇 번이나 깊은 술잔에 취할까	百年能醉幾深杯
고향은 어디인가 종남산 멀기만 한데	故園何在終南遠
저물녘 뜬 구름에 홀로 머리 돌리네	日暮浮雲首獨回

100 수인사(脩因寺) : 전라남도 강진군의 수인산에 있었던 절이다. 《新增東國輿地勝覽 卷37 全羅道 康津縣 佛宇》

이 우후[101] 순좌 가 함께 수인사[102]에 올랐는데 매우 정성스럽게 시를 요청하므로 이 시를 써서 주다

李虞侯 舜佐 偕登脩因寺 索詩頗勤 書此贈之

붉은 얼굴과 수염 진정 젊은 때인데	紅面紫髥正少年
씩씩한 마음 홀로 만부의 앞에 빼어나구나	雄心獨出萬夫前
긴 활로 흰 이마의 호랑이를 쫓고[103]	長弓自逐白額虎
촛불 밝히고 자주 황석의 책을 여는구나[104]	高燭頻開黃石編
오래된 절에 함께 오니 산에는 눈 내리려는데	古寺同來山欲雪
높은 바위에서 한번 바라보니 바다가 하늘 같네	危臺一望海如天
남아의 만남과 헤어짐 본래 정해지지 않았으니	男兒聚散元無定
슬픈 노래로 이별의 자리 시름겹게 하지 말라	莫遣哀歌懰別筵

101 이 우후(李虞侯) : 이순좌(李舜佐, 1684~?)로, 인적 사항은 자세하지 않다. 《두타초(頭陀草)》 책11 〈금강행(錦江行)〉에 "영장 이순좌가 일찍이 전라 우후를 지냈기 때문에 이 우후라고 불렀으니 옛 관직을 따른 것이다.〔李營將舜佐曾爲全羅虞侯, 故稱李虞侯從舊職.〕"라는 소주(小註)가 있다.

102 수인사(脩因寺) : 전라남도 강진군의 수인산에 있었던 절이다. 《新增東國輿地勝覽 卷37 全羅道 康津縣 佛宇》

103 긴……쫓고 : 이순좌의 무예와 기백이 뛰어남을 읊은 것이다. 백액호(白額虎)는 범의 별칭이다. 범이 늙으면 이마가 희게 변하는데 특히 힘이 세고 기세가 사나워 사람이 잡기 어렵다고 한다. 참고로 왕유(王維)의 시에 "산중의 이마 흰 범을 쏘아 죽였다.〔射殺山中白額虎〕"라는 구가 있다. 《山堂肆考 卷161 老將行》

104 촛불……여는구나 : 이순좌가 병법을 부지런히 공부한다는 말이다. 황석(黃石)은 황석공(黃石公)이다. 한(漢)나라 장량(張良)이 하비(下邳)의 다리 위에서 황석공을 만나 《태공병법(太公兵法)》을 받았다는 고사가 전한다. 《史記 卷55 留侯世家》

옥오 선생께서 여 자의 시를 차운하여[105] 보여 주시므로 삼가 화운하다

玉吾先生次示餘字韻 奉和

외람되이 이십여 일 동안 선생 모시고	叨陪杖屨兩旬餘
날마다 침상 앞에서 안부 여쭈었습니다	日日床前問起居
달밤에 문장 논하니 회동 같았고	夜月談文灰洞似
등불 앞에 눈 읊으니 옥오재 같았지요[106]	寒燈賦雪玉齋如

2

성인이 우환 뒤에 《주역》 지으셨으니[107]	聖人作易憂患餘
홀로 지낼 때[108] 마땅히 힘써 읽어야 합니다	着力端宜在索居

105 옥오(玉吾)……차운하여 : 옥오는 송상기(宋相琦, 1657~1723)로, 본관은 은진(恩津), 자는 옥여(玉汝), 호는 옥오재(玉吾齋)이다. 이하곤의 장인이다. 송상기의 《옥오재집》 권4에 〈차재대운구호송별(次載大韻口號送別)〉이라는 제목으로 8수(首)의 시가 수록되었는데, 그 가운데 앞의 3수가 餘 자를 운으로 삼았다.

106 달밤에……같았지요 : 강진에서 송상기와 함께 문장을 논하고 시를 지으며 과거에 함께 했던 모습을 회상하였다. 회동(灰洞)은 미상이다. 옥오재는 대전광역시 대덕구 읍내동에 있다. 그 명칭과 관련해서는 《옥오재집》 권13 〈옥오재기(玉吾齋記)〉에 자세하다.

107 성인(聖人)이……지으셨으니 : 신농(神農)과 황제(黃帝)가 역효(易爻)와 괘상(卦象)을 만든 뒤에 문왕(文王)이 유리(羑里)옥에 갇혀있을 때 《주역》을 만들었다. 목적은 후세에 법을 남겨 근심을 예방하기 위해서였다고 한다. 《주역》 〈계사전 하(繫辭傳下)〉에 "《역》이 일어남은 중고 시대일 것이다. 《역》을 지은 자는 우환이 있었을 것이다.〔易之興也, 其於中古乎. 作易者, 其有憂患乎.〕" 하였다.

곤경에 처해 반드시 두려운 마음 지녀야 하니[109] 處困只須心惕若
도가 궁하다고 어찌 반드시 눈물만 흘리겠습니까 道窮何必泣漣如

위는 〈《주역》을 읽다〔讀易〕〉에 답한 것이다.

3

세모의 강담 쓸쓸한데[110] 歲暮江潭搖落餘
일편단심 임금을 그리셨습니다 一心長戀玉宸居
주애와 금마[111]가 본래 무슨 물건입니까 朱厓金馬元何物
인간세상 영욕은 꿈인가 합니다 人世榮枯夢幻如

108 홀로 지낼 때 : 삭거(索居)는 이군삭거(離群索居)와 같은 말로 벗들을 떠나 홀로 지냄을 의미한다. 자하(子夏)가 아들을 잃고 너무 슬퍼하여 실명(失明)했는데, 증자(曾子)의 꾸지람을 받고 자책하기를 "내가 무리를 떠나 외롭게 있은 지 이미 오래되었다.〔吾離群而索居, 亦已久矣.〕"라고 한 고사에서 유래하였다.《禮記 檀弓上》

109 곤경(困境)에……하니 : 《주역》〈건괘(乾卦) 구삼(九三)〉에 "군자가 종일토록 힘쓰고 힘써 저녁까지도 두려워하면 위태로우나 허물이 없으리라.〔君子終日乾乾, 夕惕若, 厲, 无咎.〕"라고 하였다.

110 세모(歲暮)의 강담(江潭) 쓸쓸한데 : 송상기의 적소 분위기를 읊은 것이다. 요락(搖落)은 가을철을 형용하는 말이다. 송옥(宋玉)의 〈구변(九辯)〉에 "슬프다, 가을 기운이여. 쓸쓸하게 초목은 바람에 흔들려 땅에 지고 쇠한 모습으로 바뀌었도다.〔悲哉秋之爲氣也, 蕭瑟兮草木搖落而變衰.〕"라고 하였다.

111 주애(朱厓)와 금마(金馬) : 주애는 한 무제(漢武帝) 때 월(越)을 평정하고 설치한 군(郡)의 이름으로 대해(大海) 가운데에 있다.《漢書 卷6 武帝紀》 험준하고 멀리 있어 죄 지은 대신을 귀양 보냈으므로 귀양지의 대명사로 사용된다. 이덕유(李德裕)가 참소를 받고 애주 사호참군사(崖州司戶參軍事)로 폄적(貶謫)되어 가서 죽은 일이 있는데 주애를 애주라고도 한다.《新唐書 卷180 李德裕列傳》 금마는 한나라 미앙궁(未央宮)의 대문인 금마문(金馬門)을 가리킨다. 한나라 때 선비가 시험에 합격한 다음 금마문에서 임명을 기다렸다. 여기서 주애는 곤욕을, 금마는 영광을 의미하는 말이다.

삼가 류 자에 화답하다

奉和留字

장기 가득한 남방은 머물 수 없으니	瘴癘南方不可留
푸른 산 끝난 곳에 바다가 아득합니다	青山盡處海悠悠
돌도 굴리는 거센 바람 진실로 두렵고	盲風走石眞堪怕
하늘에 닿은 독한 안개 더욱 걱정스럽습니다	毒霧薰天更足愁

2

처음에는 몇 십일 동안 머물려 했는데	始期相守數旬留
이 계획도 남쪽에 와서 어긋났습니다	此計南來亦謬悠
열흘 동안 천관산에서도 이별을 한했는데	十日天風猶恨別
내일 아침 노령에서 시름을 어찌한단 말입니까	明朝蘆嶺豈堪愁

기(豈)는 갱(更)으로도 쓴다.

3

저의 가는 길 비록 늦추고 싶지만	吾行縱欲更遲留
집 떠난 지 오래니 어찌한단 말입니까	其奈離家歲月悠
흰 대사립 앞에 동백나무 있으니	白竹扉前冬柏樹
꿈속의 넋이 아마 이 가운데 시름겹겠지요	夢魂應向此中愁

삼가 면 자에 화운하다[112]

奉和眠字

과천현 북쪽 주막에서 잤었는데[113]	果川縣北店中眠
당시를 떠올리니 이미 아련합니다	追記當時已黯然
천 리 밖에서 함께 밝은 달빛 보다가	千里同看明月色
일 년 동안 구름 가에서 서로 바라만 보았습니다	一年相望海雲邊

2

깊은 밤까지 이야기하며 잠들지 못하니	話到深宵自不眠
대나무 창에 등불이 다시 밝습니다	竹牕燈火更熒然
여기서 서로 만나니 꿈만 같아	此地相逢如夢寐
비로소 남쪽 끝에 떠도는 줄을 알겠습니다	始知流落在南邊

112 삼가……화운(和韻)하다 : 저본(底本)에는 이 제목 다음에 다시 동일한 제목이 있는데, 이 번역서에서는 두 번째 제목을 삭제하고 이 제목 아래에 5수(首)를 모두 배열하였다. 송상기(宋相琦)의 《옥오재집(玉吾齋集)》 권4에 〈차재대운구호송별(次載大韻口號送別)〉이라는 제목으로 8수의 시가 수록되었는데, 그 가운데 뒤의 5수가 眠 자를 운으로 삼았다.

113 과천현(果川縣)……잤었는데 : 송상기가 처음 유배지로 출발할 때 이하곤을 비롯한 그의 사위들과 함께 과천을 지난 일이 있다. 이하곤의 《두타초(頭陀草)》 책9에 수록된 〈송행지과천……(送行至果川……)〉이 당시에 지은 시이다.

3

아득한 세상사야 잠들면 그뿐인데 茫茫世事只堪眠
그리던 마음 하소연하고 나니 눈물 흐릅니다 訴盡相思一泫然
일찍이 월출산이 천 리나 멀다고 했는데 曾說月山千里遠
강진은 월출산보다 더 멉니다 康津更過月山邊

4

이별할 생각에 오늘 밤 잠들지 못하니 別意今宵已不眠
내일은 더욱 먹먹할 줄을 알겠습니다 應知明日更茫然
선생께서는 방두 읊으며 상수 가에 머무시고[114] 君吟芳杜留湘岸
저는 찬 구름 따라 서울로 가겠지요 我逐寒雲向日邊

5

헤어지며 평안하시기를 간절히 바라니 臨分至祝在安眠
만남과 이별 대체로 구름과 같습니다 聚散如雲大抵然
머지않아 임금의 글이 기쁜 소식 전하리니 早晩天書傳喜語
미호에서 웃기를 기약합니다[115] 相期一笑渼湖邊

114 선생께서는……머무시고 : 송상기가 적소(謫所)인 강진에서 청결하게 지조를 지키며 지낼 것이라는 말이다. 방두(芳杜)는 향초의 일종이다. 《초사(楚辭)》〈산귀(山鬼)〉에 "산중의 사람이 두약을 따며 바위틈의 물을 마시고 송백의 그늘에서 쉬도다.〔山中人兮芳杜若, 飮石泉兮蔭松栢.〕"라고 하였다.

115 머지않아……기약합니다 : 가까운 시기에 해배(解配)되어 미호(渼湖)에서 만나게 되기를 희망한 말이다. 미호는 현재의 대전광역시 대덕구 미호동으로 송상기와 그의 부친 송규렴이 학문을 연마하고 거주하였던 곳이다.

말 위에서 또 면 자를 사용해서 감회를 쓰다

馬上又用眠字書懷

이별의 시름에 취한 듯이 안장 안고 자다가	離愁如醉抱鞍眠
동쪽 성 돌아보니 벌써 까마득하네	回首東城已杳然
전송한 뒤로 대화할 사람 없으리니	送後更無人對話
병풍에 의지해 눈물만 흘리시겠지	只應流淚倚屛邊

백운동에서

白雲洞

고(故) 정자(正字) 이언렬(李彦烈)[116]의 별업(別業)이다. 마당 가운데 샘물을 끌어들여 잔을 띄우는 물굽이를 만들었는데 지금은 없어졌다. 동백이 바야흐로 만개해 있었다.

백운동에 말 멈추고	駐馬白雲洞
문에 들어가니 소나무가 뜰에 가득하네	入門松滿庭
꽃은 눈 남은 나무에 피었는데	花開餘雪樹
사람은 떠나고 숲 속 정자만 남았네	人去獨林亭
물굽이는 언제 없어졌나	曲水何年廢
긴 대나무만 절로 푸르구나	脩篁只自青
옛 단에 와서 지팡이 짚고 서니	古壇來拄杖
그윽한 뜻 다시 맑구나	幽意更泠泠

116 이언렬(李彦烈) : 1680～1719. 본관은 원주(原州), 자는 열경(烈卿), 호는 애일암(愛日菴)이다.

안정동의 이씨 정자에서

安靜洞 李氏亭

참봉(參奉) 이징귀(李徵龜)의 별업(別業)이다. 백운동(白雲洞) 서쪽 2리쯤에 있다.

이씨의 정자 월출산 앞에 있어	李家亭子月山前
한 골짝의 경치를 독차지하였네	占取風煙一壑專
긴 대나무 숲 가운데 괴석 있고	脩竹林中元怪石
오래된 매화나무 아래 맑은 샘 있구나	古梅樹下卽清泉
명성 듣고 지난날 마음으로만 달렸는데	聞名異日神空往
차가운 날 지팡이 짚고 오니 흥취 절로 넘치네	倚杖寒天興自偏
높은 안목으로 응당 품평하셨을 텐데	高眼定應題品在
구원에서 어떻게 삼연[117]을 일으킬까	九原何以起三淵

삼연(三淵) 어른이 일찍이 이 마을에 들러 동쪽 암자에서 묵고 떠나셨다. 성장(聖章)[118]이 일찍이 그 아름다움을 극찬했었다.

117 삼연(三淵) : 김창흡(金昌翕, 1653~1722)으로, 본관은 안동(安東), 자는 자익(子益), 호는 삼연이다. 《三淵集 拾遺 卷32 附錄 行狀》

118 성장(聖章) : 송필환(宋必煥, 1683~?)으로, 본관은 은진(恩津), 자는 성장이다. 송상기의 아들로 이하곤의 처남이다.

무위사[119]에서

無爲寺

절의 벽에 관음상(觀音像)이 있는데 필법이 대단히 빼어나다. 세상 사람들은 오도현(吳道玄)[120]의 그림이라고 하는데 사실이 아니다. 또한 신라에서 고려 시대 사이의 명필이 그린 것이다.

솟은 바위 봉우리마다 빼어나고	立石峰皆秀
그윽한 대밭에 절은 깊숙이 자리했네	幽篁寺更深
높은 비석은 원각 대사의 것이고[121]	危碑自元覺
오래된 벽에는 관음상이 보이네	古壁見觀音
풍경소리 그쳤지만 바람은 길게 불어오고	磬歇風猶永
찬 이불에 달빛 스며들어오네	衾寒月欲侵
승려들 모두 속물들인데	居僧俱俗物
마주해 보니 또한 선심 있구나	相對亦禪心

119 무위사(無爲寺) : 전라남도 강진군 성전면 월출산(月出山) 남동쪽에 있는 절이다. 신라 시대 원효(元曉)가 창건하였다.

120 오도현(吳道玄) : 당(唐)나라 때의 화가이다. 현종(玄宗)에게 그림 재주를 인정받아 궁정화가가 되었다.

121 높은……것이고 : 무위사에 신라 시대 말기의 승려인 선각 대사(先覺大師) 형미(逈微)를 기리기 위해 세운 선각대사편광탑비(先覺大師遍光塔碑)가 있는 것으로 보아 여기서의 원각(元覺)은 선각 대사를 가리키는 것으로 보인다. 형미는 당나라에 건너갔다가 14년 만에 돌아와 무위사에서 8년간 머물렀다. 918년에 입적하자 고려 태조가 선각이라는 시호를 내리고 탑 이름을 편광영탑(遍光靈塔)이라고 하였다.

최치완[122] 군이 전송하러 무위사까지 왔기에 헤어지면서 이 시를 써서 주다

崔君致完送至無爲寺 臨別書贈

내 시는 천 균의 쇠뇌와 같아	我詩眞似千勻弩
아무에게나 경솔하게 주지 않지	不向人人輕發之
오늘 아침 그대에게 주는 뜻 알아야 하니	須識今朝贈君意
그대가 전송하러 무위사까지 왔기 때문이네	爲君相送到無爲

122 최치완(崔致完) : 이하곤의 장인인 송상기(宋相琦)가 강진(康津)에 유배 가서 생활할 때 집을 마련해 준 사람이다. 《王吾齋集 卷17 南遷錄》

무위사에서 도갑사[123]를 가려고 뒤쪽 고개를 오르는데 길이 매우 험하고 높았다. 바다가 또렷하게 보여 대단히 장관이었다

自無爲向道岬登後嶺 道極陡峻 見海了了 殊壯觀也

가마 기울어져 마치 매달린 듯	藍輿欹側勢如懸
높은 꼭대기에 오르니 하늘에 오르는 듯한데	倒上層顚若上天
큰 바다가 갑자기 발밑에 펼쳐지고	大海忽然生脚底
외로운 구름도 옷깃 앞에 떨어지네	孤雲已復落襟前
험한 길에서 온갖 어려움 마다하지 않았으니	不辭畏道經千險
이런 장관 한평생 자랑할 만하다 믿노라	自信奇觀詑百年
용암[124] 높은 곳에서 묵으리니	欲向龍巖高處宿
오늘 밤에 또 월출산과 인연 맺었네	今宵又了月山緣

123 도갑사(道岬寺) : 전라남도 영암군 군서면 월출산에 있는 절이다. 신라 시대 말기에 국사 도선(道詵)이 창건하였다.

124 용암(龍巖) : 전라남도 영암군 월출산 구정봉 아래에 있었던 용암사(龍巖寺)를 가리킨다.

도갑사에서 문곡[125]의 운자에 맞춰 지어 현응 상인[126]에게 주다

道岬寺 次文谷韻 贈玄應上人

현응(玄應)은 예순 살인데 도갑사에 머문 지 오십 년이 되었다. 사람됨이 매우 기개가 있었으니, 용렬한 승려가 아니었다.

명산 두루 다녀도 흥이 사라지지 않아	閱遍名山興不慵
월출산에 다시 지팡이 짚고 가고 싶네	欲從月嶽更支笻
깊은 틈에서 샘물 날려 구름 방아 찧고[127]	泉飛幽竇還雲碓
먼 솔숲에 바위 솟았는데 온통 눈 덮인 봉우리네	石出遙松盡雪峰
옛 집에 먼지 수북해 부처 그림 덮었고	古屋塵深迷畫佛
긴 행랑에선 한낮에 맑은 종소리 보내오네	長廊日午送淸鍾
동쪽 암자는 조수 바라보기에 좋다 하니	東菴聞說觀潮好
높은 누각에 올라 가슴 한 번 씻어보려네	擬向危樓一洗胸

125 문곡(文谷) : 김수항(金壽恒, 1629~1689)으로, 본관은 안동(安東), 자는 구지(久之), 호는 문곡, 시호는 문충(文忠)이다. 저서에 《문곡집(文谷集)》이 있다. 《農巖集 續集 卷上 先府君行狀》

126 현응 상인(玄應上人) : 이하곤이 도갑사에 도착했을 때 그곳의 주지로 있었던 승려이다. 《頭陀草 冊18 南遊錄》

127 깊은……찧고 : 높은 곳에 위치한 도갑사 주위에 시냇물이 흐르는 것을 묘사한 것이다. 운대(雲碓)는 본디 운모(雲母)를 찧던 물방아를 말한다. 백거이(白居易)의 시에 "약 화로엔 불이 있어 단약이 응당 들었겠고, 운대엔 사람 없어도 물이 절로 방아를 찧네.〔藥爐有火丹應伏, 雲碓無人水自舂.〕"라고 하였는데, 자주(自註)에 "여산에는 운모가 많아 물방아로 운모를 찧기 때문에 세속에서 이것을 운대라고 한다.〔廬山中雲母多, 故以水碓擣鍊, 俗呼爲雲碓.〕" 하였다. 《白樂天詩集 卷17 尋郭道士不遇》

도갑사[128]에서

道岬寺

웅장한 사찰 그 규모 대단해	雄刹規模大
보림사[129]와 나란히 유명하네	寶林名竝馳
아름다운 산은 월출이라 부르고	山奇月出號
오래된 절은 도선[130]이 지었다네	寺古道詵爲
그림 그린 벽에 관음도 흐릿하고	畫壁觀音暗
종각의 범패 소리 느릿느릿 울리는데	鍾廊梵誦遲
저물녘에 이끼 낀 바위에 기대어	晩來倚苔石
다시 수미의 비[131] 읽어보네	更讀守眉碑

128 도갑사(道岬寺) : 전라남도 영암군 군서면 월출산에 있는 절이다. 신라 시대 말기에 국사 도선(道詵)이 창건하였다.

129 보림사(寶林寺) : 전라남도 장흥군 유치면 가지산(迦智山)에 있는 절이다. 신라 시대 말기에 체징(體澄)이 창건하였다.

130 도선(道詵) : 827~898. 신라 시대 말기의 승려이자 풍수(風水)의 대가이다. 자는 옥룡자(玉龍子), 호는 연기(煙起), 성은 김씨(金氏)로 영암 출신이다.《東溟集 卷16 國師道詵碑》

131 수미(守眉)의 비(碑) : 수미는 조선 전기의 승려로 성은 최씨(崔氏), 호는 묘각(妙覺)이다. 13세에 도갑사에 출가하여 계(戒)를 받았고 1457년(세조3)에 황폐화된 도갑사를 중수하였다. 비석은 1633년(인조11)에 수미의 활동과 도갑사 중창의 업적을 기록하여 세운 수미왕사비(守眉王師碑)를 가리킨다.

도갑사에서

道岬寺

지인은 자기 육신을 벗어나[132]	至人外其身
세상에서 잠시 머무는 듯이 하지	於世如寓寄
생사의 근원에 통달하여	洞達死生原
팔을 굽히고 펴는 것에 비유하지	譬若屈伸臂
여래가 두 발을 내보인 것은	如來現雙足
아마도 유희에서 나온 일인 듯한데[133]	蓋亦出游戲
어리석은 승려들이 멋대로 숭상하고 꾸미니	愚僧妄崇飾
본래 여래의 마음 아니라네	本非如來意
도선[134] 또한 괴이한 사람으로	道詵亦怪物
남긴 자취가 일찍이 여기에 있었으니	遺跡曾在此

132 지인(至人)은……벗어나 : 《노자(老子)》에 "성인은 자신의 몸을 뒤로 하여 그 몸이 앞에 있게 되고 자신의 몸을 도외시하여 몸이 보존되게 한다. 이것은 그 자신에게 사사로움이 없기 때문이 아니겠는가. 그러므로 능히 자신의 사사로움을 이룰 수 있는 것이다.〔聖人後其身而身先, 外其身而身存, 非以其無私耶. 故能成其私.〕"라고 하였다.

133 여래(如來)가……듯한데 : 《대당서역기(大唐西域記)》 권6에 석가모니가 열반에 들 적에 가섭존자(迦葉尊者)에게 관 밖으로 두 발을 내보였다는 고사가 전한다. 이로 인해 부처님의 발자국을 보고 존경하여 기뻐하면 죄업이 소멸된다고 하여 불족도(佛足圖)를 목판으로 만들어 숭배하고 공경하는 일이 유행하였다.

134 도선(道詵) : 827~898. 신라 시대 말기의 승려이자 풍수(風水)의 대가이다. 자는 옥룡자(玉龍子), 호는 연기(煙起), 성은 김씨(金氏)로 영암 출신이다. 《東溟集 卷16 國師道詵碑》

승려들은 서로 말을 전해서	僧輩相傳說
도선이 이 절을 창건했다고 하네	詵乃創是寺
겹 문은 규모가 장대하고	重門壯規模
높은 누각은 우뚝 힘차게 솟았네	層閣屹奰屭
크구나 전단림[135]이여	偉哉旃檀林
건물이 더욱 깊숙하네	堂宇更深邃
토목공사를 너무도 정교하고 사치스럽게 해서	土木極巧侈
백성의 힘을 아까워하지 않았네	不惜民力費
이로써 도선을 바라본다면	以此觀道詵
그의 일생 따져볼 만한 일 많으리라	平生多可議
기장 심어 왕씨를 도운 것은[136]	種穄佐王氏
이미 고승이 할 일은 아니라네	已非高僧事
또 어찌 나라의 재산을 허비하여	復何糜國財
이 쓸모없는 땅에 집을 지었는가	舍此無用地
승려들 너무도 어리석어	居僧愚妄甚

135 전단림(旃檀林) : 이하곤의 글에 "고승당은 일명 전단림이라고 하는데 불전의 서쪽에 있었다. 승려가 말하기를 도선이 지은 것이라고 하였다.〔高僧堂一名旃檀林, 在佛殿西. 僧云道詵所創也.〕"라고 하였다. 《頭陀草 冊18 南遊錄》

136 기장……것은 : 고려 태조 왕건(王建)의 부친인 왕융(王隆)이 혼인하여 송악산 남쪽에 집을 지었는데, 도선이 왕융의 새 집을 보고 말하기를 "기장 심을 땅에 어찌하여 마를 심었는가.〔種穄之地, 何種麻耶.〕"라고 하고 가버렸다. 이후 도선은 자신을 찾아온 왕융과 함께 곡령(鵠嶺)에 올라 산수의 내맥(來脈)을 본 뒤 집을 어떻게 지을지 상세히 일러주고 아들을 낳으면 이름을 왕건으로 짓게 하였다. 《高麗史 高麗世系》 성호(星湖) 이익(李瀷)은 당시에 기장의 속음(俗音)이 '이금'으로, 임금을 가리키는 말인 이금(尼今)과 음이 같기 때문에 이른 말이라고 풀이하였다. 《星湖僿說 卷5 萬物門 種穄》

진주를 사리라고 부르네[137]	蚌珠稱舍利
우습다 속된 선비들이여	可笑俗士輩
진위를 밝히지 못하고	不復覈眞僞
그저 승려의 허황한 말만 믿어	但信僧誕說
승려와 한통속 되어 영험하다 과장하네	黨僧誇靈異
이를 믿는 승려 또한 어리석으니	恃此僧亦頑
더러운 짓을 날로 방자하게 하네	淫穢日自恣
또한 부처가 주는 이로움 아니니	亦非佛氏利
말법[138]을 한 번 탄식할 만하네	末法可一喟
내가 도선에게 죄를 돌리는 것은	我之罪道詵
도참의 기록[139]을 지었기 때문만은 아니니	不獨作讖記
만일 식자들이 본다면	若令識者觀
내가 함부로 꾸짖었다고 하지는 않으리라	我言非妄詈

137 승려들……부르네 : 이하곤의 글에 "주지승 현응은 60여 세였다.……또 수정합에 보관한 사리를 보여 주며 대단히 귀중하게 여겼다. 자세히 살펴보니 그것은 진주였다. 내가 사리가 아니라고 비난하자 현응이 대단히 무안해했다.〔主僧玄應年六十餘……又以水晶盒貯舍利, 極寶重之, 視之卽蚌珠也. 余駁其非舍利, 應頗憮然.〕"라고 하였다. 《頭陀草 冊18 南遊錄》

138 말법(末法) : 불교에서 부처가 열반한 뒤에 정법(正法)이 천 년, 상법(像法)이 천 년, 말법이 만 년을 전한다는 데서 나온 말이다. 여기서는 말세(末世)라는 의미로 사용되었다.

139 도참(圖讖)의 기록 : 도선이 지은 풍수서인 《도선비기(道詵秘記)》를 가리키는 것으로 보인다. 중국에서 발달한 참위설(讖緯說)을 위주로 지리쇠왕설(地理衰旺說)·산천순역설(山川順逆說)·비보설(裨補說) 등을 주장하였다.

용암사[140]로 가면서 동천의세석[141]으로 운자를 삼아 절구를 짓다

向龍巖寺 以涷泉依細石爲韻 作絶句

동암[142] 찾아가려니 欲尋東菴去
푸른 봉우리가 서로 맞이하고 배웅하네 青峰互迎送
가마 타고 깊은 대숲 지나가는데 藍輿度深竹
산길에 흰 구름도 얼어붙었네 山路白雲涷

2

푸르고 푸른 동백나무 青青冬柏樹
붉은 꽃이 눈 속에 어여쁘네 紅蕚雪中姸
시냇가 바위에 잠시 앉아 少坐溪邊石
찬 샘물을 손으로 휘저어 보네 揮手弄寒泉

3

동암은 어디쯤에 있는가 東菴在何許
풍경소리가 구름 저편에서 은은하네 一磬隔雲微

140 용암사(龍巖寺) : 전라남도 영암군 월출산 구정봉 아래에 있었던 절이다.

141 동천의세석(涷泉依細石) : 당(唐)나라 두보(杜甫)의 시 〈알진체사선사(謁眞諦寺禪師)〉의 세 번째 구절로 "언 샘물이 작은 돌에 의지했네."라는 의미이다.

142 동암(東菴) : 월출산 도갑사(道岬寺)에 속한 암자이다.

승려는 고목처럼 늙어서 僧老如枯木
관음상만 의지하고 있네 觀音但相依

4

괴석은 마치 고상한 사람이 怪石如高人
초연히 세속 벗어난 듯하네 超然出塵世
고개 돌려 서쪽 봉우리 바라보다가 回頭看西峰
구름 덮인 좁은 길도 잊었노라 遂忘雲路細

5

그윽한 시냇가 홀로 걸어가노라니 獨行溪路幽
검푸르게 먼 숲에 저녁 빛 물드네 蒼蒼遠林夕
문득 흰 구름이 눈앞에 가득한 듯했는데 白雲忽滿前
온통 산 정상의 바위로구나 盡是峰頭石

용암사[143]에서

龍巖寺

용암사에서 묵으려는데	欲向龍巖宿
맑은 종소리 먼 숲에 들려오네	淸鍾落遠林
봉우리 높고 모든 바위 희며	峰危萬石白
승려는 늙고 암자 하나 깊이 있구나	僧老一菴深
좌불은 속세를 초월하였고	坐佛超塵世
물러가는 조수는 고금에 변함 없으리	歸潮見古今
절 누대에 올라보니 더욱 좋아	寺樓登更好
음산한 선달 하늘 두렵지 않네	不怕臘天陰

143 용암사(龍巖寺) : 전라남도 영암군 월출산 구정봉 아래에 있었던 절이다.

구정봉[144] 노래

九井峯歌

내가 농암의 기록[145] 읽고서	我讀農巖記
이미 구정봉을 알았다네	已識九井峰
정상의 샘구멍에 아홉 웅덩이 생겨	峰頂泉眼成九泓
지금도 용 아홉 마리의 자취 남았지	至今猶有九龍蹤
월출산에 바위 숲 수없이 많지만	月出山中萬石林
세상에서는 구정봉을 으뜸으로 꼽는다네	世稱九井爲其宗
내가 무위사[146]로부터 눈 밟고 왔으니	我自無爲蹋雪來
이때는 날 추운 섣달 겨울이라네	是時天寒臘月冬
흥에 겨워 바위 골짝 언 것도 아랑곳 않은 채	乘興不顧巖壑凍
정상 향해 지팡이 하나로 나는 듯	欲向絶頂飛一筇
송군의 호기는 늙어서도 줄지 않았고	宋君豪氣老不低
게다가 정생도 함께 따라왔네[147]	況有鄭生更相從

144 구정봉(九井峯) : 전라남도 영암군과 강진군의 경계를 이루는 월출산(月出山)에 있는 봉우리이다.

145 농암(農巖)의 기록 : 농암은 김창협(金昌協, 1651~1708)으로, 본관은 안동(安東), 자는 중화(仲和), 호는 농암·삼주(三洲), 시호는 문간(文簡)이다.《三淵集 卷27 仲氏農巖先生墓誌銘》 김창협은 1675년(숙종1) 영암(靈巖)으로 유배 가는 부친 김수항(金壽恒)을 따라가면서 월출산을 유람한 뒤에 〈등월출산구정봉기(登月出山九井峰記)〉를 지었다.《農巖集 卷23》

146 무위사(無爲寺) : 전라남도 강진군 성전면 월출산 남동쪽에 있는 절이다. 신라시대 원효(元曉)가 창건하였다.

산바람 쓸쓸하고 산에 해는 저무는데	山風蕭蕭山日夕
구름사다리 올라가려니 바위 가파르네	步上雲梯石巃嵸
열 걸음에 아홉 번 쉬고 앉아서 숨을 몰아쉬느라	十步九休坐聳息
목이 타는 것만 느껴질 뿐이네	但覺煙火生喉嚨
문득 외로운 봉우리가 얼굴 앞에 나타나	忽有孤峰當我面
올려보니 둥그런 모습 마치 큰 종 엎은 듯하네	仰之穹然覆巨鏞
옆으로 뚫린 구멍은 위로 하늘과 통하는데	旁穿一竅上通天
굴 입구는 둥글고 좁아 긴 활통 같네	穴口椭狹如長筒
승려가 기어서 웅크리고 들어가더니	山僧匍匐縮身入
문득 다시 옆으로 가니 마치 달라붙은 벌 같네	忽復傍行類粘蜂
탄성 지르며 송군의 어깨를 한 번 치고	叫奇一拍宋君肩
솜씨 발휘한 조물주의 공에 세 번 감탄하네	逞巧三歎造化功
얼음 꽁꽁 얼어 돌계단 미끄러우니	玄氷嬰贔石磴滑
오르려다 오르지 못하고 큰 소나무에 기대네	欲登不登倚長松
위험하여 수당의 경계를 떠올렸을 뿐	臨危且存垂堂戒
내가 퇴지처럼 두려워한 것은 아니라네[148]	非我恇怯退之同

147 송군(宋君)의……따라왔네 : 《두타초(頭陀草)》 책18 〈남유록(南遊錄)〉의 1722년(경종2) 11월 25일 기사에 "우후(虞候) 이순좌(李舜佐)가 왔다.……그의 사람됨은 정성스럽고 다정하기가 이와 같았다. 신보(信甫)와 함께 가는데 송덕성(宋德成)과 정몽열(鄭夢說)도 따라왔다."라고 하였다. 신보는 송상윤(宋相允, 1674~1753)으로, 본관은 은진(恩津), 자는 신보, 호는 위와(韋窩)이다.

148 위험하여……아니라네 : 빙판길이 위험하여 올라가기를 포기했을 뿐 한유(韓愈)처럼 겁을 먹은 것은 아니라는 말이다. 수당계(垂堂戒)는 마루 끝의 경계라는 말로 위험한 곳에 가지 말라는 뜻이다. 《사기(史記)》 권101 〈원앙열전(袁盎列傳)〉에 "천금을 가진 부잣집 아이는 마루 끝의 위험한 자리에 앉지 않는다.〔千金之子, 坐不垂堂.〕"라고

승려가 나를 웃기려고 영험한 바위[149] 흔드는데　僧搖靈石供我笑
바위 밑이 덜렁덜렁 허공에서 흔들리네　石根裊裊搖虛空
바다 어귀에 석양이 지려 하니　海門落日將欲落
붉은 해가 구름 파도 가운데 출몰하네　火輪出沒雲濤中
산과 물이 서로 얼기설기 치달리니　山馳水奔相轇轕
마치 구름 가에 용들이 장난치는 듯하네　有若雲際戲群龍
하늘과 바다 드넓어 전혀 분간 안 되고　天海莽蒼了莫分
쌓인 기운 내려다보니 부질없이 자욱하네　下視積氣空濛濛
평생 본 장관 중에 여기가 제일이니　平生壯觀此第一
만 리 불어오는 긴 바람에 호탕하게 노래하네　浩歌萬里來長風
그대여 천 길 산 정상에 앉아 손 흔들지 못했다고 서운해 말라
君莫恨不向千仞岡頭坐揮手
어찌 험한 곳 오르고 높은 봉우리에 올라야만 가슴 시원하겠는가
何必乘險絶凌高峰然後快心胸

하였다. 퇴지(退之)는 당(唐)나라 한유의 자이다. 한유가 일찍이 화산(華山) 정상의 험준한 곳에 올랐다가 두렵고 현기증이 나서 내려오지 못하게 되자, 미친 듯이 울부짖고 편지를 보내 집안사람들과 영결한 일이 있다. 이 일이 있은 뒤에 한유는 조카사위 장철(張徹)에게 답한 시에서 "미친 짓 한 것을 이미 손가락 깨물며 후회하니, 경계하는 글 남기고 인하여 가슴에 새겼네.〔悔狂已咋指, 垂誡仍鐫銘.〕"라고 하였다.《昌黎集註 卷2 答張徹》

149 영험한 바위 : 이하곤의 글에 "남쪽에 움직이는 바위가 있는데 승려가 작은 막대기를 가져다가 흔드니 바위 끝이 덜렁거리며 절로 움직였다.《여지승람》에 '한 명이 흔들면 떨어질 것 같아도 떨어지지 않는다.'라고 하였는데 진실로 헛된 말이 아니다.〔南有動石, 僧持小木梃搖之, 石端裊裊然自動. 輿地勝覽所謂一人搖之則欲墜而不墜者, 信不虛也.〕"라고 하였다.《頭陀草 冊18 南遊錄》

식 스님에게 주다

贈識師

탄식(坦識)은 용암사(龍巖寺)에서 기거하는데 그런대로 문자를 알아 함께 이야기할 만했다.

그대는 용암사에서 지낸 지 몇 년인가　汝住龍巖問幾年
얼굴 덮은 긴 눈썹이 몇 촌이나 검구나　長眉覆面數寸青
아침저녁으로 깨끗한 바위 마주하니　朝暮相對石泠泠
바위가 그대 염불 소리에 고개 끄덕이는 듯　石欲點頭汝誦經
짚신 신고 눈 밟으며 내가 와서　芒鞋蹋雪我能來
구정봉에 올라 남해 바라보려 하였네　欲登九井觀南溟
얼음 미끄럽고 바위 얼어 겁나서 오르지 못한 채　氷滑石凍惻不登
부평 같은 많은 섬들만 보았네　但看群島如浮萍
방장실에 돌아와 그대와 함께 자려니　歸來丈室對汝眠
종경 소리 그치려 하고 등불 푸르게 빛나네　鐘磬欲歇燈青熒
눈 깜박이며 떨이개 세우고서 참선의 뜻 말하는데　揚眉竪拂話禪旨
은미한 말과 명확한 뜻 들을 만하네　微言了義眞可聽
나의 속된 마음 모두 씻어내니　使我頓然洗塵慮
이 일을 산신령에게 자랑할 만하네　此事亦足詑山靈
아침에 서운한 마음으로 산을 내려가다가　朝來惆悵下山去
고개 돌려보면 흰 구름이 부질없이 아득하리　回首白雲空杳冥

상견성암[150]에서 방 위의 운자에 맞춰 지어 정사[151]에게 보이다

上見性菴 次榜上韻示靜師

본성을 살펴보면 본래 바로 자연이니	見性元來是自然
본성을 보고자 한다면 본성을 알기 어려우리	若求見性性難圓
차라리 이 암자를 부숴버리고	不如打破此菴子
부처 머리에 걸터앉아 취해 자는 것만 못하리	踞着佛頭長醉眠

150 상견성암(上見性菴) : 월출산 도갑사에 속한 암자이다. 《두타초(頭陀草)》 책18 〈남유록(南遊錄)〉에 따르면 이하곤은 1722년(경종2) 11월 29일에 상견성암에 도착하였다.

151 정사(靜師) : 승려 혜정(慧靜)을 가리킨다.

또 앞의 운자를 이용해 서둘러 써서 정사[152]와 헤어지다

又用前韻 走草別靜師

고승을 마주하니 둘 다 초연해져	高僧相對兩翛然
선종을 말하지 않아도 마음 절로 원만하네	不話禪宗意自圓
가마 타고 다시 구름 뚫고 가려니	藍輿更欲穿雲去
하룻밤 묵을 승상 빌리지 못했네	未借繩床一夜眠

152 정사(靜師) : 승려 혜정(慧靜)을 가리킨다.

상견성암[153]에서

上見性菴

높은 암자가 마치 매달린 경쇠처럼	危菴如懸磬
가물가물 구름 가에 붙어 있네	搖搖寄雲表
고승은 외딴 곳 좋아하여	高僧愛孤絶
항상 나뭇가지 끝에 산다네	棲身常木杪
초연히 속세를 벗어나	超然出埃𡏖
새처럼 산에서 사는구나	巢居類飛鳥
푸른 숲 뚫고 오솔길 냈으니	鑿翠通一徑
나그네가 아스라이 지나가네	游子行縹緲
서쪽 바위는 깎아지른 듯 솟았고	西臺勢削立
깊은 골짝은 굽어보니 까마득하네	深壑俯窈窕
승려 나오는데 수염과 눈썹 예스럽고	僧出鬚眉古
가사를 스스로 둘러 걸쳤네	袈裟自纏繞
함께 방장실로 가 보니	相與造丈室
좌불은 어찌 그리도 작은가	坐佛何其小
부들자리는 먼지 없이 깨끗하고	蒲團淨無塵
창으로 푸른 대나무 보이네	牕影見綠篠
마주앉아 묵묵히 말도 없이	對坐默不言
그저 조주의 무 자[154]만 떠올리네	但念無字趙

153 상견성암(上見性菴) : 월출산 도갑사에 속한 암자이다.

마음이 거울처럼 맑으니　一心湛如鏡
내면이 안정되면 앎이 분명해지네　內定識了了
보고나니 깨달음이 있는 것 같아　目擊似有悟
문득 속세의 요란함 사라지는 줄을 알겠네　頓覺息塵擾
돌아보건대 법계는 넓고　顧此法界寬
이 몸은 가을 터럭만큼 작구나　一身秋毫眇
한스럽게도 하룻밤 묵으면서　恨不留一宿
휜 산 달을 앉아 감상하지 못하네　坐觀山月皎
지팡이 짚고 굽은 비탈길 내려오니　扶策下回磴
슬프다 구름 낀 봉우리 아득하네　惆悵雲峰杳

154 조주(趙州)의 무(無) 자 : 유무(有無)의 집착을 깨뜨리고 초월적 존재인 불성(佛性)의 실체를 깨닫게 하기 위한 선종(禪宗)의 공안(公案)이다. 조주 구자(趙州狗子)·조주 불성(趙州佛性)·조주 유무(趙州有無)라고도 일컫는다. 당(唐)나라 고승 조주 종심(趙州從諗) 선사에게 어떤 승려가 "개에게도 불성이 있는가.〔狗子還有佛性也無〕"라고 묻자, 조주가 "없다.〔無〕"라고 답하였다. 승려가 다시 "위로 제불로부터 아래로 누의에 이르기까지 모두 불성이 있는데 개는 어찌하여 없는가.〔上至諸佛, 下至螻蟻, 皆有佛性, 狗子爲甚麽却無.〕"라고 묻자, 조주가 "그에게 업식이 있기 때문이다.〔爲伊有業識在〕"라고 하였다는 고사가 전한다.《五燈會元 卷4 南泉願禪師法嗣》

회사정[155]에 올라 입으로 장률을 불러 지어 주인 처사 조일귀[156]에게 보여 주다
登會社亭 口占長律 示主人曺處士一龜

영암의 명승지인 구림[157]	靈巖名勝有鳩林
높다란 회사정이 멀리 포구를 내려다보네	會社亭高遠浦臨
높이 솟은 월출산 천 겹으로 푸르고	月嶽長浮千疊翠
언제나 바람 보내는 소나무 사시에 무성하네	風松不盡四時陰
대숲 밖의 마을 연기 시내 양쪽에 머물고	村煙竹外分溪住
숲 끝의 돛 그림자 깊은 난간 지나가네	帆影林梢過檻深
어진 마을에 풍속이 아름답다고 들었는데	仁里曾聞風俗好
지금 와보니 고인의 마음 볼 수 없네[158]	今來不見古人心

155 회사정(會社亭) : 현재의 전라남도 영암군 군서면 구림리에 있는 정자이다.《新增東國輿地勝覽 卷35 全羅道 靈巖郡》

156 조일귀(曺一龜) :《두타초(頭陀草)》 책18 〈남유록(南遊錄)〉에 "사문 조일귀는 종조숙부처제이다.〔曺斯文一龜, 卽從祖叔父妻弟也.〕" 하였는데 인적사항은 자세하지 않다.

157 구림(鳩林) : 전라남도 영암군 군서면 구림리이다. 이하곤의 글에 "어떤 사람이 말하기를 '그의 어미가 큰 오이를 먹고 도선을 낳았는데, 불길하게 여겨 대숲에 버렸더니 비둘기가 날아와 날개로 덮어 주었다. 이 때문에 그곳을 구림이라고 한다.' 했다.〔或云其母食大瓜生道詵, 以爲不祥, 棄之竹林中, 鳩來翼之, 以此名其地曰鳩林.〕" 하였다.

158 어진……없네 : 조일귀를 만나지 못해 서운한 마음을 읊은 것이다. 인리(仁里)는 상대방이 거주하는 마을을 높여 부르는 말이다. 이하곤의 글에 "이날 마침 사위를 맞이하는 날이라 사람을 보내 안부를 묻고 오지 않았다.〔是日適迎婿, 伻問不來.〕" 하였다.《頭陀草 冊18 南遊錄》

모정촌에서 묵으며 주인 조윤신[159] 덕보 에게 보여 주다
宿茅亭村 示主人曺潤身 德甫

쓸쓸히 산사에서 이별했는데[160]	草草禪門別
아련한 오늘 밤의 마음이네	悠悠此夜心
꽃 핀 산에 몇몇 벗 찾아와	花山數友至
초가집에 등불 켜고 밤 깊어가네	茅屋一燈深
두터운 정의 인척으로 통하고	厚誼通姻戚
사귀는 정 고금을 토론하네	交情講古今
마주앉아 시간 가는 줄 모르는데	相看忘久坐
그윽한 달이 숲에서 떠오르네	幽月欲生林

159 조윤신(曺潤身) : 이하곤의 글에 "영암의 사인 조윤신이 왔다.〔靈巖士人曺潤身來〕"라는 기록이 보일 뿐 자세한 인적사항은 알 수 없다. 《頭陀草 冊18 南遊錄》

160 쓸쓸히 산사에서 이별했는데 : 이하곤의 글에 "조윤신은 어제 도갑사에서 먼저 돌아갔는데, 내가 왔다는 소식을 듣고 그의 종인 석항・석규와 함께 찾아왔다.〔曺潤身昨自道岬先歸, 聞余至, 與其宗人錫恒錫奎來見.〕"라고 한 것으로 보아 이하곤과 조덕보가 도갑사에서 헤어졌던 사실을 알 수 있다. 《頭陀草 冊18 南遊錄》

신보[161]의 운에 맞춰 지어 또 주인에게 보여 주다
次信甫韻 又示主人

초가에 마주앉았노라니 저물녘 산 푸르고	茅齋對坐暮山青
대숲 그림자가 쓸쓸히 뜰에 드리웠네	竹影蕭森蔭一庭
밤 깊도록 자지 않았더니 조각달 떠오르고	夜久不眠生缺月
추운 날 정담 나누노라니 성긴 별 떨어지네	天寒細語落疏星
외로운 등불 비추는 곳에서 시 처음 완성하고	孤燈照處詩初就
먼 기러기 지나갈 때 술 깨려 하네	遠雁過時酒欲醒
봄바람에 호수 푸르러질 때 기다려	且待春風湖水綠
그대와 함께 덕진에 배 띄우길 기약하네	期君共汎德津舲

161 신보(信甫) : 송상윤(宋相允, 1674~1753)으로, 본관은 은진(恩津), 자는 신보, 호는 위와(韋窩)이다. 옥오재(玉吾齋) 송상기(宋相琦)의 종제(宗弟)이다.

신보[162]가 〈구림사장〉을 지어 나에게 보여 주기에 나도 화운하였다 4언

信甫賦得鳩林四章示余 余亦和之 四言

저 구림[163] 바라보니　瞻彼鳩林
밭 갈며 살 만하네　可耕可居
푸른 대숲이 집 에우고　綠竹繞屋
큰 소나무가 도랑 덮었구나　長松蔭渠
낚시하는 바위에 올라서서　跂玆釣石
헤엄치는 물고기 내려다보고　俯觀游魚
여유롭게 늙어가며　優游終老
내 글을 읊으리라　以諷我書

2

회사정[164] 왼쪽에　會社之左
시냇물이 졸졸 흐르니　溪流其潺
소나무 아래 지팡이 짚고 서면　倚杖松下
내 얼굴 비춰볼 수 있네　可鑑吾顔

162 신보(信甫) : 송상윤(宋相允, 1674~1753)으로, 본관은 은진(恩津), 자는 신보, 호는 위와(韋窩)이다. 옥오재(玉吾齋) 송상기(宋相琦)의 종제(宗弟)이다.

163 구림(鳩林) : 전라남도 영암군 군서면 구림리를 말한다. 322쪽 각주157 참조.

164 회사정(會社亭) : 현재의 전라남도 영암군 군서면 구림리에 있는 정자이다. 《新增東國輿地勝覽 卷35 全羅道 靈巖郡》

어찌 시냇물 뿐이랴	豈惟溪流
맑은 호수가 오른쪽에 둘러있네	明湖右環
천천히 조씨에게 말하노니	倦言曺子
함께 산을 나누고 싶구나[165]	願與分山

3

맑은 호수가 오른쪽에 둘러 있어	明湖右環
또한 이미 깊고도 넓은데	亦旣滉瀁
아름다운 월출산이	月出涓秀
아스라이 그 위에 있네	縹緲其上
서호의 영취산과	西湖靈鷲
짝이 될 만한데[166]	可與爲兩

165 천천히……싶구나 : 조자(曺子)는 회사정 주인 조일귀(曺一龜)를 가리키는 것으로 보인다. 분산(分山)은 산을 나눈다는 말로 같은 산에서 은거함을 의미한다. 《시화총귀(詩話總龜)》 권31 〈시참문(詩讖門)〉에 "장충정이 젊었을 때 화산을 유람하다가 진도남을 만나고 드디어 화산에 은거하고자 하여 도남에게 말하기를 '선생의 산 절반을 나누어 살고자 하는데 그럴 수 있겠습니까?' 하자, 도남이 말하기를 '다른 사람은 그럴 수 없지만 공이라면 내가 마땅히 산 절반을 나누어 드리겠소.' 하였다.〔張忠定少年遊華山, 謁陳圖南, 遂欲隱華山, 謂圖南曰, 欲就分先生山半住可否. 圖南曰, 他人卽不可, 如公者, 吾當分半山相奉.〕"라는 내용이 전한다. 충정은 송(宋)나라 사람 장영(張詠)의 시호이다.

166 서호(西湖)의……만한데 : 이하곤의 글에 "이곳의 형세는 대략 명성호와 유사하고 월출산은 영취산과 비슷하다.〔此地形勝, 大略類明聖湖, 月出似靈鷲.〕"라고 하였다. 《頭陀草 冊18 南遊錄》 명성호는 절강성(浙江省) 항주(杭州) 서쪽에 있는 금화산(金華山)의 서호를 달리 일컫는 말이다. 영취는 항주에 있는 비래봉을 가리킨다. 《절강통지(浙江通志)》 권1 〈도설(圖說)〉에 "항주는 옛날에 무림이라고 일컬었다.……대개 무림

누가 소식과 백거이 이어　誰繼蘇白
호수와 산의 좌장이 될까[167]　爲湖山長

4
동쪽 봉우리 특히 아름다우니　東峰特秀
그곳이 바로 성기동이라　厥惟聖基
그 기운 모여 선공 태어나　鍾生詵公
왕건의 스승이 되었지[168]　爲王建師

산은 영은과 천축 등 여러 산의 총칭이다. 진나라 승려 혜리가 천축국의 영취산이 날아왔다고 말함으로써 뒤에 영취라는 이름을 갖게 되었다.〔杭州舊稱武林.……蓋武林山者, 靈隱天竺諸山之總名也. 自晉僧慧理有天竺國靈鷲山飛來之語, 而後有靈鷲之名.〕" 라고 하였다. 따라서 이 구는 구림리의 풍광이 항주 서호의 풍광과 비견될 만하다고 읊은 것이다.

167 누가……될까 : 구림리의 풍광이 좋기는 하지만 누가 더 아름답게 조성하고 좋은 글로 표현하여 널리 알리겠느냐는 말이다. 소백(蘇白)은 소식(蘇軾)과 백거이(白居易)를 가리킨다. 이하곤의 글에 "만약 향산과 설당 같은 이들을 만나 공덕주를 삼는다면 양쪽 언덕에 두루 복숭아나무와 버드나무를 심고 사이사이에 아름다운 정자를 세워 육교처럼 만들고 모정의 송림을 잘 길러서 구리의 송림을 만들 것이다.〔若得香山雪堂輩作功德主, 兩岸遍植桃柳, 間以畫棟雕欄如六橋, 護養茅亭松林作九里松.〕"라고 하였다. 《頭陀草 冊18 南遊錄》 향산은 백거이의 자호(自號)이고 설당은 소식이 황주(黃州)로 유배되었을 때 지은 초가집의 이름이다. 소식이 항주 지사(杭州知事)로 있을 때 서호에 제방을 쌓았는데, 이곳에는 여섯 개의 다리가 있고 길 양쪽에 꽃과 버들을 심어 경치가 아름다웠으므로 그 풍광을 육교연류(六橋煙柳)라고 일컬었고 서호의 풍경을 완상하며 많은 시를 남겼다. 한편, 백거이가 항주 자사(杭州刺史)로 있으면서 제방을 축조하여 관개(灌漑) 사업을 일으킨 일이 있으며 〈항주춘망(杭州春望)〉 등 유명한 작품을 남겼다.

168 성기동(聖基洞)이라……되었지 : 이하곤의 글에 "성기동은 그 남쪽에 있는데, 세

비록 삼국을 통일했으나 功雖統三
오랑캐의 풍속 바꾸지 못했네 俗未變夷
도참설은 허황된 내용 많으니 讖說多妄
나는 이것을 취하지 않노라 吾不取斯

상에 전해지기를 도선이 이곳에서 태어났다고 한다.〔聖基洞在其南, 世傳道詵生于此.〕" 라고 하였으므로 성기동은 구림리 남쪽에 있는 골짜기 이름임을 알 수 있다. 또 "성기봉은 서하령과 매우 흡사하다.〔聖基峰尤似棲霞嶺〕"라고 한 것으로 보아 성기봉이라는 봉우리도 있음을 알 수 있다. 《頭陀草 冊18 南遊錄》 따라서 여기서는 신라 말의 승려 도선(道詵, 827~898)이 성기봉의 기운을 받고 태어나 왕건의 스승이 되었다고 읊은 것이다. 도선의 호는 연기(煙起), 자는 옥룡자(玉龍子), 성은 김씨(金氏)이다. 구림리에는 도선의 탄생과 관련된 전설이 전한다. 322쪽 각주157 참조.

정몽열과 이별하며

別鄭夢說

정군이 나를 매우 좋아하여	鄭生慕我甚
이름만 듣고도 얼굴 본 듯이 했는데	聞名如見容
내가 강진에 오자	及我來康津
나를 향한 마음 더욱 깊어졌네	向我意愈濃
내가 천관산 유람할 때	我游天冠山
매우 추운 겨울이었는데	是時當嚴冬
정군도 파리한 말 타고	生亦騎瘦馬
눈 밟으며 따라왔지	蹋雪能相從
밤에 구정암에서 자는데	夜宿九精菴
흰 달이 아득한 솔숲 위로 떠오르니	皓月出遙松
수많은 바위들 영롱하게 빛나	玲瓏萬石林
옥부용을 심어놓은 듯했지	如植玉芙蓉
나의 흥취 거의 가슴이 터질 것 같았고	我興幾欲狂
정군의 흥취도 적지 않아	生興亦不慵
창문 열고 앞 산 바라보며	開牖望前山
새벽 종소리 울릴 때까지 잠들지 못했네	不寐到曉鐘
다음 날 아침 다시 나막신 신고	明朝更理屐
함께 구룡봉 올랐지	相與登九龍
스스로 정 참봉이라 칭하고	自稱鄭參奉
재미삼아 그 자취 숨기려 했지	戲欲閟其蹤

산승도 속아서　　山僧亦見誑
가마 대신 지팡이 짚었네　　藍輿替飛笻
이 일 또한 아주 우습지만　　此事亦好笑
자유분방한 기상 알 수 있지　　可見氣橫縱
곤유대에 마주앉아　　對坐坤維臺
그 장관 바라보며 마음 씻었네　　壯觀盪心胸
큰 바다가 발 아래 펼쳐져　　大海入脚底
일만 이랑의 물결이 은을 녹인 듯했네　　萬頃如銀鎔
눈 쌓인 한라산 높아　　漢拏雪色高
반공에 우뚝한 성벽 같았지　　天半屹崇墉
이 유람 참으로 자랑할 만하니　　玆遊眞可詑
평생에 참으로 다시 만나기 어려운 일이네　　平生實罕逢
구십포[169]에서 조수 바라보고　　觀潮九十浦
만덕봉에서 옷자락 떨쳤는데　　振衣萬德峰
내가 유람한 모든 곳에　　凡我所游者
거공처럼 따라 다니며[170]　　相隨如駏蛩
이부자리도 반드시 몸소 펴주고　　枕席必躬展
차와 밥도 직접 챙겼지　　茶飯亦親供

169 구십포(九十浦) : 전라남도 강진군 관아에서 6리 떨어진 곳에 있는 포구로, 구강포(九江浦)라고도 부른다.

170 거공(駏蛩)처럼 따라 다니며 : 이하곤이 가는 곳마다 정몽열이 따라다녔다는 말이다. 거공은 거허(駏驉)와 공공(蛩蛩)이라는 두 짐승으로, 이들은 항상 궐(蟨)이라는 짐승의 부양을 받고 사는데, 궐은 잘 달리지 못하므로 궐에게 위험한 일이 생기면 이들이 궐을 등에 업고 달아난다고 한다. 《淮南子 道應訓》

한 달 동안 함께하며	從游浹三旬
그대의 마음 씀씀이 더욱 공손했네	執事心彌恭
내가 이제 북쪽으로 돌아가려니	我今將北還
이별의 마음이 서로 착잡해지네	別意來相攻
도갑사[171]까지 와서 나를 전송하니	送我至道岬
그 마음 진중함을 더욱 볼 수 있네	尤見生意重
콩잎 벌레를 부화시킬 수 없으니	無計化藿蠋
내가 땅벌과 같음을 부끄러워하노라[172]	愧我類奔蜂
정군은 참으로 용렬한 무리 아니니	生實非庸徒
어찌 농사지으며 늙으랴	豈可老田農

171 도갑사(道岬寺) : 전라남도 영암군 군서면 월출산에 있는 절이다. 신라 시대 말기에 국사 도선(道詵)이 창건하였다.

172 콩잎……부끄러워하노라 : 이하곤이 정몽열을 감화시킬 수 있는 능력이 없다는 겸양의 말이다. 곽촉(藿蠋)은 콩 속의 대청충(大靑蟲)을 말하고, 분봉(奔蜂)은 가는 허리를 지닌 땅벌을 의미한다. 《장자(莊子)》 〈경상초(庚桑楚)〉에 "땅벌은 덩치가 큰 콩잎 벌레를 부화시킬 수가 없고, 월나라 닭은 고니의 알을 품을 수가 없으나 노나라 닭만은 가능하다.〔奔蜂不能化藿蠋, 越鷄不能伏鵠卵, 魯鷄固能矣.〕"라고 하였다.

조만우가 전송하러 영암에 와서 이별을 고하니 슬픔을 견딜 수 없었다. 이 시를 써 주어 훗날의 면목을 삼았다

趙萬瑀送至靈巖告別 不勝悵然 書此贈之 作他日面目

조만우는 아직 관례도 올리지 않았는데 매일 밤 나를 위해 이불을 펴주고 다리를 주물러 주었다.

깊이 정든 조씨 집안 아이	深情只有趙家兒
영암에서 이별하며 눈물 떨어지네	淚落靈巖送別時
오늘 밤 홀로 추운 객점에 누우면	今夜獨成寒店臥
외로운 등불이 또한 그리운 이 비추겠지	孤燈應亦照相思

녹동서원[173]을 배알하고 감회가 있어서

謁鹿洞書院有感

연촌(煙村) 최 선생(崔先生)[174]을 모신 서원이다. 문곡(文谷)[175] · 농암(農巖)[176] 선생이 함께 제향(躋享)되었고 문곡 선생은 진영(眞影)이 있다.

월출산 북쪽 낭주[177] 동쪽	月山之北朗州東
부자가 함께 한 사당에 제향되었네	父子同躋一廟宮
대들보 이미 꺾였으니 지난 날 생각하고[178]	梁木已摧懷往日
진영이 지금도 남아 있어 선생의 풍모 알겠네	畫圖今幸識春風

173 녹동서원(鹿洞書院) : 전라남도 영암군 영암읍 교동리에 있는 서원이다. 1630년(인조8)에 최덕지(崔德之, 1384～1455)를 추모하기 위하여 존양사(存養祠)를 창건하여 위패를 모셨고, 1665년에 최충성(崔忠成, 1458～1491), 1695년(숙종21)에 김수항(金壽恒, 1629～1689), 1711년에 김창협(金昌協, 1651～1708)을 추가 배향하였다. 1713년에 녹동(鹿洞)이라고 사액되어 서원으로 승격하였다.

174 연촌(煙村) 최 선생(崔先生) : 최덕지로, 본관은 전주(全州), 자는 가구(可久), 호는 연촌 · 존양(存養)이다. 문종 말년에 관직을 사퇴하고 영암(靈巖)의 영보촌(永保村)에 은거하며 학문연구에 몰두하였다. 시호는 문숙(文肅)이다.

175 문곡(文谷) : 김수항으로, 본관은 안동(安東), 자는 구지(久之), 호는 문곡이다.

176 농암(農巖) : 김창협으로, 본관은 안동, 자는 중화(仲和), 호는 농암 · 삼주(三洲)이다.

177 낭주(朗州) : 전라남도 영암(靈巖)의 옛 이름이다.

178 대들보……생각하고 : 고인(故人)이 된 스승을 생각한다는 말로, 여기서는 이하곤이 스승 김창협을 떠올린 것이다. 공자(孔子)께서 "태산이 아마도 무너지려나 보다. 들보가 아마도 내려앉으려나 보다. 철인이 아마도 시들려나 보다.〔太山其頹乎, 梁木其壞乎, 哲人其萎乎.〕"라고 노래한 뒤 일 주일 만에 세상을 떠난 고사에서 유래하여, 대들보가 꺾이는 것은 스승의 죽음을 상징하게 되었다.《禮記 檀弓上》

가문의 명성이야 영원히 이어질 테지만　家聲獨紹千年遠
인간사는 부질없이 이십 년 사이에 서글프구나[179]　人事空悲廿載中
고개 돌려 바라보니 삼주는 어디에 있는가[180]　回首三洲何處在
저녁 구름과 차가운 눈에 마음 끝이 없구나　暮雲寒雪意無窮

문곡 선생이 기사년(己巳年)에 화를 입으셨는데,[181] 나는 그때 나이가 어려 미처 선생의 얼굴을 뵙지 못했다. 세상에 전하기를 문곡 선생의 모습은 매우 단아하고 수려하다고 하는데, 지금 유상(遺像)을 뵈니 과연 그러하였다. 그러므로 제4구에서 언급하였다.

179 인간사는……서글프구나 : 김수항은 1689년(숙종15)에, 김창협은 1708년에 세상을 떠났기에 한 말이다.

180 삼주(三洲)는 어디에 있는가 : 김수항과 김창협이 살았던 곳을 바라보며 회상하고 애도하는 마음을 읊은 것이다. 삼주는 경기도 남양주시 지금동에 위치한 석실서원(石室書院) 앞쪽에 있는 세 개의 모래톱을 가리킨다. 김창협의 《농암집(農巖集)》 권36 〈연보 하(年譜下)〉에 "8월에 삼주에 거처를 정했다.〔八月, 定居于三洲.〕"라고 하였는데, 그 아래에 "석실서원의 주변 산수가 깨끗하게 탁 트여 한가로이 거처하며 늘 학문에 힘쓰는 즐거움이 제법 있었기 때문에 마침내 그곳에 거처를 정한 것이다. 몇 칸짜리 사랑채를 지어 거처하면서 삼산각이라는 편액을 달았으며, 앞에 모래톱 세 개가 있기 때문에 그곳을 또 삼주라고 명명하였다.〔且以石室書院, 江山淸曠, 頗有齋居藏修之樂, 遂定居焉. 作外軒數楹以處焉, 扁曰三山閣. 前有沙渚三, 故又命其地曰三洲.〕"라는 설명이 있어 삼주의 유래를 알 수 있다.

181 문곡 선생이……입으셨는데 : 김수항은 1689년(숙종15) 2월에 기사환국(己巳換局)으로 진도(珍島)에 안치(安置)되고, 4월에 적소에서 사사(賜死)되었다.

앞의 시에서 문곡[182]과 농암[183] 두 선생에 대해서만 말하고 연촌 최 선생 부자[184]의 일은 말하지 않았으므로 또 이 시를 지어 네 분 선생의 본말을 들고 마지막에 산이 무너지는 감회[185]를 덧붙여 나의 뜻을 보였다

前詩只道文谷農巖兩先生 而不及煙村崔先生父子事 又作此詩 竝擧四先生本末 而末寓山頹之感 以示余志云爾

연촌은 백 대의 스승으로	煙村百世師
빼어난 절개 고금에 빛나네	卓節照今古
글을 올려 귀향을 청했으니[186]	上書乞骸歸

182 문곡(文谷) : 김수항(金壽恒, 1629~1689)으로, 본관은 안동(安東), 자는 구지(久之), 호는 문곡이다.

183 농암(農巖) : 김창협(金昌協, 1651~1708)으로, 본관은 안동, 자는 중화(仲和), 호는 농암·삼주(三洲)이다.

184 연촌(煙村) 최 선생(崔先生) 부자(父子) : 연촌 최 선생은 최덕지(崔德之, 1384~1455)로, 본관은 전주(全州), 자는 가구(可久), 호는 연촌·존양(存養)이다. 그의 아들은 최별(崔瀲)이다. 그러나 이 시의 내용을 보면 최별에 대한 언급은 없고 산당(山堂) 최충성(崔忠成)에 대해서만 언급하였다. 특히 이하곤의 자주(自註)에 "산당은 연촌의 아들이다.〔山堂, 煙村子.〕"라고 하였는데, 최충성은 최덕지의 아들이 아니라 손자이다. 아마도 이하곤이 착각한 것으로 판단된다.《山堂集 卷4 山堂處士崔公行狀》 이러한 사실을 밝히고, 이하의 번역은 별도의 주석 없이 원문에 따라 진행하였다.

185 산이 무너지는 감회 : 산퇴지감(山頹之感)은 돌아가신 스승에 대한 추모의 마음을 가리킨다. 333쪽 각주178 참조.

186 글을……청했으니 :《문종실록》 1년 10월 29일 기사에 "예문관 직제학(藝文館直提學) 최덕지가 늙었음을 고하고 전리(田里)에 돌아가길 원했다."라고 하였다.

그 뜻이 관직에 연연하지 않았네	志不戀圭組
남쪽 선비들이 고아한 풍모 칭송하여	南士誦高風
지금도 남은 법도 우러르니	至今仰遺矩
높고 높은 월출산 기슭에	峩峩月山麓
영령 봉안한 사당 있구나	妥靈有廟宇
뒤에 문곡께서	後來文谷翁
이곳으로 유배되셨으니[187]	受玦居玆土
곧 호련의 그릇으로	乃以瑚璉器
참으로 나라의 기둥이셨네[188]	允矣邦國柱
인륜을 붙들고 간사함을 배척하셨으니	扶倫斥邪憸
곧은 지조 더욱 본받을 만하네	直操尤可取
사림들이 그 이름 사모하여	士林慕其名
함께 제사 올리네	一體享籩俎
엄숙하고 경건한 두 유상	肅穆二遺像
그 화상이 낭무를 비추네	丹青映廊廡
산당[189]과 농암은	山堂與農巖

187 문곡(文谷)께서 이곳으로 유배되셨으니 : 김수항은 1675년(숙종1)에 허적(許積)·윤휴(尹鑴)를 배척하고, 추문을 들어 종실 복창군(福昌君) 이정(李楨)·복선군(福善君) 이남(李柟) 형제의 처벌을 주장하다가 집권파인 남인의 미움을 받아 영암(靈巖)에 유배되었다. 수결(受玦)은 유배를 뜻하는 말이다.

188 호련(瑚璉)의……기둥이셨네 : 김수항이 국가의 중요한 인물이었다는 말이다. 호련은 종묘(宗廟)에 곡식을 바쳐 올리는 제기(祭器)로 보통 훌륭한 인재를 비유한다.

189 산당(山堂) : 최충성(崔忠成, 1458~1491)으로, 본관은 전주(全州), 자는 필경(弼卿), 호는 산당이다. 최덕지(崔德之)의 손자이며, 김굉필(金宏弼)의 문인이다. 나

훌륭한 명성 두 부친을 이어받아　　賢聲紹兩父

같은 사당에 배향되었으니　　配食躋同堂

이처럼 성대한 일 참으로 보기 드물지　　盛事實罕覩

내가 예전에 농암 선생께 나아갔으니　　我昔及農巖

어린 싹이 단비에 젖는 격이었네　　萌甲潤時雨

돌아가신 지[190] 이미 몇 해던가　　山頹已幾歲

옛날 배운 것 날로 거칠어지네　　舊學日魯莽

눈 내리는 사당에 홀로 서서　　獨立廟門雪

다만 위패를 배알하네　　但自拜木主

세상사 수없이 변하니　　人事有萬變

우러르고 굽어보며 늙은이 눈물 흘리네　　衰涕迷仰俯

구원의 영령께서 과연 앎이 있으실까　　九原果有知

깊은 마음을 누구에게 토로할까　　深心向誰吐

아름다운 빛 영원히 전해져　　休光永千載

또한 문호를 지키리라　　亦足持門戶

연촌(煙村) 최 선생의 이름은 덕지(德之)이다. 세종 때에 벼슬하여 관직은 홍문관 부제학(弘文館副提學)에 이르렀다. 뒤에 글을 올려 귀향을 청하였는데, 박취금(朴醉琴)·성 승지(成承旨)가 시문을 지어 칭송하였다.[191] 선

주(羅州)에서 태어났다. 할아버지 최덕지가 향사(享祀)되어 있는 존양사(存養祠)에 함께 배향되었다가 1713년(숙종39) 존양사가 녹동서원으로 사액을 받게 되자 이에 함께 배향되었다. 《山堂集 卷4 山堂處士崔公行狀》

190 돌아가신 지 : 산퇴(山頹)는 태산(太山)이 무너진다는 말로, 스승의 죽음을 의미한다.

191 뒤에……칭송하였다 : 최덕지가 낙향할 때 박팽년(朴彭年, 1417~1456)과 성삼문(成三問, 1418~1456) 등이 시를 지어 그의 지절(志節)을 칭송했다는 말이다. 《산당

생의 화상(畫像)은 문곡(文谷) 선생의 화상과 함께 동무(東廡)에 봉안되었다. 모습이 매우 고괴(古怪)하다. 산당(山堂)은 연촌 선생의 아들이다.

집(山堂集)》 권4 〈산당처사최공행장(山堂處士崔公行狀)〉에 "문종 원년에 예문관 직제학에 임명되었는데, 곧 늙었다는 이유로 고향으로 돌아가니 함께 조정에 있었던 취금 박팽년, 매죽헌 성삼문 등 여러 현인들이 시문을 지어 그 높은 지절을 칭송하였다.〔文宗初載, 召拜藝文館直提學, 旋卽告老還鄕, 同朝諸公如朴醉琴彭年成梅竹三問諸賢, 爲詩文道其志節之高.〕"라고 하였다.

영암군에서

靈巖郡

성안으로 들어가려 했으나 문지기가 막고 들여보내주지 않아 어려운 일이 많았다. 군에는 대월루(對月樓)가 있는데 경치가 매우 아름답다.

명승지로 사람들은 낭주[192]를 일컬으니	名勝人稱古朗州
월출산의 푸른 빛 관루에 가득 들어오네	月山翠色滿官樓
눈 내린 넓은 들판에 빈 시장 열리고	雪迷曠野開虛市
조수 물러간 긴 다리에 세선 머무네	潮退長橋閣稅舟
문곡의 옛 정자 풍옥정 있고[193]	文谷舊亭風玉在
연촌의 높은 절개 영당에 남았구나[194]	煙村高節影堂留
성문에서 문지기에게 막혔으니	城門忽被閽人拒
오늘 아침에 비로소 나그네의 시름 알겠네	始覺今朝作客愁

192 낭주(朗州) : 전라남도 영암(靈巖)의 옛 이름이다.

193 문곡(文谷)의……있고 : 문곡은 김수항(金壽恒, 1629~1689)으로, 본관은 안동(安東), 자는 구지(久之), 호는 문곡이다. 1675년(숙종1) 영암에 유배되었을 때 풍옥정(風玉亭)을 지었다. 《文谷集 卷26 風玉亭記》

194 연촌(煙村)의……남았구나 : 연촌은 최덕지(崔德之, 1384~1455)로, 본관은 전주(全州), 자는 가구(可久), 호는 연촌·존양(存養)이다. 영암의 녹동서원(鹿洞書院)에 그의 영정이 있다.

말 위에서 회포를 쓰다

馬上書懷

이미 강진과 멀어졌으니 已去康津遠
자주 월출산 돌아보네 回看月嶽頻
높은 하늘 나는 기러기 바람 마주치고 天長風逆雁
넓은 들에 눈 내려 사람 희미하네 野曠雪迷人
탁주를 누가 권할까 濁酒誰相勸
슬픈 노래만 홀로 부르노라 悲歌獨自陳
강담에서 초췌했을 모습 江潭憔悴色
다만 꿈속에서 친하구나[195] 只向夢中親

195 강담(江潭)에서……친하구나 : 앞의 시들을 감안할 때 1675년(숙종1) 영암(靈巖)에 유배된 김수항(金壽恒)을 떠올린 말로 생각된다. 336쪽 각주187 참조.

도중에 눈을 만났다. 신보[196]에게 보여 주다

道中逢雪 示信甫

해 질 녘에 거친 삭풍이	日暮北風急
쓸쓸히 나그네 옷에 부는구나	蕭蕭吹客衣
저 멀리 산들은 하늘가에 검고	遙山天際黑
외로운 기러기는 눈 속에 날아가네	孤雁雪中飛
이곳은 머나먼 호남 땅	地是湖南遠
나는 이제 한양으로 돌아가네	人今漢北歸
그대가 이번 여행 함께하지 않았다면	非君同此役
객지에서 누구를 의지했을까	旅泊更誰依

196 신보(信甫) : 송상윤(宋相允, 1674~1753)으로, 본관은 은진(恩津), 자는 신보, 호는 위와(韋窩)이다. 옥오재(玉吾齋) 송상기(宋相琦)의 종제(宗弟)이다.

눈이 심하게 내렸다
雪甚

한 달 동안 허둥지둥 호해 사이 다니다가	一月栖栖湖海間
오늘 아침 또 나주로 돌아가네	今朝又向羅州還
구름 자욱한 나루 북쪽에 먼 숲 나타나고	雲迷津北出遠樹
눈발 날리는 말 앞에 어지러운 산 펼쳐졌네	雪暗馬前橫亂山
숲 까마귀 홀로 돌아가니 날은 저물고	林鴉獨歸自暮色
노복들 서로 보며 얼굴에 근심 가득하네	僮僕相看多愁顔
여정은 끝이 없고 해는 끝나려 하니	征途滾滾歲欲盡
늙은이의 백년 인생 어느 때나 한가할까	老子百年何時閑

영산강을 건너며

渡靈山江

해 지는 영산포	落日靈山浦
외로운 배에 사공 부르는 소리 울리네	孤舟喚渡聲
물결 잔잔하고 백사장 드넓으며	潮平沙岸闊
눈 살짝 내려 저물녘 산 밝구나	雪淺暮山明
숲 아득하여 행인 희미하고	樹遠迷人去
안개 자욱하여 기러기 울음소리 은은하네	煙深隱雁鳴
강가에 어부의 집 있으니	臨江有漁舍
여생을 여기에서 살고 싶구나	更欲寄餘生

수원(樹遠)은 독수(獨樹)로도 쓰고, 연심(煙深)은 한연(寒煙)으로도 쓴다.

유색루[197]에 오르다

登柳色樓

백 척이나 높은 누각 나는 듯하여	百尺官樓勢若翻
올라보니 나의 호탕함과 비견될 만하네	登臨足可敵吾豪
영산강이 성곽 둘러 물소리 거세고	靈江抱郭潮聲大
서석산[198]이 하늘에 떠서 눈 덮인 빛깔 높구나	瑞石浮天雪色高
찬 매화 꺾어 먼 길 가는 이에게 주려 하니	欲折寒梅贈遠道
어느 때나 안개 낀 버들이 봄 언덕에 하늘댈까	幾時煙柳弄春皐
산천은 적막하고 세밑 다가오니	山川錯莫窮陰逼
다시 아이 불러 막걸리 내오게 하네	且復呼兒進濁醪

197 유색루(柳色樓) : 나주(羅州)의 객사(客舍)에 있는 누각으로, 제액(題額)은 신라 때의 서예가 김생(金生, 711～?)의 글씨를 집자(集字)한 것이라고 한다.《林下筆記 卷30》

198 서석산(瑞石山) : 광주광역시에 있는 무등산(無等山)의 다른 이름이다.

영모당[199]에 올라

登永慕堂

회진(會津)[200]의 임씨(林氏) 정자에 있다.

오래 전부터 회진의 승경 알았는데	久識會津勝
이제 영모당에 올랐네	今登永慕堂
지형은 마포와 비슷하고	地形麻浦是
해산물은 행주와 흡사하네	海錯杏州當
버들 언덕에 지는 해 멀고	柳岸斜陽遠
백사장 가 마을에 눈 빛이 길게 펼쳐졌네	沙村雪色長
창문 열고 월출산 마주하니	開牕對月出
더욱 내 고향을 보는 듯하다	尤似見吾鄉

199 영모당(永慕堂) : 전라남도 나주(羅州)에 있는 영모정(永慕亭)을 가리킨다. 영모정은 1556년(명종11)에 임복(林復, 1521~1576)이 선친에 대한 사모의 정으로 세운 정자이다. 임복의 본관은 나주, 자는 희인(希仁), 호는 풍암(楓巖)으로, 임붕(林鵬, 1486~1553)의 아들이다.

200 회진(會津) : 전라남도 나주 지역의 옛 이름이다.

남평현에서 사군 이좌백[201] 광보 에게 보여 주다

南平縣 示李使君左伯 匡輔

고을 작아도 대숲에 의지했고	縣小猶依竹
마을 깊으니 모두 소나무 숲에 가렸네	村深盡隱松
관직생활 절로 맑으리니	官居自淸絶
이은하기 다시 편안하리[202]	吏隱更從容
쥘부채는 승두선[203]처럼 곱고	摺扇僧頭妙
곱게 노래하는 기녀 모습 농염하네	纖歌妓態濃
인생에 다섯 마리 말 귀하니	人生五馬貴
고을살이 하찮게 생각 마시게[204]	爾莫薄雷封

201 이좌백(李左伯) : 이광보(李匡輔, 1687～?)로, 본관은 전주(全州), 자는 좌백이다. 1722년(경종2)에 남평 현감(南平縣監)에 임명되었다. 《承政院日記 景宗 2年 9月 26日》 저본(底本)에는 佐伯으로 되어 있으나 《두타초(頭陀草)》 책18 〈남유록(南遊錄)〉에 左伯으로 되어 있고, 사마방목(司馬榜目)에도 左伯으로 되어 있으므로 이에 근거하여 수정하였다.

202 이은(吏隱)하기 다시 편안하리 : 이광보가 작은 고을의 현감이 되어 한적한 생활을 한다는 말이다. 이은은 관직에 있으면서도 은자(隱者)처럼 생활하며 이록(利祿)에 마음을 두지 않는 것을 말한다.

203 승두선(僧頭扇) : 머리가 동그스름한 부채이다.

204 인생에……마시게 : 작은 고을의 현감이지만 귀한 직책이므로 자부심을 가지라는 말이다. 오마(五馬)는 한(漢)나라 때 태수(太守)가 다섯 필의 말이 끄는 수레를 탔던 고사에서 유래하여 고을 수령을 의미한다. 뇌봉(雷封)은 작은 고을의 수령을 뜻한다. 보통 사방 100리 정도 되는 고을이 현(縣)이 되는데, 천둥이 치면 그 소리가 100리쯤 진동한다 하여 현령(縣令)을 뇌봉이라고 하였다.

밤에 이 사군[205]의 관아에서 술을 마시다

夜飮李使君衙軒

동헌 아래에 산골 시내가 천천히 흐르며 졸졸 소리를 냈는데 대단히 듣기 좋았다.

묻노니 오늘 밤의 모임	借問今宵會
다른 고장에서 어찌 다시 많으랴	他鄕豈復多
술잔 들고 모든 일 잊은 채	把杯忘萬事
촛불 밝히고 맑은 노래 듣노라	燒燭聽淸歌
눈 빛이 창문 사이로 비치고	雪色牕間映
시냇물 소리가 대숲 속으로 지나가네	泉聲竹裏過
취한 가운데 서울과 멀리 떨어져 있으니	醉中京國遠
소식 근래 어떠한가	消息近如何

205 이 사군(李使君) : 남평 현감(南平縣監) 이광보(李匡輔)를 가리킨다. 346쪽 각주201 참조.

잠시 길가의 소나무 숲에서 쉬며 송 자를 사용해 짓다
少憩道傍松林 用松字

어느 곳에 말을 멈출까	何處駐吾馬
시냇가에 일만 그루 소나무 있구나	臨溪有萬松
청량하게 맑은 바람 보내오니	泠然送淸籟
야윈 얼굴도 밝아지네	且得爽疲容
눈에도 끄떡없는 푸른 비늘[206] 갈라지고	傲雪蒼鱗坼
구름 머문 푸른 빛 짙구나	留雲翠色濃
바라보며 높은 절개 사랑스러우니	相看愛高節
일찍이 진나라의 봉작[207] 받지 않았네	曾不受秦封

206 푸른 비늘 : 창린(蒼鱗)은 소나무 껍질을 가리키는 말이다.

207 진(秦)나라의 봉작(封爵) : 진 시황(秦始皇)이 태산(泰山)에 올라가 봉선(封禪)을 행하려고 할 때 폭풍우가 몰아치자 봉선을 중지하고 다섯 그루의 소나무 밑에서 비를 피한 일이 있는데, 뒤에 그 소나무를 대부(大夫)로 봉해 주었다.《史記 卷6 秦始皇本紀》

유허비 노래

遺碑行

능주(綾州)[208]에 있다. 이곳은 정암(靜菴)[209] 선생께서 돌아가신 곳이다. 빗돌에 '정암조선생적려유허추모비(靜菴趙先生謫廬遺墟追慕碑)'라는 열 두 글자가 새겨져 있다. 민 참판(閔參判)[210]이 목사(牧使)로 있을 때 세운 것이다.

아침에 남평현 떠나 저녁에 능주 도착하여　朝發南平暮綾州
길가의 커다란 비석 문득 보니　忽見穹碑立道周
그 위에 분명하게 새겨진 열두 글자　上刻煌煌十二字
말에서 내려 읽으니 두 줄기 눈물 흐르네　下馬讀之雙涕流
정암 선생 조 부자　靜菴先生趙夫子
옛날 기묘년에 여기로 유배 오셨지[211]　在昔己卯謫居此
초가는 사라지고 연초만 우거졌는데　茅舍無存煙草深
노인들이 남은 터를 가리키네　故老指點爲遺址
아직도 구원에 푸른 피 남았을까 의심하지만　尙疑九原藏碧血
백 년도 안 되어 국시 정해졌네[212]　不待百年定國是

208 능주(綾州) : 전라남도 화순 지역의 옛 이름이다.

209 정암(靜菴) : 조광조(趙光祖, 1482~1519)로, 본관은 한양(漢陽), 자는 효직(孝直), 호는 정암이다. 《靜菴集 附錄 卷6 行狀》

210 민 참판(閔參判) : 민여로(閔汝老, 1598~1671)로, 본관은 여흥(驪興), 자는 태수(台叟)이다. 1665년(현종6)에 능주 목사(綾州牧使)가 되었으며, 1667년에 정암조선생적려유허추모비(靜菴趙先生謫廬遺墟追慕碑)를 건립하였다.

211 정암……오셨지 : 조광조는 1519년(중종14) 기묘사화(己卯士禍) 때 능주에 유배되어 12월에 사사(賜死)되었다.

우암이 기문 짓고 동춘의 글씨로[213]	尤翁作記春翁書
돌을 마련해 빗돌 만들어 옛 집 표시했네	伐石爲碑表舊閭
당시의 사실 여기에 특히 자세하니	當時事實此特詳
보는 사람 누군들 슬퍼하지 않으랴	見者孰不爲欷歔
선생은 도가 있어 정주[214]를 배웠고	先生有道學程朱
선생은 뜻이 있어 당우를 사모하셨네[215]	先生有志慕唐虞
황왕과 제패의 진위를 구분하고[216]	皇王帝伯辨眞僞
시서와 예악을 공부하셨지	詩書禮樂用工夫
위로는 임금을 삼대의 왕처럼 만들려 했고[217]	上欲致君三代際

212 아직도……정해졌네 : 조광조가 탄핵을 받아 운명했지만 얼마 지나지 않아 신원(伸冤)되었다는 말이다. 조광조는 1568년(선조1)에 신원되어 영의정(領議政)에 추증되었다. 벽혈(碧血)은 혈벽(血碧)이라고도 하며, 충신의 억울한 죽음을 비유한 말이다. 주(周)나라 영왕(靈王) 때의 사람 장홍(萇弘)이 참소를 당하여 촉(蜀)으로 돌아가 그곳에서 죽었는데, 촉 사람들이 그 피를 담아 보관하니 3년 만에 변하여 벽옥(碧玉)이 되었다고 한다.《莊子 外物》

213 우암(尤菴)이……글씨로 : 정암조선생적려유허추모비의 비문은 우암 송시열(宋時烈, 1607~1689)이 지었는데, 그 글은《송자대전(宋子大全)》 권171에 〈능주정암조선생적려유허비(綾州靜菴趙先生謫廬遺墟碑)〉라는 제목으로 수록되어 있다. 글씨는 동춘당(同春堂) 송준길(宋浚吉, 1606~1672)이 썼다.

214 정주(程朱) : 송(宋)나라 유학자인 정호(程顥)·정이(程頤) 형제와 주희(朱熹)를 가리킨다.

215 선생은 뜻이……사모하셨네 : 조광조가 왕도정치(王道政治)의 실현으로 태평성대를 이루고자 했다는 말이다. 당우(唐虞)는 요순(堯舜)을 의미한다.

216 황왕(皇王)과……구분하고 : 왕도(王道)와 패도(霸道)를 구분했다는 말이다. 황(皇)과 왕(王)은 왕도로 다스리는 것을 말하고, 제(帝)와 패(伯)는 패도로 다스리는 것을 말한다.

217 위로는……했고 : 조광조가 하(夏)·은(殷)·주(周) 삼대(三代)의 정치를 회복

아래로는 이 세상을 화락하게 바꾸려 하셨네[218] 下欲雍熙變斯世
띠 드리우고 홀 단정히 하고 조정에 서서 垂紳端笏立天陛
바르고 곧은 말씀으로 큰 계책 진달하고 正言直辭陳大計
사헌부의 장관으로 풍채를 떨치시니 入長憲司振風采
남녀가 달리 다녀 소매를 함께 하지 않았네 男婦異行不同袂
온 백성들이 머리 들고 태평성대 그렸는데 中外矯首想太平
간사한 무리가 이를 갈며 깊이 물어뜯으려 했네 奸壬切齒思深噬
상림의 버들잎에 문득 글자 나타나 上林楊葉忽成字
교활한 꾀로 밤에 닫힌 신무문 열었네[219] 巧計夜開神武閉
한 시대의 바른 선비들 일망타진 되어 同時正士網打盡
큰 죄는 유배되고 작은 죄는 갇혔네 大者流竄小幽繫
연주산[220] 위에 가을 쓸쓸한데 連珠山上秋蕭瑟

하고자 했다는 말이다.

218 아래로는……하셨네 : 조광조가 태평성대를 이루고자 했다는 말이다. 옹희(雍熙)는 요순(堯舜) 시대에 천하가 잘 다스려져 백성들이 화락(和樂)하고 밝게 교화된 데서 연유하여 태평성대를 이른다.

219 상림(上林)의……열었네 : 기묘사화의 발생을 서술한 부분이다. 1519년(중종 14)에 남곤(南袞), 심정(沈貞), 홍경주(洪景舟) 등이 개혁 세력인 조광조 일파를 모함하기 위하여, 궁중의 나뭇잎에 꿀을 발라 주초위왕(走肖爲王)이라는 글자를 써서 벌레가 갉아먹게 한 뒤 그 흔적을 왕에게 보인 일이 있었다. 주초(走肖)는 조광조의 성인 趙를 파자한 것으로, 조씨가 왕이 된다는 의미였다. 신무문(神武門)은 대궐의 북문(北門)인데, 남곤 등이 신무문을 통해 상변(上變)하여 기묘사화가 발생하였다.《己卯錄續集 禍媒 南袞傳》

220 연주산(連珠山) : 전라남도 화순군 능주면 관영리와 한천면 정리 경계에 있는 산이다. 여기서는 조광조의 적소(謫所)를 상징하는 말로 사용되었다.

초췌한 모습으로 읊조리며 푸른 혜초 원망했네[221]　憔悴行吟怨碧蕙

밝은 태양 어두워져 광채 가리고　白日昏昏蔽光晶

안개가 하늘 가리고 종일 음산한 바람 불었네[222]　氛雺塞天終風曀

혜강은 스스로 〈광릉산〉 연주했고[223]　嵇康自彈廣陵散

맹박은 다만 서산에 묻히기를 원했네[224]　孟博只願西山瘞

임금을 어버이처럼 사랑한다는 말[225] 반복하며　三復愛君如愛父

지금도 열사들 눈물 훔치네　至今烈士猶抆涕

221 초췌한……원망했네 : 조광조의 유배 생활을 읊은 것이다. 벽혜(碧蕙)는 푸른 혜초를 가리키는데, 두보(杜甫)의 시에 "가을바람이 슬픈 골짜기에 부니, 푸른 혜초가 미약한 꽃잎을 버리도다.〔秋風動哀壑, 碧蕙捐微芳.〕"라고 한 데서 유래하여 군자가 난세(亂世)를 만나 뜻을 펴지 못함을 비유하는 말로 사용된다. 《杜少陵集 卷16 壯遊》

222 밝은……불었네 : 간사한 무리들이 중종(中宗)의 곁에서 중종의 총명(聰明)을 가리는 상황을 비유한 말이다.

223 혜강(嵇康)은……연주했고 : 조광조가 사사(賜死)된 일을 읊은 것이다. 진(晉)나라 혜강이 사마소(司馬昭)에게 끌려 동시(東市)의 형장으로 갔을 때 태학생(太學生) 3천 명이 그를 스승으로 모시겠다고 청하였다. 사마소가 이를 허락하지 않자, 혜강이 예전에 화양정(華陽亭)에서 자면서 어느 나그네에게 전수받았던 〈광릉산(廣陵散)〉을 거문고로 연주한 고사가 전한다. 《晉書 卷49 嵇康列傳》

224 맹박(孟博)은……원했네 : 조광조가 당화(黨禍)에 굴하지 않고 절의를 지켜 운명하였음을 말한 것이다. 맹박은 동한(東漢) 범방(范滂)의 자이다. 그가 당고(黨錮)의 화에 휘말리게 되자 "죽는 날에 원컨대 나를 수양산 곁에 묻어서 위로는 하늘을 저버리지 않고 아래로는 백이와 숙제에게 부끄럽지 않았으면 한다.〔身死之日, 願埋滂於首陽山側, 上不負皇天, 下不愧夷齊.〕"라고 한 고사가 전한다. 《後漢書 卷67 黨錮列傳 范滂》 서산(西山)은 곧 수양산을 가리킨다.

225 임금을……말 : 조광조가 운명할 때 자신의 소회를 적어서 "임금 사랑하기를 어버이 사랑하듯이 했고, 나라 걱정하기를 집안 걱정하듯이 했다.〔愛君如愛父, 憂國若憂家.〕"라고 하였다. 《靜菴集 附錄 卷5 年譜》

하늘의 도는 본래 선인을 돕고　　天道本自與善人
세상의 운수는 끝내 굴신이 있는 법　　世運終能有屈伸
남곤과 심정의 썩은 뼈를 사람들이 다 베고[226]　　袞貞朽骨人皆誅
선생의 큰 이름 해와 별처럼 새롭게 되었네　　先生大名日星新
한때의 영고가 다르다 말하지 말라　　莫言一時榮枯異
장차 천추에 곤월이 베풀어짐을 보노라[227]　　且看千秋袞鉞陳
유허에 지나는 사람들 예를 갖추니　　遺墟尙令過者式
성대한 덕을 온 세상 사람이 높이네　　盛德終爲擧世尊
동쪽 산의 일만 그루 대나무 돌아보니　　回視東山萬竿竹
선생의 옛 정신 보는 듯하네　　想見先生舊精神

226 남곤(南袞)과……베고 : 곤정(袞貞)은 남곤과 심정(沈貞)을 가리킨다. 이들은 홍경주(洪景舟)와 함께 기묘사화를 꾸며 후대 사람들의 지탄을 받았으며, 기묘삼흉(己卯三凶)으로 일컬어진다.

227 한때의……보노라 : 한때 영화를 누리기도 하고 쇠락하기도 하지만 끝내는 올바른 평가가 내려진다는 말이다. 곤월(袞鉞)은 포폄(褒貶)을 의미한다. 공자께서 《춘추》를 지었는데, 범영(范甯)의 〈춘추전서(春秋傳序)〉에 "한 글자로 표창한 것이 곤룡포보다 영광스럽고 한 글자로 깎은 것이 도끼보다 엄격하다.〔一字之褒, 榮於華袞, 一字之貶, 嚴於鈇鉞.〕"라고 하였다.

능주[228]에서

綾州

관아가 산에 가까워 절로 맑고 그윽하니	官居近峽自淸幽
이곳은 본래 이은[229]하기 좋다고 일컬어지지	此地元稱吏隱優
산세는 구름 서려 서석산[230]까지 가로질렀고	山勢盤雲橫瑞石
강물은 들판 가르며 나주로 들어가네	江流割野入羅州
많은 대나무 길러 여러 고을에 공급하고	養成萬竹供諸郡
깊은 솔숲에 우뚝하게 두 누대 세웠네	湧出深松起二樓
사람들은 길을 돌아 승경 찾아간다며 웃는데	人笑迂途尋勝去
지금 와서 보니 나의 바람 저버리지 않았네	今來能不負吾求

228 능주(綾州) : 전라남도 화순 지역의 옛 이름이다.

229 이은(吏隱) : 관직에 있으면서도 은자(隱者)처럼 생활하며 이록(利祿)에 마음을 두지 않는 것을 말한다.

230 서석산(瑞石山) : 광주광역시에 있는 무등산(無等山)의 다른 이름이다.

밤에 고을 관아에서 술을 마시며 주인 사군 신여겸[231]에게 보여 주다

夜飮州衙 示主人使君愼汝謙

주곡[232]에서 가을에 헤어지고	酒谷高秋別
능주[233]에서 섣달에 만나	綾州臘月逢
서로 바라보니 꿈만 같은데	相看如夢寐
한번 웃고 진중하게 대하네	一笑盡從容
쟁반의 숭어회 가늘고	盤膾鯔魚細
관아의 죽력주 진하구나	官醪竹瀝濃
목비에 덕 기리는 말 많으니	木碑多頌德
백성들이 이미 정교에 감화되었네[234]	民已化陶鎔

231 신여겸(愼汝謙) : 신유익(愼惟益, 1671~?)으로, 본관은 거창(居昌), 자는 여겸(汝謙)이다. 1722년(경종2)에 능주 목사(綾州牧使)가 되었다. 《承政院日記 景宗 2年 7月 29日》 이하곤의 글에 "목사 신유익 여겸이 내가 왔다는 소식을 듣고 사람을 보내 두세 차례 초대하였다.〔牧使愼惟益汝謙聞余至, 伻問再三.〕"라고 하였다. 《頭陀草 冊18 南遊錄》

232 주곡(酒谷) : 지명인데 어디인지 알 수 없다. 신유익이 능주 목사로 부임할 때 이하곤이 전송했던 곳으로 추측된다.

233 능주(綾州) : 전라남도 화순 지역의 옛 이름이다.

234 목비(木碑)에……감화되었네 : 신유익이 고을을 잘 다스려 백성들이 그의 정교(政敎)에 교화되고, 그의 덕(德)을 기리는 비를 세웠다는 말이다. 이하곤의 글에 "여겸이 고을을 잘 다스려 명성이 있었다. 고을에 들어가자 주민들이 나무를 깎아 비를 만들어 그의 정사를 기린 것이 길에 가득하였다.〔汝謙治郡有聲, 入境居民削木爲碑, 頌其政者滿道.〕"라고 하였다. 《頭陀草 冊18 南遊錄》 도용(陶鎔)은 가마에서 도자기를 굽고

치어(鯔魚)는 곧 수어(秀魚)이다. 주인이 고기를 끊은 나를 위해 특별히 이 회를 준비하였다.

용광로에서 쇠를 녹이는 것처럼 인재를 배양해서 육성한다는 뜻으로, 보통 대신이 나라를 다스리는 비유로 사용되는데 여기서는 신유익의 정교를 의미한다.

화희는 능주[235]의 관기이다. 나이는 20여 세이고 거문고와 노래에 능하였으며 사람 됨됨이가 맑고 운치가 있었다. 내가 능주에 들렀을 때 그 여인의 이러한 모습을 좋아하였다. 인하여 화희에게 농담으로 말하기를 "옛날에 낙천에게는 번소가 있었고[236] 자첨에게는 조운이 있었다.[237] 나의 풍류가 비록 두 사람에게 미치지 못하지만 너는 번소와 조운만 못하겠느냐."라고 하였다. 화희가 웃으며 말하기를 "낭군께서 이미 낙천과 자첨에게 미치지 못하시는데 어찌 소첩더러 번소와 조운이 되라고 하십니까."라고 하였다. 그녀의 재주와 운치가 대개 이와 같았다. 내가 드디어 그 뜻을 연역하여 재미삼아 이 시를 주어 보관했다가 친한 벗들 가운데 능주에 들르는 사람을 기다렸다가 꺼내 보여 주게 하였다. 이 시를 보는 사람들도 나의 이 시가 한때 유희의 나머지에서 나온 것임을 알고 "풍류의 죄가 지나치다."라고 말하지 말고 한번 웃어야 할 것이다. 화희의 옛 이름은 정인데 지금은 화향으로 고쳤다고 한다

花姬 綾州官妓也 年二十餘 能琴歌 爲人淸淡有韻 余過綾州 喜其如此

235 능주(綾州) : 전라남도 화순 지역의 옛 이름이다.

236 낙천(樂天)에게는 번소(樊素)가 있었고 : 낙천은 백거이(白居易, 772~846)의 자이다. 번소는 백거이의 애첩(愛妾)으로 노래에 뛰어났다.

237 자첨(子瞻)에게는 조운(朝雲)이 있었다 : 자첨은 소식(蘇軾, 1037~1101)의 자이다. 조운은 소식의 애첩이다. 소식이 〈조운시(朝雲詩)〉에서 "단약 지으러 나를 따라 삼산으로 가서 무양의 운우 선녀가 되지 않았네.〔丹成逐我三山去, 不作巫陽雲雨仙.〕"라고 읊은 부분이 있다.《東坡全集 卷22》

因戲姬曰 昔樂天有樊素 子瞻有朝雲 吾之風流 雖不及二子 汝獨不能爲樊素朝雲耶 姬笑曰 郎君旣不及樂天子瞻 則何獨責妾爲樊素朝雲乎 其才韻蓋有如此者 余遂演其意 戲贈此詩 使之藏弆 俟親友之過州者出而示之 夫覽者亦知余之此詩出於一時遊戲之餘 而毋曰風流罪過 可也一笑 姬舊名貞 今改爲花香云

꽃이 말을 할 줄 알아 옥에서 향기 나고[238]	花能解語玉生香
검은 쪽머리 구름 서린 듯하고 취봉 길구나[239]	鴉髻盤雲翠鳳長
우습다 이 몸이 나비인 양	自笑是身蝴蝶似
향기를 대단히 좋아해 꽃방에서 묵네	愛香偏愛宿花房

2

좋은 인연도 나쁜 인연 되나니	好因緣作惡因緣
내일 아침 헤어지면 서로 멀리 떨어지리	一別明朝杳各天
오직 연주산[240] 위의 달만	惟有連珠山上月
두 사람의 마음을 나누어 비추겠지	只應分照兩心邊

238 꽃이……나고 : 관기(官妓) 화희(花姬)의 아름다움을 묘사한 말이다. 당 현종(唐玄宗)이 양 귀비(楊貴妃)를 가리켜 해어화(解語花), 즉 말을 하는 꽃이라고 한 고사가 있으므로 인용하였다.

239 검은……길구나 : 화희의 머리 장식을 읊은 것이다. 아계(鴉髻)는 여인의 묶은 머리가 거위 깃털처럼 검다고 하여 이르는 말이다. 취봉(翠鳳)은 푸른 구슬로 만든 봉새 형상의 머리 장식이다.

240 연주산(連珠山) : 전라남도 화순군 능주면 관영리와 한천면 정리 경계에 있는 산이다.

3

한 줄기 좋은 꽃 향기롭고 운치 있으니　一朶名花香更韻
정성스레 지켜 달라 동군[241]에게 부탁하네　殷勤護惜付東君
알겠다 이별한 뒤에 그리워하는 눈물　遙知別後相思淚
봄바람에 부쳐 초나라 구름[242] 적시겠지　寄與春風濕楚雲

4

밤 깊어 남은 촛불이 창을 반쯤 붉게 비추는데　夜深殘燭半牕紅
조촐한 즐거움 꿈속 같았지　草草歡娛似夢中
눈에도 끄떡없는 찬 매화 본받고　且學寒梅淩雪色
거센 바람에 춤추는 버들개지 따르지 말라　莫隨飄絮舞狂風

5

조운은 본래 동파 노인 떠나지 않았고　朝雲元不離坡老
번소는 끝내 낙천을 모셨지　樊素終能侍樂天
나[243]의 풍류 두 사람 따르니　澹叟風流追二子
화향과 함께 참선할 만하네　花香亦合伴參禪

241 동군(東君) : 봄을 주관하는 신(神)을 의미한다.

242 초나라 구름 : 초운(楚雲)은 초나라의 구름이라는 뜻으로 남쪽 구름을 말하는데, 여기서는 화희가 남쪽 지방인 능주에 살고 있기 때문에 이 시어를 사용한 것이다.

243 나 : 이하곤의 호가 담헌(澹軒)·담옹(澹翁)이므로, 담수(澹叟)는 자신을 가리키는 말이다.

쾌벽정[244]에 오르다

登快碧亭

능주[245]에서 어제 마신 술 아침까지 깨지 않아	綾州宿酒朝未醒
흥에 겨워 강가 정자에 올랐더니	乘興來登江上亭
대나무 빛깔은 연못과 푸름 다투려 하고	竹色欲爭潭水綠
산 빛깔은 멀리 들판 안개와 닿아 푸르네	山光遠接野煙青
활쏘기가 뜨거운 여름에 유쾌한 줄 이미 아는데	已知帿射炎天快
어부의 노래를 달밤에 듣기 어렵구나	難得漁歌月夜聽
다만 마음 아는 이 멀리 있지 않음 아노니	但覺會心非在遠
잠깐 옮겨 기대자 마음 상쾌해지네	暫時徙倚意清泠

동쪽에 활 쏘는 곳이 있었다. 들자니 옛날에 고기잡이배가 있었는데 큰 비에 떠내려간 뒤에 다시 두지 않았다고 한다.

244 쾌벽정(快碧亭) : 같은 이름을 가진 정자를 찾을 수 없다. 이하곤의 글에 "영벽정이 주의 동쪽 1리 쯤에 있다.〔映碧亭在州東一里所〕"라고 한 것으로 보아 그가 능주에서 찾아간 정자는 영벽정임을 알 수 있다. 《頭陀草 冊18 南遊錄》 영벽정은 전라남도 화순군 능주면 관영리에 있다.

245 능주(綾州) : 전라남도 화순 지역의 옛 이름이다.

석문동에서

石門洞

아득하게 북쪽 길 길게 뻗었으니	悠悠北路永
길 가는 나그네 근심스럽네	悄悄游子征
석문동으로 말을 모니	驅馬石門洞
험한 길에 이미 놀라네	險道已可驚
양쪽 산이 문득 갈라지더니	兩山忽中坼
바위 형세 모두 가파르네	石勢盡崢嶸
바위 골짝이 서로 출몰하고	巖谷互出沒
하늘 빛깔이 때로 어두웠다 밝았다 하는구나	天色時晦明
해는 지고 산바람 거세니	落日山風急
빈 숲에 소리가 있는 듯	空林如有聲
날씨 추워 일행 드물고	天寒徒侶稀
산도 깊어 나그네 마음 쓸쓸하네	山深凄客情
안장 풀고 백사장 가에 앉아	解鞍坐沙際
맑은 시냇물만 보는데	但見溪水淸
서쪽 봉우리에 특이한 빛깔 있어	西峰有異色
나무 끝에 차츰차츰 생겨나네	木杪次第生

동복현[246]에서

同福縣

동헌을 푸른 산이 감싸고　縣舍靑山擁
시골집에 고목이 그윽하네　村居古木幽
강가에 적벽 있으니　臨江有赤壁
황주처럼 멋진 곳이네[247]　勝地似黃州
눈을 밟으면서도 유람 그치지 않는데　踏雪還游屐
퉁소 불며 배를 띄우고자 하네[248]　吹簫欲泛舟
호남에서 경치 좋은 고을 따진다면　湖南數名邑
먼저 여기에서 찾아야 하리　先向此中求

246 동복현(同福縣) : 현재의 전라남도 화순군 동복면 일대이다.

247 강가에……곳이네 : 동복현에 적벽(赤壁)이 있으므로, 중국 황주(黃州)의 적벽을 이끌어 읊은 것이다. 소식(蘇軾)이 황주에 유배 가서 〈적벽부(赤壁賦)〉를 지었다.

248 퉁소……하네 : 소식의 〈적벽부〉에 "퉁소를 부는 객이 있어 노래에 화답하여 부니〔客有吹洞簫者, 倚歌而和之.〕"라는 구절이 있으므로, 그 의경을 인용하여 동복현의 적벽에 배를 띄워 노닐고 싶은 마음을 표현한 것이다.

동복[249]의 옛 사군 이효백[250]이 그의 시를 내어 보여 주므로 차운하여 주다

同福舊使君李孝伯出示其詩 次韻贈之

나는 듯 금학이 다시 동쪽으로 돌아가니	飄然琴鶴復東迴
벼슬은 본래 우연히 얻어지는 것임을 아노라[251]	簪紱元知是倘來
호숫가 정자로 돌아가면 봄 술 익었을 터	歸去湖亭春酒熟
날마다 술 마시는 것을 다시 누가 막으랴	更誰禁得日含盃

249 동복(同福) : 동복현(同福縣)으로, 현재의 전라남도 화순군 동복면 일대이다.

250 이효백(李孝伯) : 이하곤의 글에 "고을 수령 이현경 효백은 또한 계림 사람이다.〔主守李顯慶孝伯, 亦鷄林人也.〕"라고 하였으므로, 이현경을 가리킴을 알 수 있다.《頭陀草 冊17 南遊錄》 이현경은 1722년(경종2) 4월 20일에 동복 현감(同福縣監)으로 임명되었다.《承政院日記 景宗 2年 4月 20日》 그러나 일에 서툴고 백성들의 원성을 샀다는 이유로 같은 해 11월 17일에 파직되었다.《景宗實錄 2年 11月 17日》

251 나는……아노라 : 이현경이 파직(罷職)되어 돌아가는 상황을 읊은 것이다. 금학(琴鶴)은 거문고와 학으로, 청빈한 지방관의 행차를 상징하는 말이다. 송(宋)나라 조변(趙抃)이 성도 전운사(成都轉運使)로 부임할 때 오직 거문고와 학만을 가지고 갔다는 고사가 전한다.《宋史 卷316 趙抃列傳》 당래(倘來)는 당래(儻來)와 같은 말로 우연히 오는 것을 의미한다.《장자(莊子)》〈선성(繕性)〉에 "헌면이 내 몸에 있는 것은 내가 타고난 성명이 아니요, 외물이 우연히 내 몸에 와서 붙어 있는 것일 뿐이다.〔軒冕在身, 非性命也, 物之儻來寄也.〕"라고 하였다.

적벽[252] 노래

赤壁歌

옛적 소자첨이	昔者蘇子瞻
가을 달빛 아래 적벽에서 놀았으니[253]	秋月游赤壁
노 두드리며 공명 거슬러 갈 제[254]	擊楫溯空明
퉁소 부니[255] 강 달이 밝았지	吹簫江月白
돌아와 〈적벽부〉 지었으니	歸來仍作赤壁賦
지금도 읽으면 마음이 시원하네	至今讀之爽心魄
황홀하게 밝은 달 안고 나는 신선 끼고[256]	怳如抱明月挾飛仙

252 적벽(赤壁) : 현재의 전라남도 화순군에 있는 절벽이다.

253 옛적……놀았으니 : 자첨(子瞻)은 소식(蘇軾)의 자이다. 그가 황주(黃州)에 유배되었을 때 〈적벽부(赤壁賦)〉를 지었는데, 그 글에 "임술년 가을 7월 16일에 소자가 객과 함께 배를 띄워 적벽강 아래에서 노닐었다.〔壬戌之秋七月旣望, 蘇子與客, 泛舟遊於赤壁之下.〕"라고 하였으므로, 가을에 적벽에서 노닌 사실을 알 수 있다. 《古文眞寶 後集 前赤壁賦》

254 노……제 : 소식의 글에 "계수나무 노와 목란 상앗대로 물속에 비치는 달그림자를 치며 흐르는 강물을 거슬러 올라간다.〔桂棹兮蘭槳, 擊空明兮泝流光.〕"라고 하였으므로, 인용하여 읊은 것이다. 《古文眞寶 後集 前赤壁賦》 공명(空明)은 달빛이 물에 비쳐 텅 비고 밝은 모습을 형용한 것이다.

255 퉁소 부니 : 소식의 글에 "객 중에 퉁소를 부는 자가 있어 노래에 맞추어 분다.〔客有吹洞簫者, 倚歌而和之.〕"라고 하였다. 《古文眞寶 後集 前赤壁賦》

256 밝은……끼고 : 소식의 글에 "나는 신선을 끼고 한가로이 놀며 밝은 달을 안고 길이 마치려 한다.〔挾飛仙以遨遊, 抱明月而長終.〕"라고 하였으므로 인용한 것이다. 《古文眞寶 後集 前赤壁賦》

삼도와 십주 옆에 고상하며 노닐었네[257] 翱翔游戲於三島十洲之側
이로부터 적벽이 천하에 유명해져 自此赤壁名天下
듣는 사람마다 수레 몰아 가려고 했네 坐令聞者欲命駕
나는 자첨보다 천 년 뒤에 태어났고 我生子瞻千載後
게다가 만 리 멀리 떨어졌네[258] 況復萬里隔夷夏
흥이 나면 자첨의 두 부[259]를 길게 읊조리고 興來長吟子瞻之二賦
북쪽으로 황주 바라보며 부질없이 탄식했네 北望黃州空嗟咤
사람들이 말하길 동복현에도 적벽이 있으니 아름다워 노닐 만하고
人言同福縣亦有赤壁佳可遊
멋진 경치 진실로 황주에 뒤지지 않는다 하니 奇勝眞不讓黃州
꿈의 넋이 오래도록 이곳으로 들어와 夢魂長入此中來
손으로 흰 달 희롱하며 조각배에 올랐었지 手弄素月乘扁舟
지금 내가 남쪽으로 월출산 유람하고 今我南游月出山
돌아가는 말로 곧장 적벽에 왔네 歸馬直向赤壁還
취한 뒤에 소리 높여 강선대[260]에서 노래하며 醉後高歌降仙臺

257 삼도(三島)와……노닐었네 : 소식의 적벽 유람을 신선 세계에서 노닌 것에 비유한 것이다. 삼도는 봉래산(蓬萊山)·방장산(方丈山)·영주산(瀛洲山)을 가리키고, 십주(十洲)는 조주(祖洲)·영주(瀛洲)·현주(玄洲)·염주(炎洲)·장주(長洲)·원주(元洲)·유주(流洲)·생주(生洲)·봉린주(鳳麟洲)·취굴주(聚窟洲)를 가리키는데, 이곳은 모두 신선들이 사는 곳이다.

258 게다가……떨어졌네 : 이하곤은 조선에 거주하고, 적벽이 있는 황주는 중국에 있기 때문에 거리상으로 멀다는 말이다. 이하(夷夏)는 중국과 그 주변 나라를 아울러 일컫는 말이다.

259 자첨(子瞻)의 두 부(賦) : 소식의 〈전적벽부(前赤壁賦)〉와 〈후적벽부(後赤壁賦)〉를 가리킨다.

구름 낀 절벽 올려다보니 하늘 의지해 열렸네　仰視雲壁倚天開

절벽 밑은 곧장 꽂혀 대지를 갈라놓았고　壁根直揷九地裂

세찬 여울과 거친 물결이 서로 일렁이니　驚湍崩浪相盪㴬

아마도 거령과 육정이 운근을 휘둘러[261]　疑是巨靈六丁揮雲斤

밤이나 낮이나 바람과 우레 울리는 듯　日夜鼓風雷

깎아지른 붉은 벼랑과 푸른 절벽이 천만 길이나 솟아

削出丹厓翠壁千萬丈

흰 구름 뚫고 푸른 하늘로 들어가니 그 형세 우뚝하네

截白雲入青天勢崔嵬

내가 보고 마음 놀라니　使我見之駭心神

아 조화옹의 능력 어찌 이리 대단한가　吁嗟乎造化之力何雄哉

평생 황주에 가보지 못했으니　平生不到黃州耳

그 장관 이와 같은지 알 수 없지만　不識奇偉能如此

자첨의 글이 아름다워　但恐子瞻文字妙

적벽이 지나치게 미화된 것은 아닐까　乃爲赤壁有溢美

260 강선대(降仙臺) : 이하곤의 글에 "또 북쪽으로 반 리 쯤 가서 강선대에 도착하여 적벽을 올려다보았다.〔又北半里許至降仙臺, 仰視赤壁.〕"라고 한 것으로 보아, 여기서의 선대는 강선대를 가리키는 것으로 보인다.《頭陀草 冊18 南遊錄》

261 아마도……휘둘러 : 적벽의 생성을 고사를 인용하여 읊은 것이다. 거령(巨靈)은 하신(河神)의 이름이다. 장형(長衡)의 〈서경부(西京賦)〉 주(注)에 의하면, 하수(河水)의 중간에 산이 하나 있어 하수가 굽어 돌아서 흐르게 되자, 하신이 손바닥으로 산의 윗부분을 쪼개 열어젖히고, 발로 아랫부분을 갈라서 하류(下流)로 통하게 했다고 한다.《文選 卷2》 육정(六丁)은 도교(道敎)의 신(神) 이름으로, 이 신을 잘 부리면 먼 데 있는 물건도 가져오게 할 수 있고, 일의 길흉도 미리 알 수 있다고 한다.《後漢書 卷80 梁節王暢列傳 注》

그만두자 우열은 말할 것도 없으니　且置優劣不足道
내가 자첨에게 부끄러운 점 많아라　我於子瞻多所愧
달 밝은 가을 강에 배 띄우지 못하고　未向秋江汎夜月
추운 날에 눈 내릴까 걱정하네[262]　但愁寒天飛白雪
퉁소 불어 잠긴 용 춤추게도 못하고[263]　旣不能吹洞簫舞潛蛟
그물 던져 입 큰 쏘가리도 잡지 못했네[264]　又不能擧網得巨口之鱸
다만 송군[265]과 소나무 아래 마주 앉아　獨與宋君相對坐松根
손으로 언 김치 찢어 대나무 술병 기울이네　手擘凍菹傾竹壺
배를 스치고 가는 한 마리 학은 보지 못하고[266]　不見一鶴掠舟過

262 달……걱정하네 : 소식이 적벽에서 노닐 때는 달 밝은 가을밤이었지만 이하곤이 동복의 적벽을 유람한 때는 한겨울이었기에 한 말이다. 《두타초(頭陀草)》 책18 〈남유록(南遊錄)〉을 참고하면, 이하곤은 12월 5일에 적벽에 도착하였다.

263 퉁소……못하고 : 소식의 글에 "객 중에 퉁소를 부는 자가 있어 노래에 맞추어 부니, 그 소리가 오열하는 듯하여 원망하는 듯, 사모하는 듯, 우는 듯, 하소연하는 듯하고, 여운이 가냘프게 길게 이어져 끊이지 않음이 실 끝과 같으니, 그윽한 강 골짝의 잠겨 있는 교룡을 춤추게 하고, 외로운 배의 과부를 울게 하였다.〔客有吹洞簫者, 倚歌而和之, 其聲嗚嗚然, 如怨如慕, 如泣如訴, 餘音嫋嫋, 不絶如縷, 舞幽壑之潛蛟, 泣孤舟之嫠婦.〕"라고 하였는데, 이하곤 자신은 그렇게 하지 못한다는 말이다. 《古文眞寶 後集 前赤壁賦》

264 그물……못했네 : 소식의 글에 "오늘 저물녘에 그물을 들어 고기를 잡았는데, 입은 크고 비늘이 가늘어 모양이 송강의 농어와 같습니다.〔今者薄暮, 擧網得魚, 巨口細鱗, 狀如松江之鱸.〕"라고 하였는데, 이하곤 자신은 그런 물고기를 안주로 삼지도 못했기에 한 말이다. 《古文眞寶 後集 後赤壁賦》

265 송군(宋君) : 이하곤의 글에 "신보와 함께 술병을 기울여 몇 잔을 마시면서 마주 앉아 시를 읊조렸다.〔與信甫傾壺飮數杯, 相對哦詩.〕"라고 하였다. 《頭陀草 冊18 南遊錄》 신보는 송상윤(宋相允, 1674~1753)으로, 본관은 은진(恩津), 자는 신보, 호는 위와(韋窩)이다.

맑은 물결에서 목욕하는 두 오리만 보네　只見雙鳧浴淸波
내가 이 시를 지어 두 부에 화답하니　我作此詩和二賦
모르겠다 이 시와 두 부가 과연 어떠한가　未知詩與二賦果如何

266 배를……못하고 : 소식의 글에 "때가 장차 한밤중이 되려고 할 적에 사방을 돌아보아도 조용하기만 하였는데, 마침 외로운 학 한 마리가 강을 가로질러 동쪽으로 왔다.〔時夜將半, 四顧寂寥, 適有孤鶴, 橫江東來.〕"라고 하였으므로 한 말이다.《古文眞寶後集 後赤壁賦》

적벽[267]에서 삼가 농암 선생의 시를 차운하다

赤壁奉次農巖先生韻

가파른 바위와 높은 절벽이 위로 하늘에 닿고	巉巖危壁上參天
깊은 뿌리 곧장 냇물에 꽂혔네	爲有深根直揷川
형세는 깎아지른 듯하여 나무 자라기 어렵지만	勢已削成難着樹
빛깔은 깨끗하여 절로 안개 없구나	色如浣淨自無煙
밤에 띄울 조각배 없는데	未具扁舟能夜泛
부질없이 밝은 달만 가을인 양 매달렸네	空敎明月只秋懸
만 리 황강이 여기인가 의심하여	萬里黃岡疑在此
길게 두 부 읊조리며 소식을 떠올리네[268]	長吟二賦憶蘇仙

완정(浣淨)은 중랑(中郎)의 〈오골기(五汨記)〉에 나온다.

붙임 김창협의 시[269]

이어진 무수한 봉우리들 푸른 하늘에 솟았고	連峰無數上靑天
그 아래 푸른 물결의 한 줄기 냇물 있네	下有滄浪一道川
깎아지른 높은 바위 귀신 닮았고	削出層巖類神鬼

267 적벽(赤壁) : 현재의 전라남도 화순군에 있는 절벽이다.

268 만 리……떠올리네 : 동복현에 있는 적벽이 중국 황주(黃州)에 있는 적벽과 이름이 같기 때문에 〈전적벽부(前赤壁賦)〉와 〈후적벽부(後赤壁賦)〉를 지었던 소식(蘇軾)을 떠올린 것이다. 황강(黃岡)은 황주의 별칭이다.

269 김창협(金昌協)의 시 : 《농암집(農巖集)》 권1에 〈적벽(赤壁)〉이라는 제목으로 수록되어 있다.

맺힌 푸른빛 구름과 안개 흡사하네	結爲空翠似雲煙
소나무와 전나무 모두 못 가운데 비치고	松杉盡向潭中寫
해와 달은 바위 위에 매달린 듯	日月疑從石上懸
듣자니 그늘진 벼랑에 깃든 학[270] 있다 하니	見說陰厓有巢鶴
깊은 밤에 응당 깃옷 입은 신선 꿈을 꾸리라	夜深應夢羽衣仙

270 학(鶴) : 저본(底本)에는 鶻로 되어 있는데, 《농암집》에 근거하여 수정하였다.

물염정[271]에서

勿染亭

시냇가 나씨의 높은 정자[272]　　羅氏高亭溪水濱
푸른 솔과 대나무 절로 늘 새롭구나　　青松翠竹自長新
맑은 못이 이미 모래흙 용납하지 않는데　　澄潭已不容沙土
푸른 절벽에 어찌 세속의 먼지 물들랴　　蒼壁何曾染俗塵
연하 깔린 한 골짝 망서인가 의심하고　　一壑煙霞疑輞墅
닭과 개 우는 몇 마을 진나라 사람 같네[273]　　數村鷄犬似秦人
붉은 난간도 늘 적막함을 면하지 못하니　　朱闌未免常空寂
지금 일민이 있는 줄을 누가 알겠는가　　誰見今時有逸民

271 물염정(勿染亭) : 현재의 전라남도 화순군 이서면 창랑리에 있는 정자이다. 이하곤은 1722년(경종2) 12월 5일에 이곳에 들렀다. 《頭陀草 冊18 南遊錄》

272 나씨(羅氏)의 높은 정자 : 이하곤의 글에 "또 북쪽으로 접어들어 물염정에 도착하였다. 이것은 나씨의 소유이다.〔又北折行至勿染亭, 羅氏物也.〕"라고 하였을 뿐 이름은 밝히지 않았다.

273 연하(煙霞)……같네 : 물염정 주위의 아름다운 풍광을 읊은 것이다. 망서(輞墅)는 당(唐)나라 시인 왕유(王維)의 별장이 있는 망천(輞川)을 가리키는 말이다. 경치가 매우 뛰어나 왕유가 이십승경(二十勝景)을 화폭에 담아 〈망천도(輞川圖)〉를 제작하였다. 진나라 사람과 같다는 것은 도잠(陶潛)의 〈도화원기(桃花源記)〉에 등장하는 무릉도원(武陵桃源)과 같다는 말이다.

물염정에서 삼가 농암의 시를 차운하다
勿染亭 敬次農巖韻

백 척의 높은 정자 우뚝 높이 솟았고	百尺危亭逈自嵬
맑은 시내와 푸른 절벽이 그 아래 맴도네	淸川翠壁下縈回
비탈의 빽빽한 대숲 사이로 오솔길 났고	厓穿密竹還通徑
바위 꼭대기 높은 소나무 다시 대가 되었네	石戴高松更作臺
하늘이 시를 재촉하려는 듯 눈 내리는데	天欲催詩看雪落
산이 멋지게 변하니 꽃 핀 때를 떠올리네	山應生態想花開
그대가 가는 곳마다 감상 즐기는 줄 아노니	知君到處耽觀賞
한잔 술 마심을 주저하지 말라	且莫徘徊進一盃

농암(農巖)이 마지막 구에 배회(徘徊)라는 글자로 압운하였는데 염(廉)이 맞지 않아 압운하지 못하고 배(盃) 자로 고쳤다. 그러나 구 가운데 배회 두 글자를 사용하여 운자를 잊지 않은 뜻을 보였다.

붙임 김창협의 시[274]

사방의 높은 벼랑 다투어 우뚝하고	高厓四面競崔嵬
강물에 이어진 푸른 숲 거꾸로 보이네	積翠連江光倒回
이미 그윽하여 산길 끝났다 여겼는데	已謂幽尋窮峽路
어찌 깊은 곳에 정자 있을 줄 알았으랴	豈知深處有亭臺
헤엄치는 물고기는 찬 연못에서 뛰고	游魚自在寒潭躍

274 김창협(金昌協)의 시 : 《농암집(農巖集)》 권1에 〈물염정〉이라는 제목으로 수록되어 있다.

늙은 국화는 높은 난간 아래 많이 피었네　　老菊偏當危檻開
날 저물어도 홍취 가시지 않아　　遐興不隨斜景盡
대숲에 우는 말 매어두고 서성이네　　竹林嘶馬繫徘徊

밤에 서봉사[275]에 들르다

夜過瑞峰寺

산 차가운데 야윈 말로 시내 건너가려니	山寒瘦馬渡溪行
고운 달이 숲 사이로 나오려 하네	纖月林間已欲生
형문 이룬 소나무는 눈 빛 뚫었고[276]	松作横門穿雪色
다리에 이어진 높은 누각은 냇물 소리 눌렀네	橋連飛閣跨泉聲
등불 어두워도 먼지 앉은 부처 스스로 비추고	燈昏塵佛猶自照
깊은 밤에 드문드문 종소리가 때때로 울리네	夜永疏鍾時復鳴
신종의 금관필[277]을 자랑하니	誇示神宗金管筆
승려도 명나라 존중할 줄 아는구나	居僧亦解貴皇明

275 서봉사(瑞峰寺) : 전라남도 담양군 남면 정곡리 무등산의 동쪽에 있었던 절이다. 1800년대 말기에 폐사된 것으로 추정된다. 《두타초(頭陀草)》 책18 〈남유록(南遊錄)〉에 따르면 이하곤은 1722년(경종2) 12월 5일 서봉사에서 묵었다.

276 형문(横門)……뚫었고 : 이하곤의 글에 "또 반 리쯤 가자 소나무가 가로 누워 영락없이 문 같았다.〔又半里許, 有松横偃如門.〕"라고 한 것으로 보아 가로 누워 자란 소나무가 눈 속에서 문처럼 보인다고 읊은 것으로 보인다. 《頭陀草 冊18 南遊錄》 형문은 형문(衡門)과 같은 말로 은사(隱士)의 집을 가리킨다.

277 신종(神宗)의 금관필(金管筆) : 이하곤의 글에 "태극 상인이 신종황제께서 쓰시던 붓을 보여 주었다. 옻칠한 대나무에 금으로 꽃문양을 만들었는데 매우 정교하였다. 송강 상국이 연도에서 얻어 돌아와 절에 준 것이다.〔極公示神宗皇帝所御筆, 髹管滲金爲花樣製甚巧, 松江相國蓋得之燕都, 歸施寺中.〕"라고 하였다. 《頭陀草 冊18 南遊錄》 이로 보아 서봉사에 명(明)나라 신종이 사용했던 붓이 보관되어 있었던 것으로 보인다.

서봉사[278]에서 신보[279]의 시를 차운하다

瑞峰寺次信甫韻

나는 듯한 다리가 깊은 골짝에 가로놓였고	飛橋橫絶壑
큰 사찰이 높은 봉우리 끼고 있네	雄刹挾危峰
달 떠오를 때 샘물은 대나무 홈통으로 흐르고	月上泉流筧
산 차가운데 풍경소리가 솔숲 지나오네	山寒磬度松
창가의 등불은 외로이 빛나고	牕燈孤自耿
바람에 실려 방아 찧는 소리 멀리서 들리네	風碓遠猶舂
나그네의 잠자리는 잠 설치는 경우 많으니	客枕元多警
잠들지 못하고 새벽 종소리 헤아리네	無眠數曉鍾

278 서봉사(瑞峰寺) : 전라남도 담양군 남면 정곡리 무등산의 동쪽에 있었던 절이다.

279 신보(信甫) : 송상윤(宋相允, 1674~1753)으로, 본관은 은진(恩津), 자는 신보, 호는 위와(韋窩)이다.

서봉사에서 묵으면서 극 장로[280]에게 주다

宿瑞峰寺 贈極長老

오래된 절에서 서로 만났으니	古寺相逢地
깊은 숲에 달 떠오르는 때라네	幽林月上時
외로운 등불 아래 불공 참여하고	孤燈參晝佛
오래된 상자에 간직했던 시를 보여 주네[281]	舊篋示藏詩
날 추워 화롯불 가까이 하는데	爐火寒相擁
어느덧 새벽 되어 산사의 종소리 울리네	齋鍾曉不遲
나중에 서석산[282]에 머물게 해 준다면	後供留瑞石
단풍 물들 때에 또 만납시다	霜葉又前期

280 극 장로(極長老) : 이하곤의 글에 "길을 재촉해 서봉사에 이르러 태극 상인의 방에서 묵었다.〔促行至瑞峰寺, 宿太極上人房.〕"라고 한 것으로 보아 태극 상인을 가리킨다. 《頭陀草 冊18 南遊錄》

281 오래된……보여 주네 : 이하곤의 글에 "또 조태만 제박의 시를 보여 주었다. 제박이 지난해에 절에 와서 며칠 동안 거닐다가 갔다고 한다.〔又示趙泰萬濟博詩, 濟博前年至寺, 盤桓數日而去云.〕"라고 한 것으로 보아 태극 상인이 조태만(趙泰萬, 1672~1727)의 시를 간직하고 있다가 보여준 것으로 보인다. 《頭陀草 冊18 南遊錄》

282 서석산(瑞石山) : 광주광역시에 있는 무등산(無等山)의 다른 이름이다.

헤어지면서 조제박[283]의 시에 차운하여 극사[284]에게 보여 주다

臨別 次趙濟博韻 示極師

높은 봉우리 천 척으로 속세 벗어났으니	危峰千尺出塵寰
여기서 오래 지내는 그대 부럽구나	羨爾長年臥此間
몸은 외로운 구름 같고 마음은 달 같으니	身似孤雲心似月
같은지 다른지는 다시 상관하지 마세나	莫將同異更相關

283 조제박(趙濟博) : 조태만(趙泰萬, 1672～1727)으로, 본관은 양주(楊州), 자는 제박, 호는 고박재(古朴齋)이다.

284 극사(極師) : 서봉사(瑞峰寺)의 승려 태극 상인(太極上人)이다. 374쪽 각주277 참조.

절을 나서면서

出寺

외로운 봉우리 돌아보니 이내 사이에 아득하고	回首孤峰杳靄間
맑은 종소리만 숲 나가는 나그네 전송하네	淸鍾送客出林還
승방에서 하룻밤 자고 서둘러 가니	僧房一宿悤悤去
누가 내 발걸음 한가하다 하겠는가	誰道吾行自在閑

소쇄원에서 입으로 장률을 읊어 주인에게 보여 주다[285]

瀟灑園 口占長律 示主人

이름난 소쇄원 그 명성 저버리지 않아	瀟灑名亭不負名
앉았노라니 그윽한 마음 절로 생기네	坐來幽意自然生
무성한 노송은 늘 고색창연하고	老松漠漠常古色
쓸쓸한 긴 대나무는 세태와 다르구나	脩竹蕭蕭非世情
섬돌 비추는 천문동은 시들지 않아 푸르고	天棘映堦靑不死
바위 의지한 조천[286]은 얼어 소리가 나지 않네	槽泉依石凍無聲
담장 그늘에 하서[287]의 필체 새겨져 있는데	墻陰鑱得河西筆
남긴 시 세 번 읽으니 더욱 청아하네	三復遺詩更覺淸

285 소쇄원(瀟灑園)에서……보여 주다 : 소쇄원은 전라남도 담양군 남면 지곡리에 있는 정원이다. 양산보(梁山甫, 1503~1557)가 스승 조광조(趙光祖)가 실각하여 유배당하는 것을 보고 고향으로 내려와 은둔하며 소쇄원을 짓고 자호를 소쇄옹(瀟灑翁)이라 하였다. 이하곤은 1722년(경종2) 12월 6일에 소쇄원을 지나갔다. 당시 소쇄원의 주인은 양산보의 후손 양익룡(梁翼龍)이었다.《頭陀草 冊18 南遊錄》

286 조천(槽泉) : 《두타초》 책18 〈남유록〉에 "소쇄원은 넓이가 수 묘나 되는데, 동쪽과 남쪽은 낮은 담으로 두르고 그 아래에 구멍을 내서 산의 샘물을 끌어들여 바위 위로 흐르게 하여 와폭을 만들었다. 그 위로는 노송이 땅을 덮고 있다. 벽돌로 물길을 만들어 폭포의 남은 물줄기를 이어받는데, 그 모양이 구유처럼 생겼기 때문에 조천이라고 이름하였다.〔園廣幾數畝, 東南二面, 繚以短垣, 下通隱竇, 引山泉, 行于巖石之上, 爲臥瀑. 上有老松覆地, 甃石爲澗道, 承瀑之餘流, 形如槽, 名之曰槽泉.〕"라고 하였다.

287 하서(河西) : 김인후(金麟厚, 1510~1560)로, 본관은 울산(蔚山), 자는 후지(厚之), 호는 하서·담재(湛齋), 시호는 문정(文正)이다.《宋子大全 卷154 河西金先生神道碑銘》

담장 사이에 검은색의 네모난 바위가 놓여 있었다. 하서(河西) 김인후(金麟厚)가 하얀 글씨로 절구 48수[288]를 썼는데 아직도 읽을 수 있었다.

288 절구 48수 : 김인후의 《하서전집(河西全集)》 권5에 〈소쇄원사십팔영(瀟灑園四十八詠)〉이 실려 있으므로 이 시를 가리키는 것으로 보인다.

삼연 김 선생의 시[289]를 차운하다

次三淵金丈韻

사람은 떠나고 정자만 덩그러니 남았으니	人去亭空在
손님 오면 곧 주인이라네	賓來卽主人
샘물소리는 태곳적 그대로이고	泉聲猶太古
대나무 빛깔은 절로 천진하네	竹色自天眞
넓은 바위는 더욱 앉기 좋고	盤石偏宜坐
외로운 소나무 다시 친근하네	孤松更可親
저물녘 연못가에 서니	晩來池上立
맑은 그림자가 오건에 떨어진다	淸影落烏巾

289 삼연(三淵) 김 선생(金先生)의 시 : 삼연은 김창흡(金昌翕, 1653~1722)으로, 본관은 안동(安東), 자는 자익(子益), 호는 삼연, 시호는 문강(文康)이다.《三淵集拾遺 卷32 行狀》 이하곤이 차운한 시는《삼연집(三淵集)》 권14의 〈소쇄원부용인자(瀟洒園復用人字)〉이다.

소쇄원[290]에서의 감회. 또 장율을 얻었다

瀟灑園感懷 又得長律

서봉사[291]에서 저물녘에 종소리 듣고	瑞峰寺裏聞鍾晩
소쇄원에서 느긋하게 지팡이 짚었네	瀟灑園中拄杖遲
소나무 빛은 늘 폭포 아래에 그늘 드리우고	松色常陰巖下瀑
샘물 소리는 멀리 대숲 사이 연못에서 들려오네	泉聲遠入竹間池
빈 뜰에 풀 우거져 삼연의 자취[292] 사라졌고	空庭草沒淵翁跡
오래된 벽의 이끼는 담로의 시[293] 덮었네	古壁苔侵湛老詩
선배의 풍류 모두 멀어져	先輩風流俱已遠
차가운 산에 홀로 섰노라니 절로 서글퍼지네	寒山獨立自生悲

290 소쇄원(瀟灑園) : 전라남도 담양군 남면 지곡리에 있는 정원이다.

291 서봉사(瑞峰寺) : 전라남도 담양군 남면 정곡리 무등산의 동쪽에 있었던 절이다. 1800년대 말기에 폐사된 것으로 추정된다.

292 삼연(三淵)의 자취 : 김창흡(金昌翕, 1653~1722)으로, 본관은 안동(安東), 자는 자익(子益), 호는 삼연, 시호는 문강(文康)이다.《三淵集 拾遺 卷32 行狀》그의 문집에 〈소쇄원부용인자(瀟洒園復用人字)〉라는 시가 있는 것으로 보아 그가 소쇄원에 들른 적이 있음을 알 수 있다.

293 담로(湛老)의 시 : 담로는 김인후(金麟厚, 1510~1560)로, 본관은 울산(蔚山), 자는 후지(厚之), 호는 하서(河西)·담재(湛齋)이다.《宋子大全 卷154 河西金先生神道碑銘》김인후의 시는《하서전집(河西全集)》권5에 수록된 〈소쇄원사십팔영(瀟灑園四十八詠)〉을 가리킨다.

환벽당[294]에서

環碧堂

경치 좋은 곳은 고고한 선비와 같아	勝地如高士
덕이 같은 이들이 이웃해서 살기 마련	同德必有隣
소쇄원과 환벽당이	瀟灑與環碧
한 시냇가에 나란히 자리했네[295]	駢列一溪濱
조물주는 힘이 넓고 커서	造物力廣大
부여한 형세가 저마다 뛰어나니	賦形各殊倫
소쇄원은 품격이 기묘하고	瀟灑品格妙
환벽당은 풍신이 빼어나네	環碧擅風神
널찍한 푸른 바위는 위쪽에 있고	蒼石上盤陀
맑은 연못은 아래에서 일렁이네	清潭下漣淪
손 저어 잔물결에 희롱하니	揮手弄文漪
헤엄치는 물고기 친근하네	游魚正可親
고개 돌려 천 그루 대나무 바라보니	回視千竿竹
위인처럼 반듯하게 서 있네	正立如偉人
마음대로 읊조릴 뿐	嘯咏恣吾意

294 환벽당(環碧堂) : 광주광역시 북구 충효동에 있는 정자로 조선 중기의 문신 김윤제(金允悌, 1501~1572)가 후학을 가르치던 곳이다. 이하곤은 1722년(경종2) 12월 6일에 환벽당을 지나갔다. 《頭陀草 冊18 南遊錄》

295 소쇄원(瀟灑園)과……자리했네 : 소쇄원과 환벽당은 모두 광주광역시 북구의 무등산 북쪽 산록에서 발원하여 영산강으로 유입하는 증암천(甑巖川) 가에 있다.

어찌 주인과 손님을 따지랴　何必問主賓
저 옛날 하서옹[296]은　伊昔河西翁
고상한 뜻으로 세속 벗어나　高情出風塵
지팡이와 신으로 늘 오가며　杖屨常來往
이곳 아름다운 경치 아끼셨지　愛此景物新
내가 오랜 세월 뒤에 와 보니　我來千載後
어느새 묵은 자취 되었네　俛仰跡已陳
같은 시대에 태어나지 못했으니　生旣不同時
뵙고 싶어도 어찌 인연이 있으랴　欲見亦何因
서석산[297] 올려다보니　仰視瑞石山
공의 참모습 뵙는 것 같네　如得見公眞
시 지어 바위에 써서　作詩題巖間
천 년 뒤를 기다리려네　欲以俟千春

296 하서옹(河西翁) : 김인후(金麟厚, 1510~1560)로, 본관은 울산(蔚山), 자는 후지(厚之), 호는 하서·담재(湛齋)이다. 《宋子大全 卷154 河西金先生神道碑銘》

297 서석산(瑞石山) : 광주광역시에 있는 무등산(無等山)의 다른 이름이다.

식영정[298]에서

息影亭

층층이 높은 곳에 바람 이는 정자	層臺抗風榭
긴 대나무 속에 보일락 말락 하네	隱映脩竹內
맑은 냇물을 환벽당[299]과 함께하고	淸川環碧共
빼어난 경색으로 서석산[300]과 마주해 있네	秀色瑞石對
탁 트인 곳에 자리 잡아	爽塏得地形
변화무쌍한 경치 볼 수 있네	雲物獻變態
송강[301]이 옛날에 오가며	松江昔來往
시내와 산을 더욱 아껴	溪山尤所愛
술과 시를 마음껏 즐겼으니	酒賦恣跌宕
멋진 시구가 패옥 울리듯 아름다웠네	佳句振瓊珮

298 식영정(息影亭) : 전라남도 담양군 남면 지곡리에 있는 누정이다. 서하당(棲霞堂) 김성원(金成遠, 1525~1597)이 1560년(명종15)에 스승이자 장인인 임억령(林億齡)을 위해 지었다. 이하곤은 1722년 12월 6일에 이곳을 지나갔다.《頭陀草 冊18 南遊錄》

299 환벽당(環碧堂) : 광주광역시 북구 충효동에 있는 정자이다.

300 서석산(瑞石山) : 광주광역시에 있는 무등산(無等山)의 다른 이름이다.

301 송강(松江) : 정철(鄭澈, 1536~1593)로, 본관은 연일(延日), 자는 계함(季涵), 호는 송강, 시호는 문청(文淸)이다. 1551년(명종6) 할아버지 산소가 있는 전라남도 담양군 창평 당지산(唐旨山) 아래로 이주하여 임억령에게 시를 배우고 양응정(梁應鼎)·김인후(金麟厚)·송순(宋純)·기대승(奇大升)에게 학문을 배웠다.《愼獨齋遺稿 卷11 臨汀鄭相公行狀》

취흥이 산수에 진동하여	醉興動湖山
천지를 한 흙덩이처럼 여겼지	天地視一塊
문채는 천고에 빛나고	文彩映千古
의기는 한 시대를 압도했네	意氣傾一代
이분 떠나신 지 오래인데	斯人去已久
빈 정자만 홀로 남았네	空亭今獨在
세상사 자꾸 변해가니	人事屢代謝
건물은 얼마나 흥폐 겪었을까	棟宇幾興廢
올라와 풍연을 애도하고	登臨吊風煙
굽어보고 우러르며 기개를 떠올려 보네	俛仰想氣槪
풍류가 이미 적막해졌으니	風流已寂寞
다만 술 한 잔 부어보네	一杯但相酹
산천이 저물녘에 참담해지고	山川暮慘惔
구름 낀 해도 희미하네	雲日亦靉靆
소리 높여 〈장진주〉 불러보나니	高唱將進酒
가곡만 부질없이 영원히 전해지네[302]	歌曲空千載

302 소리……전해지네 : 〈장진주(將進酒)〉는 정철이 지은 사설시조 〈장진주사(將進酒辭)〉를 가리킨다. 정철은 고인이 되었지만 그의 작품은 영원히 전해질 것이라는 말이다.

창평현[303]에서

昌平縣

오래된 고을에 교목만 남았고	古縣餘喬木
석양이 지나가는 나그네 전송하네	斜陽送客過
다리는 멀리 모래 언덕에 걸쳤고	橋紆沙岸遠
마을은 많은 대나무 숲에 숨었네	村隱竹林多
공무 마친 관아에서 맑은 가락 들리기에	衙罷聞淸角
헛되이 돌아가며 취해 노래하네	虛歸有醉歌
저물녘 산이 말머리에 다가오는데	暮山來馬首
하인이 두타산[304]과 비슷하다 하네	僮說似頭陀

가노(家奴) 발금(勃金)이 담양군(潭陽郡)의 산을 가리키며 말하기를 "우리 집 두타산과 흡사합니다."라고 하였다.

303 창평현(昌平縣) : 현재의 전라남도 담양군 창평면 일대이다.

304 두타산(頭陀山) : 충청북도 진천군 초평면과 괴산군 도안면·증평읍의 경계에 있는 산으로 이하곤이 은거하던 곳이다.

옥천사[305]를 찾아가다

訪玉泉寺

날은 저물었는데 옥천사 가는 길을 日暮玉泉路
하염없이 홀로 찾아가네 悠悠獨自尋
산은 바위 따라 험준하고 山仍石角峻
절은 대숲 때문에 깊숙하네 寺以竹林深
물레방아 도리어 호응하고 雲碓還相應
샘물도 좋은 소리 내는구나 風泉亦好音
정좌한 승려와 같진 않지만 未同僧靜坐
절반은 이미 세속의 마음 사라졌네 半已去塵心

305 옥천사(玉泉寺) : 전라남도 담양군 대덕면 문학리에 있는 절로 법주사(法住寺)라고도 한다. 이하곤은 1722년(경종2) 12월 6일 이곳에 들러 하룻밤을 묵었다. 《頭陀草 冊18 南遊錄》

내가 금릉[306]에서 북쪽으로 돌아갈 때 동복[307]과 창평[308] 사이로 길을 잡아 적벽정[309]·물염정[310]·환벽당[311] 등 여러 명승지를 두루 구경하고 저녁에 옥천사[312]에 들러 래 상인[313]의 방에서 묵었다. 담양의 진사 김팔화[314]가 우연히 왔다가 찾아주었는데 처음에는 누구인지 몰랐다. 통성명을 하고 나서 김군이 깜짝 놀라고 기뻐하며 말하기를 "어렸을 때 김도이[315]의 집에서 여러 번 당신을 보았습니다."라며 내가 도이에게 보낸 편지에 있었던 말을 외우는 것이었다. 내가 그의 말을 듣고 자세히 보니 얼굴이 어렴풋이

306 금릉(金陵) : 전라남도 강진(康津)의 옛 이름이다.

307 동복(同福) : 동복현(同福縣)으로, 현재의 전라남도 화순군 동복면 일대이다.

308 창평(昌平) : 창평현(昌平縣)으로, 현재의 전라남도 담양군 창평면 일대이다.

309 적벽정(赤壁亭) : 전라남도 화순군 이서면 옹성산(甕城山) 서쪽 언덕 동복천(同福川) 가에 있던 정자이다. 《新增東國輿地勝覽 卷40 全羅道 同福縣》

310 물염정(勿染亭) : 전라남도 화순군 이서면 물염마을 상류에 세워진 정자이다. 물염(勿染) 송정순(宋庭筍)이 지었다. 《新增東國輿地勝覽 卷40 全羅道 同福縣》

311 환벽당(環碧堂) : 광주광역시 북구 충효동에 있는 정자로, 조선 중기의 문신 김윤제(金允悌, 1501~1572)가 후학을 가르치던 곳이다.

312 옥천사(玉泉寺) : 전라남도 담양군 대덕면 문학리에 있는 절로, 법주사(法住寺)라고도 한다.

313 래 상인(來上人) : 이하곤의 글에 "옥천사에 도착하여 승려 래 상인의 방에서 쉬었다.〔次玉泉寺, 休于釋來上人房.〕"라고 하였다. 《頭陀草 冊18 南遊錄》

314 김팔화(金八華) : 1680~? 본관은 광산(光山), 자는 하여(夏汝)이다. 《사마방목(司馬榜目)》에 따르면 1715년 생원시에 합격하였다.

315 김도이(金道以) : 김시좌(金時佐, 1664~1727)로, 본관은 안동(安東), 자는 도이이다.

기억났다. 대개 나와 도이는 성이 다른 형제의 의리가 있으니 만일 그의 문객을 보면 비록 평소 얼굴을 모르는 사람일지라도 도이를 보는 것처럼 대하였다. 하물며 김군은 20년이나 알고 지낸 사이임에랴. 이제 문득 적막한 옛 절에서 만나 부들자리를 깔고 절의 등불을 켜고 함께 옛일을 이야기하니 이는 하나의 대단히 기이한 일이라고 할 수 있을 것이다. 내가 진실로 시를 지어 이 일을 기록하고 싶었는데 김군이 먼저 시 한 수를 지어 나에게 보여 주며 화답해 달라고 하므로 내가 마침내 이 시를 써서 준다. 내일 아침에 헤어지면 남과 북으로 아득히 멀어질 테니 언제 다시 오늘처럼 만나게 될지 모르겠다

余自金陵北歸 取道於同福昌平之間 遍覽赤壁勿染環碧諸名勝 暮過玉泉寺 宿來上人房 潭陽金八華進士偶來相訪 初時不知爲何許人也 及通姓名 金君恍然驚喜曰童時在金道以家 累識余面 仍誦余抵道以書中語 余聞其言諦視之 面貌亦有依俙可記者 蓋余與道以有異姓昆弟之義 若見其門客 則雖素不識面者 猶見吾道以焉 而況金君爲二十年舊知耶 今忽邂逅於古寺寂寞之中 蒲團禪燈 相與話舊 此可謂一大奇事也 余固欲作詩以記是事 金君先作一詩示余要和 余遂書此贈之 明朝一別 南北杳然 不知何時又復邂逅如今日也

김군이 나를 보고 동성의 일 기억하니[316] 金家見面記東城

316 김군이……기억하니 : 김팔화가 김시좌의 집에서 이하곤을 만났던 일을 기억했다는 말이다. 김시좌가 한양 동대문 밖의 일로당(佚老堂)에서 살았으므로 동성(東城)이라고 표현한 것이다. 김시좌의 아버지 김성최(金盛最)의 호가 일로당이다.

당시 북학한 정성 가상하구나[317] 嘉爾當時北學誠
산사에서 만날 줄은 생각도 못했기에 山寺相逢眞不意
등불 앞에서 각각 깊은 정 이야기하네 燈前各自說深情

317 당시……가상하구나 : 김팔화가 담양에서 북쪽의 한양으로 가서 김시좌에게 배운 정성을 칭찬한 말이다. 북학(北學)은 《맹자》 〈등문공 상(滕文公上)〉에 "진량은 초나라 태생이다. 주공과 중니의 도를 좋아하여 북쪽으로 중국에 와서 공부하였다.〔陳良楚産也. 悅周公仲尼之道, 北學於中國.〕"라고 한 데서 유래하였다.

옥과현[318]에서

玉果縣

시냇물이 마을 감싸고	流水抱村舍
찬 산이 관아 문 앞과 마주해 있네	寒山當縣門
언 구름 사이로 아침 해 올랐지만	凍雲初日上
고목이 온 하늘 가렸네	古木一天昏
들녘은 멀리까지 쓸쓸하고	野色蕭條遠
주민들 궁핍하게 살아가네	人煙隱約存
호우[319]를 여기저기 다 둘러보고	周行湖右盡
말머리를 다시 남원으로 돌리네	馬首又南原

318 옥과현(玉果縣) : 현재의 전라남도 곡성군 옥과면 일대이다.

319 호우(湖右) : 본래는 충청 지역을 가리키는 말인데 여기서는 전라남도 지역을 가리키는 말로 사용된 듯하다.

청계협에서

清溪峽

길이 맑은 시내를 끼고 구불구불 뻗어 路挾淸溪轉
가파른 벼랑을 섣달에 지나기 어렵네 危厓臘月難
하늘 흐리지만 모래 언덕 희고 天陰沙岸白
바위 솟아 여울 소리 차구나 石出灘聲寒
빈 골짝에서 나무꾼 노래에 화답하고 空谷樵歌答
이어진 봉우리에 눈 쌓인 풍경 바라보네 連峰雪色看
나그네 회포 너무나 근심스러워 客懷殊悄悄
시구로 잠시 마음 달래보노라 詩句暫相寬

순자진[320]에서

鶉子津

양쪽 절벽이 대문처럼 열리고　雙厓坼如門

큰 강이 그 사이를 관통하네　大江貫其間

높은 물결이 큰 돌을 타고 넘으니　高浪駕巨石

만 개의 북처럼 여울소리 몰아치네　萬鼓驅風灘

교룡굴에 둥둥 울리니　殷動蛟龍窟

용이 어찌 편안히 쉴 수 있으랴　龍豈偃息安

만고토록 기운이 음산한데　萬古氣陰森

게다가 섣달의 추위 만났구나　況當臘月寒

가슴 떨려 내려다보기 어지럽고　膽慄眩下視

바위 잔도 올라가기 어렵네　攀援石棧難

이어진 봉우리에 하늘도 어두운데　連峰天色晦

눈 쌓여 높이 우뚝하네　積雪高巑岏

인생살이 편안히 지내지 못하고　人生不安居

먼 길 떠나 어려움 겪었지만　遠役經險艱

방에서 한가롭게 지낸다면　優游閨闥間

어찌 장관을 볼 수 있으랴　亦何得壯觀

320 순자진(鶉子津) : 《신증동국여지승람(新增東國輿地勝覽)》 권39 〈전라도(全羅道) 남원도호부(南原都護府)〉에 "진안현(鎭安縣) 중대산(中臺山)과 태인현(泰仁縣) 운주산(雲住山)의 물이 합쳐 흘러 남원부의 서남쪽 40리쯤에 이르러 순자진이 되었는데, 곡성현(谷城縣)에 들어가서는 압록진(鴨綠津)이 된다."라고 하였다.

처자식이 아직도 멀리 떨어져 있으니	妻孥尙遠隔
누가 다시 밥 더 먹으라고 권면할까	誰復勉加餐

광한루[321] 노래

廣寒樓歌

이백과 자첨이 세상 떠나　李白不生子瞻死
달도 오백 년이나 지기 없었네[322]　月亦五百年來無知己
다시 두타광객 이재대[323] 있어　復有頭陀狂客李載大
그 풍류 두 사람에게 뒤지지 않아　風流曾不讓二子
일생 동안 명산 유람 좋아하더니　一生自愛名山游
오늘 밤에 홀로 광한루에 올랐네　今宵獨上廣寒樓
누대에서 술잔 들고 밝은 달에게 묻노니　樓頭把酒問明月
이백과 자첨의 사후 세상에 진정한 풍류 없었지
李白子瞻死後世無眞風流
달아 너도 이제부터 지기를 찾아야 하니　月亦自此求知己

321 광한루(廣寒樓) : 전라북도 남원시 천거동에 있는 누정이다. 조선 전기에 황희(黃喜)가 짓고 광통루(廣通樓)라고 이름 붙였는데, 정인지가 전라도 관찰사로 부임하여 광한루로 개칭하였다. 이하곤은 1722년(경종2) 12월 7일과 8일 광한루에 다녀갔다. 《頭陀草 冊18 南遊錄》

322 이백(李白)과……없었네 : 이백과 소식(蘇軾)이 죽은 뒤로 달을 제대로 노래한 사람이 없었다는 말이다. 자첨(子瞻)은 송(宋)나라 소식의 자이다. 전설에 따르면 이백은 양자강(揚子江) 채석기(采石磯)에서 강에 비친 달그림자를 잡으려고 동정호(洞庭湖)에 뛰어들어 익사했다고 한다. 소식은 호북성(湖北省) 황주(黃州)에 유배되어 적벽(赤壁)에서 뱃놀이 하며 달을 감상하고 〈적벽부(赤壁賦)〉를 지었다.

323 두타광객(頭陀狂客) 이재대(李載大) : 이하곤(李夏坤) 자신을 가리킨다. 그의 자가 재대이다.

누구든 나처럼 풍류 즐기는 사람 보았느냐　　能見阿誰風流如我不
모르겠다 천상에도 나처럼 풍류 즐기는 사람 있는가
未知天上亦有風流如我者
나는 실로 이백과 자첨의 무리라네　　我實李白子瞻二子之儔
이백과 자첨은 죽은 지 오래이고　　李白子瞻死已久
그저 밝은 달만 이제까지 남았네　　只有明月至今留
너도 나를 지기로 삼고　　月亦以我爲知己
나도 너를 좋은 짝으로 여기네　　我亦以月爲好仇
너는 또 무슨 시름 있으며　　月亦有何愁
나는 또 무슨 걱정 있을까　　我亦有何憂
구불구불 붉은 계수나무 늙어도 죽지 않았고　　丹桂輪囷老不死
옥토끼는 약 찧으며 수천 년을 살았네[324]　　白兎擣藥幾千秋
달아 너는 약을 먹어 장생하는데　　月旣服藥能長生
어찌 내게 선약[325] 나눠주어 장생하며 팽갱[326]을 웃게 하지 않는가
何不分我一刀圭使我長生笑彭鏗
그렇게 한다면 항아와 신녀들을 불러내어　　喚出嫦娥素女輩
예상과 우의로 넓은 뜰에서 춤추게 하며[327]　　霓裳羽衣舞廣庭

324 옥토끼는……살았네 : 진(晉)나라 부현(傅玄)의 〈의천문(擬天問)〉에 "달 속에는 무엇이 있나, 약 방아 찧는 옥토끼라네.〔月中何有, 白兎擣藥.〕"라고 하였다.

325 선약 : 도규(刀圭)는 선가에서 말하는 약을 뜨는 작은 숟가락으로 선약, 또는 의술을 의미한다.

326 팽갱(彭鏗) : 요(堯) 임금의 신하로서 은(殷)나라 말기까지 8백 년을 살았다는 팽조(彭祖)를 가리킨다.

327 항아(嫦娥)와……하며 : 항아는 중국 고대 전설에 등장하는 여신으로 달을 상징

쌍성으로 하여금 운오를 치게 하고[328] 使雙成擊雲璈
녹화로 하여금 난생을 불게 하여[329] 使綠華吹鸞笙
내 가슴 속에 가득 쌓인 만고의 불평 씻어내리
滌我胸中礧礧磊磊萬古之不平
내가 달 속의 옥루와 경궁 보지 못했으니 吾不見月中之玉樓與瓊宮
이 누대처럼 맑고 시원하며 툭 트였는지 나는 모르겠네
吾不知淸爽洞豁能與此樓同
달의 크기는 고작 탄환만 하니 月大不過一彈丸
그 속에 어찌 화려한 건물 있어 영롱하게 빛날까
此中豈容雕甍畫棟相玲瓏
달아 너는 푸른 하늘에 오래 매달려 月不必長懸碧空上
해와 교대로 비추며 그 공을 다툴 필요 없으니 與日代明爭其功

한다. 전설에 의하면 그녀는 활을 잘 쏘는 후예(后羿)의 아내였는데, 남편이 서왕모(西王母)에게서 훔쳐 온 불사약을 몰래 훔쳐 먹었다가 발각되어 달로 도망쳤다고 한다. 《淮南子 卷6 覽冥訓》 당 현종(唐玄宗)이 도사 섭법선(葉法善)의 도술로 월궁(月宮)에 올라가 보았는데, 월궁의 항아들이 무지개 같은 치마〔霓裳〕와 새털로 된 옷〔羽衣〕을 입고 춤추고 노래하는 것을 보고 와서 그 곡조대로 작곡하여 예상우의곡(霓裳羽衣曲)과 예상우의무(霓裳羽衣舞)를 창작하고 그것을 양귀비에게 추게 하였다는 고사가 전한다. 《神仙感遇傳》

328 쌍성(雙成)으로……하고 : 쌍성은 옛날의 선녀로 서왕모(西王母)의 시녀(侍女)이다. 서왕모가 한 무제(漢武帝)의 궁중에서 연회를 베풀 때 그녀에게 명하여 운화(雲和)의 피리 음악을 연주하게 하였다고 한다. 《說郛 卷111 漢武帝內傳》 운오(雲璈)는 운라(雲鑼)라고 하는 동(銅)으로 만든 타악기(打樂器)이다.

329 녹화(綠華)로……하여 : 녹화는 구의산(九疑山)의 선녀로 악록화(萼綠華)라고도 한다. 《說郛 卷104 梅譜》 난생(鸞笙)은 선인이 부는 피리이다.

훌쩍 내려와 나와 함께 붉은 난간에 기대어　飄然下來與我倚朱欄

북두 기울여 동해를 떠서 끝없이 취해보자　傾北斗酌東海醉無窮

아니면 내가 푸른 용에 올라 시원한 바람 타고
不然我欲駕青虯御泠風

월궁 가운데 출입하며　出入月宮中

옥도끼 휘둘러 계수나무의 가장 긴 가지 찍어내어
揮玉斧斫取丹桂最長枝

달빛이 다시 희미해지지 않게 하고　不使月光更朦朧

이날 날씨가 흐렸다 맑았다 하였다.

너와 함께 손 맞잡고 다시 돌아와　與月攜手復歸來

이 누대에 마주앉아　對坐此樓頭

남해 한 잔의 물을 웃으며 바라보면　笑視南溟一杯水

방장과 영주[330]도 개밋둑과 같으리　方丈瀛洲等垤丘

그런 뒤에 나는 하늘의 옥루와 경궁이　然後吾知天上之玉樓瓊宮

이 세상의 광한루보다 반드시 아름답지는 않은 줄 알리라
未必能勝人間廣寒樓

330 방장(方丈)과 영주(瀛洲) : 봉래(蓬萊)와 함께 삼신산(三神山)으로 불리는 전설 속의 산이다.

광한루[331]에서 간이[332]의 시를 차운하다

廣寒樓次簡易韻

누대에 오르니 마치 경루[333]에 앉은 듯	登樓如得坐瓊樓
밝은 은하수가 화려한 난간에 맴도네	銀漢昭回畫檻頭
저물녘 나무는 늙은 계수나무인 듯하고	暮樹渾疑丹桂老
맑은 안개는 흡사 채색 구름 걷힌 듯하네[334]	晴煙却似彩雲收
기녀는 깃 소매 날리며 너울너울 춤추고	妓翻羽袂聯翩舞
사람들 무지개다리 올라 아스라이 노니네	人躡虹橋縹緲遊
아마 항아는 후회하고 있을 터	斟酌姮娥應有悔
숨을 곳을 여기에서 찾지 않았구나[335]	藏蹤不向此中求

331 광한루(廣寒樓) : 지금의 전라북도 남원시 천거동에 있는 누정이다.

332 간이(簡易) : 최립(崔岦, 1539~1612)으로, 본관은 통천(通川), 자는 입지(立之), 호는 간이·동고(東皐)이다.

333 경루(瓊樓) : 경루옥우(瓊樓玉宇)의 준말로 신화 속에 나오는 월궁(月宮) 속의 누각이다.

334 저물녘……듯하네 : 광한루 주변의 분위기를 달 속의 선궁(仙宮)인 광한궁(廣寒宮)의 분위기처럼 상상해본 것이다.

335 항아(姮娥)는……않았구나 : 항아가 남원의 광한루로 도망쳐 숨지 않고 달로 달아난 것을 후회할 것이라는 말로 광한루의 풍광이 그만큼 빼어나다는 찬사이다. 항아는 본래 후예(后羿)의 처인데 남편이 서왕모(西王母)에게서 얻은 불사약을 몰래 훔쳐 먹고 달 속으로 도망쳤다는 전설이 전한다. 《淮南子 卷6 覽冥訓》

붙임 최립의 시[336]

천상의 누대에 올라보면 　不怪便登天上樓
은하에서 소 끄는 사람도 괴이하지 않으리 　牽牛人亦河之頭
토끼와 두꺼비 설화 예부터 그럴 듯했는데[337] 　兎蟾從古說疑似
까마귀와 까치도 이제 일을 마쳤구나[338] 　烏鵲卽今功已收
어여쁜 기생들 매번 약 훔쳐 오고 　紅妓每因竊藥至
화려한 배가 짐짓 뗏목 탄 유람 대신하네[339] 　彩船故替乘槎遊
평생 오마의 흥취 다 사라졌는데 　平生五馬興全盡
오직 이 고을은 구할 만하네[340] 　惟有玆州還可求

336 최립(崔岦)의 시 : 《간이집(簡易集)》 권6에 〈남원광한루차운(南原廣寒樓次韻)〉이라는 제목으로 수록되어 있다.

337 토끼와……듯했는데 : 예(羿)의 처(妻) 항아가 불사약을 훔쳐 달로 달아나 두꺼비가 되었다는 전설과 옥토끼가 달 속에서 약초를 찧느라 절구질을 한다는 전설을 활용하였다. 《後漢書 天文志上》《楚辭 天問 注》

338 까마귀와……마쳤구나 : 견우(牽牛)와 직녀(織女)가 은하를 사이에 두고 떨어져 있다가 칠월칠석에 만나는데, 이때 까마귀와 까치들이 자기들의 몸으로 다리를 만든다는 전설이 있다. 이 다리는 오작교(烏鵲橋)라고 하는데 광한루에 실제로 오작교가 있으므로 이 전설을 인용하여 읊은 것이다.

339 어여쁜……대신하네 : 광한루에 많은 남녀가 노니는 모습을 읊은 것이다. 절약(竊藥)은 불사약을 훔쳐 달로 달아났다는 항아의 고사를 인용한 것이다. 승사(乘槎)는 뗏목을 탄다는 말이다. 한 무제(漢武帝) 때 장건(張騫)이 서역(西域)에 사신(使臣)으로 갔다가 뗏목을 타고 황하(黃河)의 근원을 거슬러 올라가 은하수(銀河水)에 이르러 직녀를 만나고 왔다는 설화를 인용한 것이다. 《博物志》

340 평생……만하네 : 남원의 풍광이 아름다우니 고을살이를 할 만하다는 말이다. 오마(五馬)는 한(漢)나라 때 태수(太守)가 다섯 필의 말이 끄는 수레를 타고 다녔던 데에서 유래하여 지방 수령을 상징한다.

오수역[341]에서

葜樹驛

요충지로 호남과 영남 끼고 있고	要衝扼湖嶺
관리들이 남쪽과 서쪽 오가네	冠蓋通南西
역의 나무들 아득히 길가에 있고	驛樹遙臨道
마을 집 사립문은 모두 시내를 향했네	村扉盡向溪
시내 풍광은 안개 끼어 더욱 담박한데	川光煙更澹
산에는 눈 내려 도리어 맑구나	山意雪還凄
빼어난 경치 내 고향과 비슷한데	形勝吾鄉似
돌아가는 길 아직도 아득하네	歸途尙自迷

341 오수역(葜樹驛) : 전라도 남원도호부의 북쪽 40리 지점에 있었던 역원이다.《新增東國輿地勝覽 卷39 全羅道 南原都護府 驛院》

의로운 개의 일[342]을 듣고 감회가 있어서

聞義獒事有感

오랜 세월 지나도 의로운 개의 이름 말하니	千秋尙說義獒名
미물도 주인 아끼는 정성 지녔구나	微物能存愛主誠
세상의 경상들에게 묻노니	借問世間卿相輩
몇 사람이나 나라 위해 목숨 바치려는가	幾人爲國更捐生

342 의로운 개의 일 : 《신증동국여지승람(新增東國輿地勝覽)》 권39 〈전라도(全羅道) 남원도호부(南原都護府) 역원(驛院)〉 오수역(獒樹驛) 기사에 "김개인(金蓋仁)은 거령현(居寧縣) 사람인데 집에서 기르는 개를 몹시 사랑하였다. 하루는 개인이 외출하는데 개가 따라왔다. 개인이 술에 취하여 길가에서 잠이 들었는데 들불이 일어나 사방에서 타들어왔다. 개가 가까이 있는 시내에 뛰어 들어가 몸에 물을 적셔 와서 개인이 잠들어 있는 주위를 뒹굴어 풀에 물기를 뿌렸다. 이 행동을 반복하여 불은 껐으나 개는 기진하여 죽고 말았다. 개인이 술 깬 뒤에 개의 모습을 보고 노래를 지어 슬픔을 표하고 봉분을 만들어 묻어 주고 지팡이를 꽂아 표시를 하였더니 그 지팡이가 잎이 피는 나무가 되었다. 이로 인하여 그 지명을 오수라 하였다."라는 내용이 보인다.

밤에 빗소리를 듣고 매우 시름겨웠다

夜聞雨聲愁甚

오늘 밤 유난히 길기만 하니	偏覺今宵永
돌아갈 생각에 잠들지 못하네	思歸夢不成
이웃 닭 울어 날 새려는데	隣鷄欲曙色
창 밖에 비 내려 쓸쓸한 소리 울리네	牕雨更寒聲
이미 시대 기운에 관계되니	已自關時氣
어찌 나그네 마음 위로할 수 있으랴	何能慰客情
강희도 죽었다[343] 하니	康熙聞亦死
깊은 밤에 온갖 염려 일어나네	百慮集深更

343 강희(康熙)도 죽었다 : 강희(1654~1722)는 청(淸)나라 제4대 황제인 성조(聖祖)의 연호이다. 성조는 1722년에 병사(病死)하였다.

비에 막혀 회포를 쓰다

滯雨書懷

남쪽 고을은 기후 달라서	南州氣候異
한겨울에도 항상 따뜻한데	隆冬亦恒煖
게다가 올겨울에는	況乃今年冬
눈 내리지 않아 오랫동안 가물었네	無雪天久旱
날씨가 봄처럼 따뜻하여	日氣暄如春
산에는 꽃 만발하려 하니	山花開欲滿
나는 실상 북쪽 사람이라	我實北地人
평생 듣지 못한 일이네	平生聞亦罕
어제 광한루[344] 떠나	昨別廣寒樓
밤에 오수역[345] 객관에서 자는데	夜宿獒樹館
빗소리가 대나무 창을 두드려	雨聲打竹牕
추적추적 새벽까지 끊어지지 않네	淅瀝曉不斷
아침에 일어나 앞 산 바라보니	朝起望前山
자욱한 구름이 마치 우산 펼친 듯하네	宿雲如張繖
길 막혀 나그네 마음 시름겨운데	留滯客心愁
힘든 여정에 동복도 지쳤네	跋履僮僕懶

344 광한루(廣寒樓) : 지금의 전라북도 남원시 천거동에 있는 누정이다.

345 오수역(獒樹驛) : 전라도 남원도호부의 북쪽 40리 지점에 있었던 역원이다.《新增東國輿地勝覽 卷39 全羅道 南原都護府 驛院》

겨울비는 실로 때에 맞지 않나니 凍雨實非時
음양을 누가 주관하는가 陰陽孰回斡
천시는 인사와 관계되는 법 天時係人事
형벌과 포상에 잘못된 점 없는가 刑賞無乃緩
조정에서 날마다 창을 잡으니[346] 廊廟日操戈
식자들 답답한 마음뿐이네 識者但心懣
가죽과 털을 둘 다 보존할 수는 없는데[347] 皮毛兩無存
이들은 지혜가 부족하구나 此輩智慮短
벼슬살이 질곡과도 같으니 軒冕等桎梏
산림에서 한가롭게 살리라 山林寄蕭散
초연히 귀 씻은 노인[348] 超然洗耳翁
영원히 짝할 만하도다 千載可與件

346 조정에서……잡으니 : 조정의 당쟁이 심함을 지적한 것이다.

347 가죽과……없는데 : 《춘추좌씨전》 희공(僖公) 14년 기사에 "가죽이 없으면 털이 어디에 붙겠는가.〔皮之不存, 毛將安傅.〕"라고 하였는데, 이는 사물이 근본을 잃으면 보존될 수 없음을 의미한다. 또는 근본적인 문제를 선결(先決)해야 다른 문제들도 해결할 수 있음을 의미한다.

348 귀 씻은 노인 : 요(堯) 임금 때의 은사(隱士) 허유(許由)를 가리킨다. 요 임금이 천하를 허유에게 맡기려 하자, 허유가 받지 않고 기산(箕山) 아래에 들어가 숨어 지냈다. 뒤에 다시 허유를 불러 구주장(九州長)을 삼으려 하자, 허유가 듣지 않고 귀를 더럽혔다 하여 영수(潁水)에서 귀를 씻었다는 고사가 전한다. 《史記 燕世家》

오수역[349]을 출발하다

發獒樹驛

객지 밥 먹으며 오래 머물 수 없으니　旅食無久淹
가는 길에 정해진 일정 있다네　征途有常程
말에 올라 주인과 이별하고　上馬別主人
문 나서니 비 개려 하네　出門雨欲晴
어둑어둑 안개 낀 나무 우거지고　冥冥煙樹黑
넘실대는 시냇물 맑구나　泯泯溪流清
점철된 시골 집 이어지고　點綴村居連
둥그런 들판 평평하네　團圓野色平
산천이 내 고향 같아서　山川似吾土
눈이 문득 밝아지네　使我眼忽明
나그네는 고향 사람 비슷하기만 해도 기뻐하니　羈人喜似人
좋은 비유를 장자에게 들었는데[350]　善喻聞莊生

349 오수역(獒樹驛) : 전라도 남원도호부의 북쪽 40리 지점에 있었던 역원이다. 《新增東國輿地勝覽 卷39 全羅道 南原都護府 驛院》

350 나그네는……들었는데 : 집을 떠난 지 오래되어 고향을 그리는 마음이 간절함을 읊은 것이다. 《장자(莊子)》 〈서무귀(徐无鬼)〉에 "그대는 저 월나라의 유배된 사람 이야기를 듣지 못했는가. 고국을 떠난 지 며칠 동안은 아는 사람을 만나면 기뻐하고, 고국을 떠난 지 열흘이나 한 달 쯤 지나면 일찍이 고국에서 본 사람을 만나면 기뻐하고, 1년이 지나면 고향 사람 비슷한 사람만 만나도 기뻐한다.〔子不聞夫越之流人乎. 去國數日, 見其所知而喜, 去國旬月, 見所嘗見於國中者喜, 及期年也, 見似人者而喜矣.〕"라고 하였다.

이곳이 이제 이와 같으니	此地乃如斯
어찌 내 마음 움직이지 않으랴	焉不動我情
갈 길 아직도 아득한데	前路尙杳然
구름 낀 산이 또 종횡으로 늘어섰네	雲山復縱橫
언제쯤 내 집에 돌아가	何日歸吾廬
배 드러내고 솔바람 소리 들을까	坦腹聽松聲

벽운루[351]에서

碧雲樓

복쪽에 고덕산(高德山)이 있는데 대단히 높고 아름답다.

말 타고 삼 개월 동안	鞍馬將三月
몇 고을의 누정을 두루 다녔는데	亭臺遍幾州
홀로 추운 날 저물녘에 와서	獨來寒日暮
또 벽운루에 올랐지	又上碧雲樓
비 그쳐 외로운 봉우리 빼어나고	雨罷孤峰秀
하늘 흐려 고목 그윽한데	天陰古木幽
아름다운 사람 오랫동안 보지 못했으니	佳人殊未見
고개 돌려 탕휴를 떠올리네[352]	回首憶湯休

351 벽운루(碧雲樓) : 전라도 임실현(任實縣)에 있던 정자이다. 《新增東國輿地勝覽 卷39 全羅道 任實縣 樓亭》

352 아름다운……떠올리네 : 탕휴(湯休)는 남조 송(南朝宋)의 승려로 시를 잘 지었던 혜휴(惠休)를 가리킨다. 강엄(江淹)의 《강문통집(江文通集)》 권4 〈휴상인원별(休上人怨別)〉에 "날은 저물어 푸른 구름 합하는데 가인은 오지 않네.〔日暮碧雲合, 佳人殊未來.〕"라는 구가 유명한데, 이를 혜휴의 시로 잘못 알고 용사(用事)하는 일이 많았다. 이하곤이 벽운루에서 시를 지으면서 이 구를 인용하여 읊은 것이다.

임실현[353]에서

任實縣

호남 오십 고을	湖南五十州
저마다 산해의 승경으로 유명한데	各自擅山海
임실만은 마땅히 내세울 것 없이	任實獨無當
다만 산과 들에 끼어 있네	特介山野在
이미 맑고 그윽한 곳 차지하지 못했는데	既不占清幽
게다가 툭 트인 곳에 있지도 않네	又不處爽塏
모래 시내는 실처럼 가늘고	沙溪細如線
거친 산들만 사방에 우뚝하네	荒山四崔嵬
거주하는 백성 백여 집	居民百餘家
해마다 굶주림 면하지 못하고	恒歲未免餒
관아의 주방에서도 나물반찬 올릴 뿐	官廚供芹薺
상에 포나 젓갈 오르는 일 없으니	登盤無腊醢
광주와 나주에 비하면	比諸光與羅
참으로 연못 가운데 개미굴 같구나[354]	眞若澤中礨
고을이 크든 작든	邑本無大小

353 임실현(任實縣) : 현재의 전라북도 임실군 일대이다.

354 광주(光州)와……같구나 : 광주나 나주에 비해 임실은 초라하기 그지없다는 말이다. 《장자(莊子)》 〈추수(秋水)〉에 "사해가 천지의 사이에 있음을 헤아려보면 마치 개미굴이 연못에 있는 것과 같지 않겠는가.〔計四海之在天地之間也, 不似礨空之在大澤乎.〕"라고 하였다.

지친 백성 살리는 일은 어진 수령에게 달렸으니	蘇殘在賢宰
백성 사랑하여 부지런히 돌보고	愛民勤撫摩
스스로를 단속하여 뇌물 받지 않으며	律己不通賄
가난한 이들에게 관심 기울이고	精神達蔀屋
민정을 반드시 아래에서 파악하여	民情必下採
백성들이 힘들어하는 것들을	凡民所疾苦
하나하나 통렬히 고쳐야지	事事卽痛改
백성들도 스스로 몸을 아껴	民亦愛其身
감히 형죄를 범하지 않고	不敢犯刑罪
부지런히 남쪽 밭에서 일하며	勤力服南畝
밭 갈고 씨 뿌리는 데 조금도 게을리 말아야 하니	耕播不少怠
상하가 이미 서로 편안해지면	上下旣相安
풍요로움은 앉아서 기다릴 수 있다네[355]	富庶可坐待
지방관의 임무를 받은 사람은[356]	受人芻牧寄
이미 근심과 후회 면하고	旣已免憂悔

355 상하(上下)가……있다네 : 지방관과 백성들이 각자의 일을 부지런히 하면 자연스럽게 고을이 부유해지고 사람도 많아질 것이라는 말이다. 부서(富庶)는 경제적으로 부유하고 인구도 많은 것을 의미한다. 《논어》 〈자로(子路)〉에 "공자께서 위나라에 가실 때 염유가 수레를 몰았는데, 공자께서 '백성들이 많구나.' 하셨다. 염유가 '이미 백성들이 많으면 또 무엇을 더해야 합니까?'라고 묻자, '부유하게 해야 한다.' 하셨다.〔子適衛, 冉有僕. 子曰, 庶矣哉. 冉有曰, 旣庶矣, 又何加焉. 曰富之.〕" 하였다.

356 지방관의……사람은 : 《맹자》 〈공손추 하(公孫丑下)〉에 "이제 남의 소와 양을 받아서 길러주는 자가 있으면 반드시 소와 양을 위해 목장과 꼴을 구할 것이다.〔今有受人之牛羊而爲之牧之者, 則必爲之求牧與芻矣.〕"라고 하였다. 이 말을 활용하여 임금에게서 한 고을의 백성을 다스리도록 권한을 위임받은 지방관을 이렇게 표현한 것이다.

처자식이 춥지도 굶주리지도 않으리니	妻孥不寒飢
편안히 앉아 육 년을 누리리라[357]	安坐享六載
고을 가난해도 근심할 바 아니니	邑薄非所憂
다만 스스로 부지런히 일해야 하네[358]	但自載采采
이 시를 지어 수령에게 권면하노니	作此諷主守
내 말은 그대를 속이지 않는다네	我言不汝紿

357 편안히……누리리라 : 고을을 잘 다스리면 지방관의 임기를 편안히 채울 수 있을 것이라는 말이다. 육재(六載)는 6년인데 지방관의 임기가 6년이었다. 이전에는 지방 수령의 임기를 3년으로 하는 삼기법(三期法)을 시행하였으나 수령이 자주 바뀌는 번거로움과 폐단을 줄이기 위해 조선 세종(世宗) 때 삼기법을 고쳐 육기법(六期法)을 시행하였다.

358 고을……하네 : 작은 고을이라도 고을수령이 맡은 임무를 충실히 수행하면 풍요롭게 만들 수 있다는 말이다. 《서경》 〈고요모(皐陶謨)〉에 "그 사람이 소유한 덕을 총괄하여 말하려면 아무 일과 아무 일을 행했다고 말하는 것입니다.〔亦言其人有德, 乃言曰, 載采采.〕"라고 하였는데, 그 주에 "재는 행함이요, 채는 일이다.〔載, 行也, 采, 事也.〕"라고 하였다.

겨울비 노래

冬雨行

섣달 남쪽 고을에 빗소리 요란하니	南州臘月雨聲長
나그네 잠들지 못하고 그 소리 듣노라	行子不眠聽淋浪
어제 내린 비도 때에 맞지 않았는데	昨日之雨既非時
오늘 내리는 비는 더욱 예년과 다르네	今日之雨尤乖常
하늘의 호령은 본래 치우치지 않는 법	上天號令本不頗
사람의 일이 음양에 관여한 것 아니겠나	無乃人事干陰陽
올겨울 가물어 오래도록 눈 내리지 않았으니	今冬天旱久無雪
보리와 밀 메말라 잎이 누렇게 되었는데	二麥枯萎葉欲黃
빗물이 땅에 스며들어 땅이 녹았다가	雨水滲土土脈融
날 추워 땅 얼면 보리 뿌리 상하리라	天寒土凍麥根傷
올해의 농사 이미 큰 흉년이라	今年穡事已大歉
삼남의 백성들 절반은 떠돌이 되었네	三南之民半流亡
살아남은 이들 울부짖으며 죽을까 근심하며	存者嗷嗷憂塡壑
다만 내년 봄 보리타작만 기다리는데	只望明春麥登場
내년 봄 보리 작황 알 만하니	明春之麥又可卜
아 저 하늘이 하는 일을 어찌할까	吁嗟奈何乎彼蒼

세모에

歲暮

세모에 외딴 사립문에서	歲暮柴門僻
그윽이 지내니 절로 인적 끊어지네	幽居自絶群
마을 춥고 깊은 골짝에 눈 쌓였으며	村寒深洞雪
소나무 어둡고 온 시내에 구름 자욱하네	松暗一溪雲
짧은 해 본래 빨리 기우니	短景元須急
외로운 봉우리도 쉽게 어두워지네	孤峰亦易曛
바람 부는 여울 가에 누웠으니	風灘來伏枕
이 밖에 또 무슨 소리 들리랴	此外更何聞

양산[359]에서 제석에

陽山除夕

이웃들 함께 와서 멀리 유람한 사람 위로하는데	隣曲同來慰遠遊
눈 내리는 차가운 창으로 송추[360] 마주했네	寒窓雪色對松楸
내일 아침이면 새해 되는 줄 알기에	卽知新歲明朝換
가는 해 이 밤만 남았음을 함께 애석해하네	共惜殘年此夜留
풍속 따라 저포놀이 할 마음은 없고	無意樗蒲隨俗戲
시름겨운 사람 짝해주는 등불만 애틋하구나	多情燈火伴人愁
오십 평생의 일 꼼꼼히 생각해보니	細思五十年中事
세상에서 이룬 것은 흰머리뿐이구나	成就人間一白頭

359 양산(陽山) : 현재의 경기도 용인시와 안성시 사이에 있는 지명으로 이하곤의 어머니 묘소가 있는 곳이다. 이하곤의 글에 "같은 달 어느 날에 양지 신창리에 있는 어머니 묘소 곁에 묻어서 너의 혼백으로 하여금 의지할 바가 있게 한다.〔以同月某日, 瘞于陽智新倉里先夫人墓傍, 使汝魂魄, 有所依歸也.〕"라고 하였다.《頭陀草 冊12 亡兒鳳錫壙銘》

360 송추(松楸) : 묘소 주위에 심는 나무로 여기서는 어머니의 산소를 상징한다.

밤에 앉아 회포를 쓰다

夜坐書懷

남은 해 보내려니 마음 처량하고	餞過殘歲意悽然
등불과 차가운 창 더욱 가련하네	燈火寒窓更可憐
밤에 눈 내려 술자리 열기에 제격인데	夜雪還宜開小酌
봄바람이 문득 다시 새 시에 들어오네	春風忽復入新篇
산천을 두루 다니다가 이제 막 멍에 돌리니	遍行山海初回駕
돌아가 처자 마주하면 이미 해 바뀌리	歸對妻兒已隔年
내일 한강 가의 길에서	明日漢江江上路
운연 덮인 화악[361]을 기분 좋게 보리라	好看華嶽塞雲煙

이날 밤 자리에 모인 사람들이 술 마시기에 참 좋은 분위기라는 말이 있었으므로 세 번째 구에서 언급하였다.

361 화악(華嶽) : 서울의 삼각산(三角山)을 가리킨다.

눈을 무릅쓰고 일찍 출발하다

冒雪早發

회오리바람과 눈보라가 어지러이 날리고	回風飛雪亂徘徊
봉우리 서쪽 검은 구름 새벽에도 개지 않네	雲黑峰西曉未開
북으로 가니 얼음과 서리가 입춘에도 차가운데	北去氷霜入春冷
남으로 유람 갔던 말 해 바뀐 뒤에 돌아가네	南遊鞍馬隔年回
돌아가는 마음은 저절로 푸른 산과 멀어지고	歸心自與蒼山遠
먼 길에 백발 늘어난 줄을 아노라	長路應知白髮催
옷깃에는 아직도 호해의 빛깔 남았으니	襟袖尙留湖海色
나의 여행을 누가 멋지지 않다 하겠는가	吾行誰道不奇哉

도중에 대단히 심한 눈보라를 만났다

途中逢風雪甚惡

매서운 추위 섣달과 다름없으니	寒意峭嚴臘月同
길 가는 사람 봄인 줄 모르겠네	行人曾未識春功
깊은 숲속 눈을 뚫고 가기 어려운데	正難衝去深林雪
긴 골짜기 바람을 어찌 맞서랴	何可抵當長谷風
저녁 나무는 먼 하늘 밖에 희미하고	暮樹微茫遠天外
황량한 산은 어지러운 구름 가운데 애처롭네	荒山慘惔亂雲中
늙은이는 갖옷 얇아도 두렵지 않지만	老夫不怕貂裘薄
언 시냇물 밟고 가는 동복 걱정이네	脚踏氷溪愁短僮

저녁이 되면서 바람이 더욱 모질게 불어 말에서 떨어질 지경이었다

向夕風勢尤虐 幾乎墮馬

부아산[362] 앞에 해는 지려 하고	負兒山前日欲落
직곡촌[363] 북쪽에 나그네 소회 새롭네	直谷村北客懷新
어지러운 눈 쌓이며 얼굴 때리고	亂雪成堆來撲面
모진 바람 쇠뇌처럼 불어 사람을 넘어뜨리네	急風如弩吹倒人
야윈 나귀 비틀거려 가장 두렵고	瘦驢頻蹶最可怕
동복이 슬피 울어도 꾸짖지 못하겠네	僮僕愁啼何用嗔
탁주 석 잔이면 나는 그만인데	濁酒三杯吾事了
그윽한 방에서 봄을 노래하는 이 누구일까[364]	誰家低唱曲房春

362 부아산(負兒山) : 경기도 용인시 처인구 삼가동에 있는 산이다.

363 직곡촌(直谷村) : 경기도 용인시에 있는 지명이다. 용인에서 남쪽으로 가는 길에 직곡현(直谷峴)이 있었다. 《萬機要覽 軍政篇4 關防 京畿》

364 탁주……누구일까 : 심한 눈보라 속에 길을 가면서 따뜻한 방의 한가한 정취를 떠올린 것이다. 송(宋)나라 학사(學士) 도곡(陶穀)이 태위(太尉)인 당진(黨進)의 집에서 가기(歌妓)를 데려온 뒤에 정도(定陶)를 지나다가 쌓인 눈을 떠서 차를 끓이며 "당 태위의 집에서는 이런 풍류를 맛보지 못했을 것이다.〔黨太尉家應不識此〕"라고 하였다. 그러자 가기가 "그분은 멋이 없는 분이니 어떻게 이런 정경이 있었겠습니까. 단지 금박 휘장을 친 따뜻한 자리에서 제가 들려 드리는 노랫소리를 음미하며 맛난 양고주를 마실 따름이었습니다.〔彼粗人也, 安有此景, 但能銷金煖帳下, 淺斟低唱, 飮羊羔美酒耳.〕"라고 대답한 고사가 전한다. 《綠窗新話 卷2 引 湘江近事》

험천[365]으로 가는 길에

險川途中

가는 길 까마득하니 언제 끝날까	征途杳杳幾時歇
거친 눈보라가 사람을 시름겹게 하네	風雪漫漫愁殺人
말머리의 산과 시내에 해는 저물고	馬首山川當落日
마을 주위의 연기 낀 나무에 봄 돌아왔네	村邊煙樹入新春
덧없는 인생 평안한 곳 없음을 깨닫고	浮生自覺無安地
먼 길에 마음 상하기 쉬운 줄을 알겠네	遠役終知易損神
올해는 복사꽃과 버들 저버리지 않고	定不今年負桃柳
금계[366]로 돌아가 한가롭게 지내리라	金溪歸作一閑身

365 험천(險川) : 다른 곳에도 동일한 지명이 있으나 이하곤의 여정을 감안할 때 지금의 용인시에서 광주시로 가는 길에 있는 험천을 가리키는 것으로 보인다. 일명 머내라고도 한다.

366 금계(金溪) : 《두타초(頭陀草)》 책1에 〈침우담은 진천현 남쪽 10여 리 쯤에 있다.……금계와 석탄의 물이 대 아래에 합쳐져서 큰 못을 이루는데……〔沈牛潭在鎭川縣南十餘里……金溪石灘之水 合流滙于臺下 成巨潭……〕〉라고 하였으므로 이하곤이 거주했던 진천에 있는 물 이름임을 알 수 있다.

저녁에 눈보라가 조금 잦아들었다

夕後風雪稍息

바람 잦아들어 좋으니	漸喜風威息
어두워지는 것을 어찌 걱정하랴	寧愁暮色迷
연기 낀 나무 너머로 하늘은 길게 뻗었고	天長煙樹外
눈 덮인 봉우리 서쪽으로 해는 넘어가네	日坼雪峰西
나그네 길 어찌 다하랴	客路何當盡
봄추위에 더욱 처량하네	春寒更覺凄
황량한 객점에서 묵으려는데	欲投荒店宿
초가집에 이미 닭이 깃들었네	草屋已鷄栖

북쪽으로 돌아가다

北歸

필마로 호해를 두루 유람하고	匹馬周遊湖海邊
돌아가는 길에 계절은 어느덧 봄 되었네	歸途節序已新春
푸른 산의 저녁 빛은 눈이 잔뜩 쌓였고	蒼山暮色糢糊雪
늙은 나무의 봄 모습은 연기 짙게 끼었네	老樹春容羃歷煙
길은 낙생역[367] 앞쪽 들판으로 뻗었고	路出樂生驛前野
눈은 남한산성 북쪽 하늘 향해 환하네	眼明南漢城北天
이쪽으로 오니 서울 가까워짐을 알겠는데	此來漸覺神京近
강진 돌아보니 더욱 아득하네	回首康津更杳然

367 낙생역(樂生驛) : 현재의 경기도 광주시(廣州市) 남쪽 45리에 있던 역원(驛院)이다. 《新增東國輿地勝覽 卷6 京畿 廣州牧 驛院》

월천[368]으로 가는 길에

月川途中

샛별 이미 떨어지고 닭들이 여기저기 우는데	明星已落鷄亂呼
말 먹이고 길 재촉함은 마부에게 맡기노라	秣馬催行聽僕夫
붉은 해는 안개 낀 들판에 떠오르고	赤日初生煙野闊
푸른 하늘에 눈 쌓인 봉우리 끝이 없네	青天不盡雪峰孤
남쪽에서 바람에 휘감긴 바다 시원스레 보았는데	南臨快看風捲海
북쪽으로 돌아가며 꽁꽁 언 호수 걱정하네	北去還愁氷塞湖
구름 너머로 문득 삼각산 보이니	雲外忽見三角出
기색이 서울과 가까운 줄을 알겠네	遙知氣色近王都

368 월천(月川) : 현재의 경기도 광주시에 있는 지명이다.

말 위에서 태화산과 종남산을 보고 매우 기뻐 이 시를 짓다
馬上見太華終南 喜甚賦此

백년인생 아득히 떠돌며	悠悠征役百年間
골몰한 이내 신세 잠시도 한가롭지 않네	汨汨吾生不蹔閑
일찍이 구름 속 기러기 쫓아 바다 따라 갔다가	曾逐雲鴻遵海去
다시 눈보라 뚫고 봄과 함께 돌아왔네	更衝風雪伴春還
새 시를 호남에서 두루 지었는데	新詩題遍湖南地
두 눈에 한강 북쪽 산들이 밝게 들어오네	雙眼看明漢北山
아마도 오늘 아침 촛불 주위에 둘러 앉아	預想今朝圍燭坐
대가들 담소하며 기쁜 얼굴 짓겠지	大家談笑作歡顏

새로 돌아오다

新歸

분주하게 오랫동안 나그네 되었다가	擾擾久爲客
아련히 또 새봄을 보네	悠悠又見春
새로 돌아오니 처자식이 기뻐하고	新歸妻子喜
마주앉아 친근하게 담소 나누네	相對笑談親
눈 내려 차가운 마당 거닐어 보는데	杖屨寒庭雪
먼지 앉은 시렁에 시서 가득하네	詩書滿架塵
집 가난해도 새해 음식 마련했으니	家貧具歲饌
벗들을 대접할 수 있겠네	猶得待朋賓

문을 닫고

閉門

푸른 남산이 눈에 가득 들어오는데	滿眼南山碧
빈 뜰에서 종일토록 읊조리네	空庭盡日吟
새 울음소리는 모두 비를 바라는 듯하고	鳥聲皆雨意
버들 빛은 다시 봄 그늘 드리우네	柳色更春陰
거마 소리를 시끄러운 대로 맡겨두니	車馬從他鬧
사립문이 드디어 절로 깊구나	柴荊遂自深
세상에 지금 조용한 사람 없으니	世今無靜者
누가 이 한가한 마음 알까	誰識此閒心

눈 내리는 밤에 등불 없이 홀로 누워

雪夜無燈獨臥

설날 지난 지 열흘도 넘었는데	送過上元十日强
누워서 종소리 들으니 밤이 오히려 길구나	臥聽鍾漏夜猶長
봄눈은 기세 약해 떨어지는 소리 없는데	春雪力微無墮響
종이창에 그림자 어리더니 문득 환해지네	紙牕影暈忽生光
늙은이 두 눈이 흐려진 줄을 이미 아니	已知老態雙瞳暗
맑은 등불 있어도 작은 글자 보기 어렵네	縱有淸燈細字妨
다정한 그 누가 나와 함께 가서	惠好何人同我去
책상머리에서 〈북풍〉을 가만히 외울까[369]	床頭默誦北風章

369 다정한……외울까 : 좋은 벗과 초야에 은거하고 싶은 마음을 읊은 것으로 여기서는 진천으로 돌아가고 싶은 마음을 표현한 것이다. 〈북풍(北風)〉은 《시경》 패풍(邶風)의 편명이다. 그 시에 "북풍이 차갑게 불어오며 함박눈이 펑펑 내리도다. 사랑하여 나를 좋아하는 이와 손잡고 함께 길을 가리라.〔北風其涼, 雨雪其雱. 惠而好我, 攜手同行.〕"라고 하였다.

용산에 있는 상보[370]의 집에 들러 도장[371]과 함께 유몽득의 시[372]를 차운하다

過尙輔龍山宅 同道長次劉夢得韻

이월 날씨 쌀쌀하여 매화 볼 수 없으니	二月輕寒不見梅
높은 창에 앉아 돌아오는 고깃배 마주하네	高窓坐對釣船來
산에는 남은 눈 녹아 옅은 이내 피어나고	山消殘雪微生靄
들판에 봄 불 놓아 절반은 재가 남았네	野入春燒半帶灰
성곽 나와 우연히 오늘 만남 이루었으니	出郭偶成今日會
모름지기 시 백 편 짓고 돌아가리	題詩須滿百篇廻
그대들과 새 달 보기 좋으니	同君正好看新月
강가에 높은 누대 있구나	自有江頭千尺臺

370 상보(尙輔) : 이광좌(李光佐, 1674~1740)로, 본관은 경주(慶州), 자는 상보, 호는 운곡(雲谷)이다.

371 도장(道長) : 홍세태(洪世泰, 1653~1725)로, 본관은 남양(南陽), 자는 도장, 호는 창랑(滄浪)·유하(柳下)이다. 《浣巖集 卷4 滄浪洪公墓誌銘》

372 유몽득(劉夢得)의 시 : 몽득은 당나라 시인 유우석(劉禹錫, 778~842)으로, 자는 몽득, 호는 여산인(廬山人)이다. 이하곤이 차운한 작품은 《유빈객문집(劉賓客文集)》 권24에 수록된 〈송자도망협중(松滋渡望硤中)〉이다.

이른 봄에 한가롭게 지내며

早春閑居

번화한 도성 북쪽의 외진 곳	地僻千家北
찾아오는 손님 하나도 없네	門無一客過
아지랑이에 산은 윤기 나고	嵐添山意潤
봄 되자 새소리 많구나	春入鳥聲多
가는 계절에 부질없이 머리만 셀 뿐	時序空華髮
풍진 속에 스스로 호방하게 노래하네	風塵自浩歌
조용한 마음으로 세상일 잊으니	冥心忘俗事
영락없이 절간[373]에 누운 듯하네	終似臥煙蘿

373 절간 : 연라(煙蘿)는 불교의 사원을 가리키는 시어이다.

지사 정이상[374] 만사

鄭知事 履祥 挽

병사(兵使) 형을 대신하여 짓다.

병서에 숙달하기 어찌 어려웠으랴	鈐韜練熟豈難事
선비로 몸 단속하니 더욱 드문 일이네	儒雅飭躬尤更稀
청렴결백하여 홀로 굳센 절개 지녔고	廉白獨能持苦節
훼방에도 끝내 위기 면할 수 있었네	雌黃終得免危機
태평한 시대에 편안히 누우니 칼이 갑에서 울고	時平高臥刀鳴匣
관직 물러나 오래 굶주리니 풀이 문을 가렸네	官罷長飢艸塞扉
이품의 공경 반열 높지 않은 것 아니지만	二品卿班非不貴
모름지기 집에 염할 옷도 없음을 보아야지	須看復舍斂無衣

374 정이상(鄭履祥) : 1642~? 본관은 초계(草溪)이다. 1722년(경종2)에 지중추부사(知中樞府事)에 임명되었다. 《承政院日記 景宗 2年 3月 27日》

근래 병 때문에 시를 짓지 않았는데 문득 담장 서쪽의 살구꽃을 보고 감회가 있어

近以病憂廢詩 忽見墻西杏花 有感

종일 쓸쓸하게 문에 비 내려	終日蕭蕭雨映門
문 앞의 버들 빛 구름처럼 어두운데	門前柳色暗如雲
문득 담장 모퉁이에 핀 살구꽃 보고	忽看墻角開紅杏
비로소 봄이 완연한 줄을 아노라	始覺春光到十分

효언[375]의 〈죽리금상도〉에 쓰다

題孝彦竹裏琴床圖

산은 비어 밤에 고요하고	山空夜寂寥
달 밝은 대숲 쓸쓸하네	月明脩竹寒
외로운 거문고가 석상에 가로 놓였는데	孤琴橫石床
옛 곡조를 타는 사람 없구나	古調無人彈
희귀한 소리[376]는 본래 자연에서 나오는 법	希音本自然
손가락과 줄 사이에서 나오지 않지	不生指絃間
그대에게 바라노니 두 귀를 씻고	請君洗兩耳
바위 아래 여울 소리 들어보시게	試聽石下灘

375 효언(孝彦) : 윤두서(尹斗緖, 1668~1715)로, 본관은 해남(海南), 자는 효언, 호는 공재(恭齋)이다.

376 희귀한 소리 : 희음(希音)은 세상에 드문 좋은 소리를 말한다. 《노자(老子)》 제41장에 "큰 음은 소리가 드물다.〔大音希聲〕"라고 하였다.

한가롭게 지내며 경치를 보고 곧바로 짓다
閑居卽景

버들 늘어진 문 앞은 홀로 봄인데	垂柳門前獨自春
일찍이 외진 골짝에 찾아오는 사람 있었던가	何曾窮谷有來人
꽃 피자 노목도 도리어 멋들어지고	花開老木還生態
새 소리에 산들바람이 더욱 상쾌하네	鳥語微風更覺神
자고 일어나자 마당이 반쯤 풀빛으로 푸르고	睡起草痕半庭綠
시 짓고 나자 산 빛깔이 한 창문에 새롭네	詩成山色一牕新
병든 사람의 허리와 다리 한가함에 건강해져	病夫腰脚閑仍健
날마다 동산을 몇 바퀴씩 거니네	日涉中園定幾巡

밤에 평보[377]의 집에 모여 도장의 시[378]를 차운하여 연경으로 가는 평보를 전송하다

夜會平甫宅 次道長韻 送平甫之燕

내일 아침이면 만 리 멀리 헤어지니	萬里明朝別
외로운 등불 반짝이는 이 밤을 어이할까	孤燈此夜何
봄바람과 함께 변방 나서면	春風同出塞
풀빛도 요하[379]를 건너려 하겠지	草色欲過河
계수는 본래 요 임금의 땅이라	薊樹元堯地
오랑캐 아이들도 모두 한나라 노래 부르겠지만[380]	胡兒盡漢歌

377 평보(平甫) : 서명균(徐命均, 1680~1745)으로, 본관은 달성(達城), 자는 평보, 호는 소고(嘯皐)·보졸재(保拙齋), 시호는 문익(文翼)이다. 1723년 4월에 진하 부사(進賀副使)로 연행(燕行)하였다.

378 도장(道長)의 시 : 도장은 홍세태(洪世泰, 1653~1725)로, 본관은 남양(南陽), 자는 도장, 호는 창랑(滄浪)·유하(柳下)이다.《浣巖集 卷4 滄浪洪公墓誌銘》 이하곤이 차운한 작품은《유하집(柳下集)》 권8에 수록된 〈봉송서참판영공진하부연지행(奉送徐參判令公陳賀赴燕之行)〉이다.

379 요하(遼河) : 과하(過河)는 강을 건넌다는 말이다. 홍세태의 시에 "어느 날 요하를 건널까.〔幾日度遼河〕"라고 하였으므로 이와 같이 풀이 하였다. 요하는 중국 요녕성(遼寧省)과 만주 지역의 남부를 흐르는 강이다.

380 계수(薊樹)는……부르겠지만 : 중원(中原)이 청(淸)나라의 차지가 되었지만 그들도 중화(中華)의 문명에 교화되었을 것이라는 말이다. 계수는 계문연수(薊門煙樹)의 준말로, 북경 팔경(北京八景) 가운데 계문의 안개 덮인 숲이 꼽힌다. 한편《사기(史記)》 권4 〈주본기(周本紀)〉에 "무왕이 선성왕을 추념하여 신농의 후예를 초에 봉하고 황제의 후예를 축에 봉하고 제요의 후예를 계에 봉하였다.〔武王追思先聖王, 乃褒封神農之後於

오직 천수산 풍경 바라보며 唯應天壽色

이곳에서 눈물 많이 흘리겠지[381] 淚入此中多

焦, 黃帝之後於祝, 帝堯之後於薊.〕"라고 하였다.

381 오직……흘리겠지 : 서명균이 연경에 도착하여 천수산(天壽山)을 바라보며 명(明)나라를 그리워하는 마음에 눈물을 흘릴 것이라는 말이다. 천수산은 현재의 중국 북경(北京) 서북쪽의 창평현(昌平縣)에 있는 산이다. 이곳에는 성조(成祖)·인종(仁宗)·선종(宣宗)·영종(英宗)·헌종(憲宗)·효종(孝宗)·무종(武宗)·세종(世宗)·목종(穆宗)·신종(神宗)·광종(光宗)·희종(熹宗)·의종(毅宗)을 모신 명십삼릉(明十三陵)이 있다.

첨지 이정규[382] 만사

李僉知 廷圭 挽

장령(掌令) 이태원(李太元)[383]의 부친이다.

동안에 하얀 머리 곧 신선의 자태였는데	童顏鶴髮卽仙姿
매번 책상 앞에 찾아뵙지 못함 한했지	每恨床前造拜遲
문장으로 이른 나이에 진사가 되었고	文以早年成進士
벼슬은 높은 연세로 첨지에 이르렀네	官因高壽到僉知
서강의 넓은 조수 타고 명정 떠나가니	西江潮闊銘旌去
고택에 꽃 시들어 조문객 슬퍼하네	故宅花殘吊客悲
한 경서로 부지런히 아들 가르쳐	看取一經勤教子
대성에 고상하는 훌륭한 아들 있구나[384]	翺翔臺省有佳兒

활(闊)은 송(送)으로도 쓰고, 잔(殘)은 첨(添)으로도 쓴다.

382 이정규(李廷圭) : 저본(底本)에는 이름이 빠져 있는데, 이태원(李太元)의 아버지는 이정규이므로 수정하였다. 그의 본관은 부평(富平), 자는 원옥(元玉)이다. 1682년(숙종8) 생원시(生員試)에 합격하였다. 《승정원일기》 경종 3년 1월 8일 기사에 이정규를 첨지로 삼는다는 기록이 있다.

383 이태원 : 본관은 부평, 자는 유화(囿和)이다. 1722년(경종2)에 장령(掌令)에 임명되었다. 《景宗實錄 2年 12月 17日》

384 한……있구나 : 망자(亡者)의 아들 이태원이 장령이 되었기에 한 말이다.

한가롭게 지내며 즉흥적으로 쓰다

閒居卽事

내가 새로 농암(農巖)을 변무(辨誣)하는[385] 소장에 참여했다가 대각의 탄핵을 만났다.

맑은 바람 쐬며 북쪽 창 사이에 높이 누워	淸風高臥北牕間
버들 아래 사립문 두 짝을 종일 닫아두노라	柳下雙扉盡日關
우습다 벼슬 그만두고 탄핵[386] 만나다니	自笑休官遭白簡
부끄럽게도 꿈에서만 푸른 산 찾아가네	每慚因夢到靑山
한가로운 마음으로 하늘가에 이는 구름 보고	閑情天際看雲起
먼 생각은 숲으로 돌아가는 새를 전송하네	遠意林中送鳥還
금계[387]에서 낚시하겠다는 약속 오래 저버렸으니	久負金溪垂釣約
언제쯤 돌아가 졸졸 흐르는 물소리 들을까	幾時歸去聽潺潺

385 농암(農巖)을 변무(辨誣)하는 : 농암은 김창협(金昌協, 1651~1708)으로, 본관은 안동(安東), 자는 중화(仲和), 호는 농암·삼주(三洲)이다. 《三淵集 卷30 仲氏農巖先生墓表》 어유봉(魚有鳳)의 《기원집(杞園集)》 권10에 〈변선사고판서김창협피무김홍석소(辨先師故判書金昌協被誣金弘錫疏)〉가 수록되어 있는데, 그 글에 의하면 김홍석이 성혼(成渾)을 변무하면서 송시열(宋時烈)을 무욕(誣辱)하였고 성혼을 비방했다는 이유로 김창협을 비난한 일이 있었음을 알 수 있다. 이하곤이 작성한 소장은 볼 수 없으나 이 일과 무관하지 않은 것으로 보인다.

386 탄핵 : 백간(白簡)은 관리의 잘못을 적어서 탄핵하는 글을 의미한다.

387 금계(金溪) : 이하곤이 거주했던 충청북도 진천군에 있는 물 이름이다.

중화[388]가 문득 시 한 수를 보내왔기에 차운하여 답하다
仲和忽寄一詩 次韻答之

육년 동안 도성의 먼지 속을 달리다 보니	六年奔走漢城塵
시냇가 푸른 산이 자꾸만 꿈에 들어오네	溪上青山入夢頻
물고기와 새는 시기함이 없어 짝할 만한데	魚鳥無猜須作伴
천지가 비록 크지만 이 몸을 용납하지 않네	乾坤雖大不容身
궁달이 뒤바뀌는 것은 본래 운명의 소관	窮通顚倒元關命
분분한 비방과 기림은 남들 하는 대로 두노라	毁譽紛紜一任人
길게 읊조리며 문 나서면 다 악착같이 덤비니	長嘯出門皆握促
거침없는 말을 그대 아니면 누구에게 하랴	狂談非汝向誰陳

388 중화(仲和) : 윤순(尹淳, 1680~1741)으로, 본관은 해평(海平), 자는 중화, 호는 백하(白下)·학음(鶴陰)이다. 《白下集 附錄 行狀》

중화[389]가 장차 마포로 이사하려고 하므로 다시 앞의 운자를 사용해 지어 주다

仲和將移住麻浦 又用前韻贈之

깨끗하여 티끌 벗어나려는 그대 사랑스러우니	愛君瀟灑意超塵
관직에 드물게 나가고 자주 물러나네	從仕元稀謝仕頻
혼탁한 세상에 곧은 도 용납되기 어려운데	濁世已難容直道
맑은 강만은 한가한 몸 받아주겠지	淸江只肯受閑身
상전벽해의 오랜 세월에 일은 끝이 없는데	滄桑刦後無窮事
꼭두각시놀음 가운데 자유로운 사람이네	傀儡場中自在人
다시 두타산 깊은 곳으로 가서	更向頭陀深處去
온 가족 함께 숨어 주진을 배우세[390]	全家同隱學朱陳

389 중화(仲和) : 윤순(尹淳, 1680~1741)으로, 본관은 해평(海平), 자는 중화, 호는 백하(白下)·학음(鶴陰)이다. 《白下集 附錄 行狀》

390 다시……배우세 : 윤순과 함께 충청북도 진천의 두타산에서 은거하여 이웃에서 살고 싶다는 말이다. 주진(朱陳)은 중국의 서주(徐州) 고풍현(古豐縣)에서 주씨(朱氏)와 진씨(陳氏) 두 성(姓)이 서로 혼인하면서 화목하게 살았다는 주진촌(朱陳村)을 가리킨다. 백거이(白居易)의 〈주진촌〉이라는 시로 더욱 유명해졌다. 《白香山詩集 卷10》

남을 대신하여 지은 만사
代人挽

동쪽과 서쪽 골목 거닐며	步屧東西巷
이웃에 좋은 사람 있었지	吾隣得善人
푸른 도포에 양쪽 귀밑머리는 희고	青衫雙鬢白
파리한 말 타고 한 벼슬로 가난했네	羸馬一官貧
책방에는 먼지가 가득 엉기고	書塌塵凝滿
명정에는 비가 새로 비추네	銘旌雨映新
저녁 피리 불지 말라	不須吹暮笛
늙은이 눈물로 수건이 흠뻑 젖는구나	衰淚易盈巾

임지인 능주로 가는 김연지[391] 종연 를 전송하다 3수

送金衍之 宗衍 之任綾州 三首

관아가 대숲 속에 있으니	官居脩竹裏
영락없이 신선의 집과 같지	一似羽人家
지금 비석 타고 가니[392]	此去乘飛舃
연사 배울 줄을 알겠네[393]	應知學鍊砂
쟁반에는 금린어[394] 회가 오르고	盤登錦鱗膾
술잔에는 석류꽃이 비치겠지	杯映石榴花
거기다가 서봉[395]의 경치가	更有瑞峰色
푸르게 홀 너머에 비껴 있으리	蒼蒼笏外斜

391 김연지(金衍之) : 김종연(金宗衍)으로, 인적사항은 자세하지 않다. 1723년에 능주 목사(綾州牧使)가 되었다. 《承政院日記 景宗 3年 5月 7日》

392 지금……가니 : 김종연이 능주 목사로 부임한다는 말이다. 비석(飛舃)은 지방관을 의미한다. 후한(後漢)의 왕교(王喬)가 섭 현령(葉縣令)으로 있으면서 매월 삭망(朔望) 때마다 수레도 타지 않고 먼 길을 와서 조회에 참석하였다. 그것을 괴이하게 여긴 임금이 내막을 알아보게 하니 그가 올 때마다 오리 두 마리가 동남쪽에서 날아왔다. 그물을 쳐서 그 오리를 잡아놓고 보니 바로 왕교의 신이었다는 고사가 전한다. 《後漢書 卷112 方術列傳 王喬》

393 연사(鍊砂)……알겠네 : 김종연이 능주 목사로 가서 단사(丹砂) 만드는 법을 배울 것이라는 말로 경치 좋은 곳에 부임하여 신선처럼 지낼 것이라는 표현이다.

394 금린어(錦鱗魚) : 쏘가리의 일종이다.

395 서봉(瑞峰) : 《두타초(頭陀草)》 책10 〈능주〉에 "산세는 구름 서려 서석산까지 가로질렀고〔山勢盤雲橫瑞石〕"라는 내용이 있는 것으로 보아 서봉은 서석산을 가리키는 것으로 보인다. 서석산은 무등산의 다른 이름이다.

2

영벽정 가의 나무에　映碧亭頭樹
추운 날 말을 매었었지[396]　天寒繫馬時
강산에서 점필재의 자취 더듬고[397]　江山畢翁跡
사우에서 정암을 애도했지[398]　祠宇靜菴悲
대숲에서 깊은 술잔에 술 마시고　竹色深尊酒
매화 보며 오언시 지었네　梅花五字詩
평생 벼슬살이에 마음 없었지만　平生宦情薄
이은[399]하는 그대 부럽구나　吏隱羨君爲

3

이별의 술잔에 흰 머리 비추고　離杯照白髮
서로 바라보니 또 중년일세　相看又中年
만남과 헤어짐 본래 이와 같아　聚散本如此

396 영벽정(映碧亭)……매었었지 : 영벽정은 전라남도 화순군 능주면 관영리에 있는 정자이다. 이하곤은 1722년(경종2) 12월 4일에 영벽정을 유람하였다. 《頭陀草 冊18 南遊錄》

397 강산(江山)에서……더듬고 : 점필재(佔畢齋) 김종직(金宗直)의 《점필재집(佔畢齋集)》 권21에 〈등능성봉서루……(登綾城鳳栖樓……)〉라는 작품이 있는 것으로 보아 김종직이 능주에 간 일이 있음을 알 수 있는데, 이하곤의 〈남유록(南遊錄)〉에는 그에 관한 언급이 없다.

398 사우(祠宇)에서 정암(靜菴)을 애도했지 : 능주는 정암 조광조(趙光祖)가 유배되었다가 사사(賜死)된 곳이다. 죽수서원(竹樹書院)에 그를 배향하였다.

399 이은(吏隱) : 관직에 있으면서도 은자(隱者)처럼 생활하며 이록(利祿)에 마음을 두지 않는 것을 말한다.

산천만 날마다 아득히 바라보네	山川日渺然
뜨거운 날씨에 오마 타고 가니[400]	炎天還五馬
먼 길에 온통 맑은 매미 소리 울리겠지	長路盡淸蟬
가면 관가의 누대 멋지니	去矣官樓好
그대가 신선 못지않을 줄을 아노라	知君不讓仙

400 뜨거운……가니 : 김종연이 한여름에 능주로 부임한다는 말이다. 오마(五馬)는 한나라 때 지방관이 다섯 필의 말이 끄는 수레를 탔던 데서 유래하여 지방관을 상징한다.

비가 내리는 가운데 자후[401]의 새 집에 가서 연꽃을 감상하였다. 모인 사람은 조아중[402] 하망, 이자연[403] 진수, 이군경[404] 일제, 이숙겸[405] 수익, 박경로[406] 사수, 송성빈[407] 인명, 박성보[408] 문수, 유숙첨 엄 이다. 표아[409]와 정우빈도 함께 갔다. 우리 부자는 사정이 있어 먼저 일어났는데 여러 사람이 시를 지었으므로 뒤에 그 운자에 맞춰 짓다

雨中往子厚新舍 賞荷花 會者曺雅仲 夏望 李子淵 眞洙 李君敬 日躋 李叔謙 壽益 朴景魯 師洙 宋聖賓 寅明 朴成甫 文秀 柳叔瞻 儼 杓兒及鄭生禹賓亦從焉 余之父子有故先起 諸人有詩 追次其韻

401 자후(子厚) : 이진순(李眞淳, 1679~?)으로, 본관은 전주(全州), 자는 자후, 호는 하서(荷西)이다.

402 조아중(曺雅仲) : 조하망(曺夏望, 1682~1747)으로, 본관은 창녕(昌寧), 자는 아중, 호는 서주(西州)이다. 《耳溪集 卷28 大司諫西州曺公墓碣銘 幷序》

403 이자연(李子淵) : 이진수(李眞洙, 1684~1732)로, 본관은 전주, 자는 자연, 호는 서간(西澗)이다. 《圓嶠集選 卷7 族父黃海道觀察使府君墓碣銘》

404 이군경(李君敬) : 이일제(李日躋, 1683~1757)로, 본관은 전주, 자는 군경, 호는 화강(華岡)이다.

405 이숙겸(李叔謙) : 이수익(李壽益, 1685~?)으로, 본관은 여주(驪州), 자는 숙겸이다.

406 박경로(朴景魯) : 박사수(朴師洙, 1686~1739)로, 본관은 반남(潘南), 자는 경로, 호는 내헌(耐軒)이다. 《保晩齋集 卷15 吏曹判書朴公謚狀》

407 송성빈(宋聖賓) : 송인명(宋寅明, 1689~1746)으로, 본관은 여산(礪山), 자는 성빈, 호는 장밀헌(藏密軒), 시호는 충헌(忠憲)이다.

408 박성보(朴成甫) : 박문수(朴文秀, 1691~1756)로, 본관은 고령(高靈), 자는 성보, 호는 기은(耆隱)이다.

409 표아(杓兒) : 이석표(李錫杓, 1704~?)로, 이하곤의 아들이다.

물가의 멋진 새 정자에	臨水新亭勝
연꽃 구경하러 좋은 손님들 찾아오네	觀荷好客來
꼿꼿하게 티끌 밖에 섰고	亭亭塵外立
아득히 빗속에 피었네	漠漠雨中開
푸른 잎은 난간에 기대고	翠蓋當凭檻
맑은 향은 술잔에 들어오네	淸香入把杯
진흙이 끝내 물들이지 못하니	汚泥終不染
복사꽃 오얏꽃은 다 하인의 재질이네[410]	桃李盡奴才

2

그대가 영남으로 가기에	爲君嶺南去
말 타고 빗속에 왔네	騎馬雨中來
멋진 모임을 어찌 헤아리랴	勝集何能數
이별의 소회를 잠시 펼쳤네	離懷得暫開
연꽃이 막 자리를 비추고	荷花初映席
버들 빛이 잔에 들어오려 했지	柳色欲侵杯
멋진 일을 새로 그려내니	好事輸新畫
거듭 정군의 재주에 감탄하네	重嘆小鄭才

경로(景魯)가 장차 안동(安東)으로 부임하므로[411] 자연(子淵)이 약소하게 술과 안주를 마련하여 전별하였다. 정우빈(鄭禹賓)이 이날의 경치를 그림으로 그려 황권(黃卷) 하나를 만들었으므로 마지막 구에서 언급했다.

410 진흙이……재질이네 : 연꽃이 복사꽃 오얏꽃보다 낫다는 말로 이진순을 비유했다.

411 경로(景魯)가……부임하므로 : 박사수(朴師洙)는 1723년 안동 부사(安東府使)에 임명되었다.《承政院日記 景宗 3年 5月 27日》

반가운 비가 장마를 이루자 문을 닫고 한가롭게 지내며 소회를 쓰다 5수

喜雨成霖 閉門閑居書懷 五首

삼농[412] 가물어 비를 바랐는데 望雨三農渴
도성[413]에 온통 구름 드리웠네 沈雲萬井通
골고루 적셔주니 흙이 윤기날 줄 알겠고 均沾知土潤
한 번 쏟아지니 하늘의 힘을 알겠네 一霈見天功
백성들 시름 사라지겠고 蔀屋愁如失
임금께서도 함께 기뻐하시겠지 龍顏喜亦同
아 삼대의 융성함도 猗歟三代盛
그 근본은 풍년에서 비롯되었지 根本自年豐

2

홀로 오막살이에 누워 獨臥衡門內
쓸쓸히 흰 머리만 새로 늘어가네 蕭條白髮新

412 삼농(三農) : 《주례(周禮)》 〈천관총재(天官冢宰) 태재(太宰)〉에 "삼농에서 아홉 가지 곡식을 생산한다.〔三農生九穀〕"라고 하였는데, 정현(鄭玄)의 주(註)에 "삼농은 평지와 산과 택이다.〔三農平地山澤也〕"라고 하였다. 여기서는 농작물을 가리키는 말로 사용되었다.

413 도성(都城) : 만정(萬井)은 고대에 사방 1리(里)의 땅을 1정(井)이라 했던 데서 유래하여 천가만호(千家萬戶)의 번화한 저자를 뜻한다. 여기서는 이하곤이 서울에 거주하고 있는 상황임을 감안하여 도성으로 풀이하였다.

찌는 더위에 야윈 몰골 남았고 炎蒸餘瘦骨
비바람 속에 한 명의 그윽한 사람이네 風雨一幽人
그 의기 끝내 세속을 싫어했고 意氣終妨俗
문장은 가난을 구제하지 못했네 文章不救貧
밝은 시절에 근심 다시 간절하니 明時憂更切
늙은이 눈물 날마다 수건 적시네 老淚日沾巾

3

높은 버들이 문을 도리어 가리고 高柳門還掩
먼 봉우리에 홀로 맑게 앉았네 遙峰坐獨淸
뜰 사이에 풀빛만 남았고 庭間餘草色
손님 떠나자 새소리만 들리네 客去只禽聲
이미 임천에서 늙기로 작정했으니 已分林泉老
어찌 총욕에 놀랄 필요 있으랴 何須寵辱驚
금계[414]에 초가집 있으니 金溪茅屋在
돌아가는 길 꿈속에 분명하네 歸路夢中明

4

세상만사 잊고 오직 베개에 기댈 뿐 萬事唯欹枕
이내 신세 이미 대머리 되었네 吾生已禿頭
경륜 펼치리라 부질없이 평소 마음먹었지만 經綸空素志
사직이 절로 깊이 걱정스럽네 社稷自深憂

414 금계(金溪) : 이하곤이 거주했던 충청북도 진천군에 있는 물 이름이다.

구름 짙으매 오히려 비를 머금었고	雲黑猶含雨
매미 소리 맑아 문득 가을 같은데	蟬淸忽似秋
노승처럼 마음 관찰하며	觀心如老宿
다만 문 닫고 조용히 지내노라	只作閉門幽

5

중년에 소갈증 앓아	消渴中年疾
유월의 찌는 더위 견디기 어렵네	炎蒸六月難
다리 힘 없어 지팡이 짚어야 일어나고	脚衰須杖起
눈도 침침해 독서 그만두었네	眼暗廢書看
날씨가 온통 불볕 같은데	日氣渾如火
매미 소리만 시원하구나	蟬聲只自寒
문득 시냇가 누각에서	翻思溪上閣
베개 베고 맑은 여울 소리나 들었으면	倚枕聽淸灘

6월 17일에 정순년[415] 수기, 이인로[416] 덕수, 윤백수[417] 유, 김자직[418] 동필, 윤중화[419] 순 와 풍월정[420]에서 모였는데 중화가 정자에 세 들어 살고 있었다. 당시에 장마가 막 끝나 강산이 더욱 청명하게 느껴졌는데 돛단배는 강을 이리저리 다니고 물가 마을에 안개 낀 나무가 아득하여 영락없이 그림 속에 있는 것 같았다. 난간에 기대어 바라보며 삼복의 찜통더위가 괴로운 줄 알지 못하였으니 천하의 절경이고 세상 밖의 멋진 일이라고 할 만했다. 내가 먼저 시를 짓자 여러 사람들이 차례로 화운하였다

415 정순년(鄭舜年) : 정수기(鄭壽期, 1664~1752)로, 본관은 연일(延日), 자는 순년, 호는 곡구(谷口), 시호는 정간(貞簡)이다.

416 이인로(李仁老) : 이덕수(李德壽, 1673~1744)로, 본관은 전의(全義), 자는 인로, 호는 벽계(蘗溪)·서당(西堂), 시호는 문정(文貞)이다. 저서에 《서당사재(西堂私載)》가 있다. 《嘉梧藁略 冊19 吏曹判書西堂李公行狀》

417 윤백수(尹伯修) : 윤유(尹游, 1674~1737)로, 본관은 해평(海平), 자는 백수, 호는 만하(晩霞), 시호는 익헌(翼憲)이다.

418 김자직(金子直) : 김동필(金東弼, 1678~1737)로, 본관은 상산(商山), 자는 자직, 호는 낙건정(樂健亭), 시호는 충혜(忠惠)이다. 《梧川集 卷11 樂健堂金忠惠公墓表》

419 윤중화(尹仲和) : 윤순(尹淳, 1680~1741)으로, 본관은 해평, 자는 중화, 호는 백하(白下)·학음(鶴陰)이다. 《梧川集 卷11 白下尹公墓誌銘幷序》 윤순이 차운한 시는 《백하집(白下集)》 권1의 〈풍월정차담헌이재대개자(風月亭次澹軒李載大開字)〉이다.

420 풍월정(風月亭) : 월산대군(月山大君) 이정(李婷, 1454~1488)이 안국방(安國坊) 자신의 집에 지은 정자이다. 이정의 본관은 전주(全州), 자는 자미(子美), 호는 풍월정, 시호는 효문(孝文)이다. 《風月亭集 有明朝鮮國純誠明亮經濟佐理功臣月山大君贈謚孝文公神道碑銘》 1477년에 성종(成宗)이 정자 이름을 풍월이라 명명하고 어제시(御製詩)를 내려주었다. 《成宗實錄 8年 8月 8日》

六月十七日 與鄭舜年 壽期 李仁老 德壽 尹伯修 游 金子直 東弼 尹仲和 淳 會于風月亭 仲和方僑居亭中 時積雨新霽 江山尤覺淸勝 風帆縱橫江中 水村煙樹微茫 眞如畫中 凭欄縱目 不知三伏炎蒸之爲苦 可謂天下之絶景 世外之勝事也 余詩先成 諸君以次和之

이날 가랑비가 내리다가 저물녘에 갰다.

높은 누대가 티끌세상과 멀리 떨어진데다	樓高塵世遠
한강이 눈앞에 펼쳐졌네	江漢眼前開
산 갈라진 곳에서 외로운 배 나오고	山坼孤帆出
하늘에서 가랑비 내리네	天長細雨來
맑은 이야기에 농담도 섞고	淸談兼雅謔
짧은 시 읊조리며 술잔도 기울이네	短咏且深杯
호해가 우리의 벗이니	湖海須吾輩
조정에는 뛰어난 인물 넘쳐나네	朝廷足俊才

중화[421]가 또 시 한 수를 보여 주기에 제군들과 함께 화답하다

仲和又示一詩 同諸君和之

높은 누대에서 다시 한바탕 웃으며	高樓還一笑
마주앉아 강물 소리 듣네	對坐聽江聲
모두들 호해의 기운 지녔으니	俱有湖海氣
결단코 속세의 마음 아니구나	殊非塵世情
하늘가에 모래언덕 드넓고	天垂沙岸闊
돛배는 저물녘 산과 나란하네	帆與暮山平
그대들의 조각배 타는 흥취 아는데	知汝扁舟興
도롱이를 혹시 만들어 놓았는가	煙簑倘已成

421 중화(仲和) : 윤순(尹淳, 1680~1741)으로, 본관은 해평(海平), 자는 중화, 호는 백하(白下)·학음(鶴陰)이다.《梧川集 卷11 白下尹公墓誌銘幷序》

풍월정[422] 옛 터에 올라 바다 어귀를 바라보니 석양이 매우 아름다워 사람의 마음을 더욱 상쾌하게 하였다. 정자는 월산대군 집의 건물이었는데 지금은 홍만종[423] 우해의 소유라고 한다

登風月亭舊址 平臨海門 落景尤奇 令人意思尤覺快爽 亭是月山大君家物 今屬洪萬宗于海云

백 척 높은 누대에서 옷자락 떨치는데	振衣臺百尺
바다 어귀에 가랑비 그쳤네	微雨海門收
대군은 지금 어디로 가셨는가	王子今何去
우리들 다시 이곳을 유람하네	吾曹復此遊
강산에 부질없이 옛 자취 남았고	江山空舊迹
풍월은 천 년토록 변함없네	風月自千秋
저물녘에 올라와 한탄하는데	落日登臨恨
아득히 낚싯배 한 척 떠가네	茫茫一釣舟

422 풍월정(風月亭) : 월산대군(月山大君) 이정(李婷, 1454~1488)이 안국방(安國坊) 자신의 집에 지은 정자이다.

423 홍만종(洪萬宗) : 1643~1725. 본관은 풍산(豐山), 자는 우해(于海), 호는 현묵자(玄默子)·몽헌(夢軒)·장주(長洲)이다.

영공 정순년[424]이 중화의 운에 맞춰 나를 위해 시 한 수를 지으므로 이 시를 지어 그 뜻에 답하다

鄭令公舜年次仲和韻 爲余賦一詩 作此以酬其意

젊어서 〈자고〉를 읊었고[425]	少日鷓鴣詠
맑은 조정에서 해치관 쓰고 명성 있었네[426]	淸朝豸角聲
속마음은 속세의 사람과 같지 않으며	胸襟非俗物
미간에서 시흥을 볼 수 있네	眉宇見詩情
기러기와 오리는 맑은 날씨에 마음껏 노니는데	雁鶩晴相得
바람과 물결은 저물녘에 평온하지 않네	風濤暮不平
자색 연기 속에서 함께하자는 약속	紫煙携手約
묻노니 언제나 이루어질까	借問幾時成

424 정순년(鄭舜年) : 정수기(鄭壽期, 1664~1752)로, 본관은 연일(延日), 자는 순년, 호는 곡구(谷口), 시호는 정간(貞簡)이다.

425 젊어서 자고(鷓鴣)를 읊었고 : 정수기가 젊어서부터 시문을 잘 지었다는 말이다. 자고는 꿩과에 속한 새로 따뜻한 남쪽 지방에서 산다고 한다. 당(唐)나라 시인 정곡(鄭谷)이 자고새의 소리를 본떠 〈자고시〉를 지어 명성을 크게 떨쳐서 세상 사람들이 정곡을 정자고(鄭鷓鴣)라고 불렀다. 정수기의 성이 정씨이므로 빗대어 읊은 것이다.

426 맑은……있었네 : 정수기가 사헌부(司憲府)의 관원으로 명성을 얻었다는 말이다. 치각(豸角)은 해치라는 신수(神獸)의 뿔이다. 해치는 성질이 충직하여 곡직(曲直)을 잘 분변할 뿐만 아니라 사람들이 서로 싸우는 것을 보면 그중에 사악하고 부정한 자를 뿔로 받아버린다고 한다. 이 때문에 예부터 어사 등 집법관은 해치의 모양으로 장식한 관을 썼으므로 해치관(獬豸冠)은 사헌부 관원을 상징하게 되었다. 정수기는 1722년(경종2)에 사헌부 집의(執義)에 임명되었다.《景宗實錄 2年 10月 29日》

석실서원[427]에서 감회를 적다

石室院志感

오래된 황량한 사당에 말 매었더니	繫馬荒祠古
매미소리가 저물녘에 맑구나	鳴蟬落日淸
뜰에는 숲 빛깔 남았는데	一庭餘樹色
온갖 감회가 강물소리에 일어나네	百感自江聲
세상일은 뜬구름처럼 변하고	世事浮雲變
내 머리에는 백발이 선명하네	吾生白髮明
삼주[428]는 어디인가	三洲何處是
가로놓인 낚싯배만 보이네	獨看釣船橫

427 석실서원(石室書院) : 현재의 경기도 남양주시 수석동에 있었던 서원이다. 1656년(효종7)에 김상용(金尙容)·김상헌(金尙憲) 형제의 충절과 학덕을 추모하기 위해 세웠다. 이하곤의 스승인 김창협(金昌協)이 이곳에서 강학하였고 사후인 1710년에 추가로 배향되었는데, 1868년 흥선대원군(興宣大院君)의 서원철폐령으로 훼철됐다.

428 삼주(三洲) : 경기도 남양주시 지금동에 위치한 석실서원 앞쪽에 있는 세 개의 모래톱을 가리킨다.

이튿날에 철향되어[429] 매우 애통했으니 시에 그 마음을 드러냈다

翌日輟享痛甚 情見于詩

사문이 양구의 재앙[430] 만났으니 陽九斯文厄
상전벽해하는 세상사 놀랍기 그지없네 滄桑世事驚
빗속에서 위판을 묻으니 雨中埋位版
사당 밖에서 문생들 곡하네 祠外哭門生
해와 달처럼 많은 사람들이 우러르고 日月千人仰
큰 강물처럼 만고에 이름 전하는데 江河萬古名
쉬파리야 너희는 어떤 물건이기에 蒼蠅爾何物
이다지도 앵앵거린단 말이냐 無乃太營營

429 철향(輟享)되어 : 1723년(경종3) 신임사화(辛壬士禍)로 노론(老論) 세력이 실각하자, 심준(沈埈)·윤회(尹會) 등이 석실서원(石室書院)에서 김수항(金壽恒)·김창협(金昌協) 부자를 출향(黜享)할 것을 건의하여 실행되었다.《景宗實錄 3年 6月 4日》 1725년에 양주(楊州)에 사는 이지항(李志沆) 등의 상소로 향사가 회복되었다.《英祖實錄 1年 2月 2日》

430 양구(陽九)의 재앙 : 양구는 음양도(陰陽道)에서 수리(數理)에 입각하여 추출해 낸 말로 4천 5백 년 되는 1원(元) 중에 양액(陽厄)이 다섯 번, 음액(陰厄)이 네 번 발생한다고 한다. 1백 6년 되는 해에 양액이 발생하기 때문에 그런 이름이 붙여졌다고 한다. 일반적으로 큰 재액(災厄)을 의미하는데 여기서는 철향을 가리킨다.《漢書 卷21 律歷志 上》

감역 민용현[431] 만사

閔監役 龍見 挽

어찌 쇠한 세상의 작태를 따랐으랴	肯爲衰俗態
대가의 자손으로 부끄럽지 않았네	不愧大家兒
의기는 담소 사이에 드러나고	意氣談間見
풍류는 취한 뒤에 알 수 있었네	風流酒後知
십 년이나 앓아누웠으니 가련하고	病憐十年臥
늙어서야 벼슬했으니 안타까웠네	老惜一官遲
예전에 마음을 논하며	平昔論心地
오직 만년을 함께하자 기약했었지	惟將歲晩期

2

말 타고 부임했다가	躍馬趨衙地
저물녘에 상여만 돌아왔네	喪車暮獨歸
하찮은 벼슬 병든 몸에 해로웠는데	微官妨病骨
남의 집에서 조복으로 초혼하였네	他舍復朝衣
듣는 사람마다 놀라 서로 바라보니	聞者驚相顧
누군들 눈물을 훔치지 않으랴	何人涕不揮
뜰의 소나무만 조문객 맞이하며	庭松迎吊客
변함없이 산속 사립문을 지키네	依舊護山扉

431 민용현(閔龍見) : 인적 사항은 자세하지 않다. 1723년(경종3)에 선공감 감역(繕工監監役)에 임명되었다. 《承政院日記 景宗 3年 3月 25日》

다시 성 자를 사용해 지어 중화[432]에게 부치다
更用聲字寄仲和

숲 속이라 덥지 않고	暑氣林中失
강물은 속세 밖의 소리 내는구나	江流世外聲
물과 구름은 모두 한 가지 빛깔이고	水雲渾一色
갈매기와 해오라기 다정도 하구나	鷗鷺卽多情
바다에 떠서[433] 끝내 멀리 가리니	浮海終長往
시대에 상심하여 각각 평온하지 않네	傷時各不平
소문은 참으로 통달한 사람이라	昭文眞達者
일찍이 성쇠를 마음대로 하였네[434]	曾已任虧成

432 중화(仲和) : 윤순(尹淳, 1680~1741)으로, 본관은 해평(海平), 자는 중화, 호는 백하(白下)·학음(鶴陰)이다.《梧川集 卷11 白下尹公墓誌銘幷序》

433 바다에 떠서 : 공자(孔子)께서 천하가 어지러움을 탄식하여 "도가 행해지지 않는다. 뗏목을 타고 바다를 항해하려 한다.〔道不行, 乘桴, 浮于海.〕" 한 것처럼 어지러운 세상을 버리고 차라리 바다에 뗏목을 띄워 멀리 떠나고 싶다는 말이다.《論語 公冶長》

434 소문(昭文)은……하였네 : 소문은 고대 중국의 거문고를 잘 타던 사람이다.《장자(莊子)》〈제물론(齊物論)〉에 "가야금 명인 소문이 연주하면 성(成)과 휴(虧)가 있고 연주를 하지 않으면 성과 휴가 아예 없어진다."라고 하였다. 휴성(虧成)은 결함과 완전, 성공과 실패를 뜻하는 말이다.

또 개 자를 거듭 사용하여 짓다
又疊開字

비 갠 남쪽 언덕에	新晴南岸色
석양이 끝없이 열렸네	不盡夕陽開
안개 낀 숲은 창문 앞에 나타나고	煙樹當窓出
돛단배는 난간 통해 바라보이네	風帆入檻來
매미소리가 그래도 귀를 씻어주고	蟬聲聊洗耳
강물 빛은 술잔을 들이키게 하네	江色欲吹杯
고기 잡으며 내 노년을 마치려니	漁釣終吾老
시서로 그대의 재주를 기르게나	詩書養汝才

지은이 **이하곤**

1677(숙종3)~1724(경종4). 조선 후기의 문인으로, 본관은 경주(慶州), 자는 재대(載大), 호는 담헌(澹軒)·소금산초(小金山樵)이다. 회와(晦窩) 이인엽(李寅燁)의 맏아들로, 농암(農巖) 김창협(金昌協)에게 수학하였다. 1708년 생원시와 진사시에 장원으로 합격하여 세자익위사 세마(世子翊衛司洗馬)와 세자익위사 부솔(世子翊衛司副率)에 임명되었으나 나가지 않고, 고향인 진천에 내려가 학문과 서화에 힘썼으며 장서(藏書)가 1만권을 헤아렸다. 전국 방방곡곡을 두루 여행하였으며, 이병연(李秉淵), 윤순(尹淳), 정선(鄭敾), 윤두서(尹斗緖) 등과 교유하였다. 저서로 《두타초(頭陀草)》가 있다.

옮긴이

정만호(鄭晩浩)

1971년 충남 부여에서 태어났다. 충남대학교와 단국대학교에서 한문학을 전공하였으며, 현재 충남대학교 한문학과 부교수로 재직 중이다. 번역서로 《취암선생시집》과 공역으로 《기려수필》, 《승암시화》, 《지호집》, 《오재집》, 《옥오재집》, 《좌계부담》, 《해동사부》, 《동주집》 등이 있다.

오승준(吳承峻)

1979년 충북 청주에서 태어났다. 충남대학교에서 박사과정을 수료하였다. 학산 조종업, 아당 이성우 선생에게서 한문을 배웠다. 현재 충남대학교 한자문화연구소 선임연구원으로 재직 중이다. 공역으로 《옥오재집》, 《동주집》이 있다.

이재숙(李在淑)

1975년 대전에서 태어났다. 충남대학교 한문학과를 졸업하고 동 대학원에서 석사학위, 고려대학교에서 박사학위를 취득하였다. 학산 조종업, 아당 이성우 선생에게서 한문을 배웠다. 현재 충남대학교 한자문화연구소 연구원으로 재직 중이다. 공역으로 《기려수필》, 《승암시화》, 《좌계부담》, 《해동사부》가 있다.

한국고전번역원 권역별거점연구소협동번역사업
충남대학교 한자문화연구소 연구진

연구책임자 이향배(충남대학교 한문학과 교수)
공동연구원 박우훈(충남대학교 한문학과 교수)
정만호(충남대학교 한문학과 교수)
자문위원 이성우(한국고전번역원 자문위원)
책임연구원 강원모
선임연구원 김문갑
오승준
연구원 이규춘
이재숙
연구보조원 이상수

두타초 4
이하곤 지음 | 정만호 · 오승준 · 이재숙 옮김
2019년 12월 30일 초판 1쇄 발행
편집 · 발행 문진 | 등록 2002. 5. 6. 제2006-000011호
주소 (34168) 대전광역시 유성구 대학로 31 한진리조트오피스텔 2004호
전화 042-933-6510 | 팩스 042-367-5510
인쇄 현대그래픽스 | 제본 은정제책사

값 30,000원
ISBN 979-11-87638-44-5 94810
979-11-87638-22-3 (세트)

이 도서의 국립중앙도서관 출판예정도서목록(CIP)은 서지정보유통지원시스템 홈페이지(http://seoji.nl.go.kr)와 국가자료공동목록시스템(http://www.nl.go.kr/kolisnet)에서 이용하실 수 있습니다.(CIP제어번호 : CIP2019052086)